# FILMER
# LA MUSIQUE

**[écrits de compositeurs]**

Recueil de textes, entretiens, essais critiques, biographiques, poétiques : cette collection donne à lire des propos d'artistes majeurs des XIXe, XXe et XXIe siècles, leurs prises de position, qu'elles soient musicales ou extramusicales.

ISBN 979-10-94642-73-3
ISSN 2493-576X


www.philharmoniedeparis.fr

Bruno Monsaingeon

# FILMER LA MUSIQUE

*Entretiens, 2008-2023*

Avec Guillaume Monsaingeon

ÉDITIONS

J'ai rêvé un jour de Yehudi Menuhin jouant le *Concerto* de Schumann. Le rêve commence alors que je suis dans mon lit. Surgit un jeune homme, qui m'annonce que Menuhin est en ville pour un concert et me presse de le suivre à vélo. Dans cette petite ville de province, je me retrouve dans une école. Sous un vaste préau, je découvre dans sa loge le jeune Menuhin qui s'apprête à entrer en scène. Solaire et rayonnant, il a vingt-deux ans, l'âge qu'il avait lorsqu'il a enregistré le *Concerto* de Schumann. Il joue rien que pour moi, comme en secret, la grande phrase du mouvement lent. Puis, je me retrouve dans la grande salle du concert. Mon rêve saute le premier mouvement, l'orchestre entame le deuxième. Yehudi se tient debout, archet à la pointe, prêt à entrer en poussant : c'est la figure de l'ange. À l'instant où il commence le thème, je me réveille en sursaut.

Ce rêve exprime à coup sûr un désir très intense. Je connais bien ce concerto, j'adore l'interprétation que Yehudi en a enregistrée avec Sir John Barbirolli. J'ai assisté à des centaines de ses concerts, mais jamais je ne l'ai entendu le jouer en public. Je cours, j'y suis presque, et au dernier moment, l'objet désiré m'échappe. Qui sait si, pour combler ce manque, je ne passe pas ma vie à filmer la musique...

Bruno Monsaingeon

*PROLOGUE*

*« Seriez-vous parent du Monsaingeon qui travaille à la télévision ? » Combien de fois ai-je dû répondre que non, Bruno ne travaille pas à la télévision, mais oui, il est l'un de mes cousins germains. Il est en réalité un peu plus que cela, m'ayant initié au violon et à quelques autres passions. Nous avons fondé ensemble une maison d'édition éphémère et j'ai participé à plusieurs de ses films durant les années 1980.*

*L'époque des collaborations semblait révolue jusqu'à ce que je découvre, il y a une vingtaine d'années, une phrase du critique Alexandre Astruc dans* Les Cahiers du cinéma *à propos d'Alfred Hitchcock : « Quand un homme depuis trente ans, et à travers cinquante films, raconte à peu près toujours la même histoire [...], on se trouve, pour une fois, en face de ce qu'il y a, après tout, de plus rare dans cette industrie : un auteur de films[1]. » Sa formule m'évoqua aussitôt la posture de Bruno Monsaingeon face à l'industrie télévisuelle qu'il accablait alors qu'elle le faisait vivre. De décennie en décennie, j'avais visionné tous ses films : soixante-dix à l'époque, cent aujourd'hui, tous consacrés à la musique à une exception près. Malgré un public fidèle, un producteur attentif,*

1. Alexandre Astruc, *Les Cahiers du cinéma*, numéro spécial « Alfred Hitchcock » (octobre 1954), p. 5.

*l'estime du milieu et des récompenses multiples, ce réalisateur prolifique n'obtenait toujours pas la pleine reconnaissance d'« auteur de ses films ». Il faudrait bien un jour un autre Astruc pour le prendre au sérieux.*

*Peu de temps après, je retrouvai dans mes papiers l'annonce que Bruno avait fait insérer en 1994 dans le carnet du* Monde *pour annoncer la « naissance » de son film consacré à David Oïstrakh [*op. 54, 1994[2]*]. Au-delà du plaisir de berner son journal quotidien, que signifiait cette reconnaissance de paternité ? Quelle relation l'artiste entretient-il avec ses propres œuvres ? Porté sur les superlatifs, il considère toujours son projet en cours comme le plus beau ; mais que cherche-t-il vraiment à documenter ? Autant de questions difficiles à aborder sans revoir l'ensemble du corpus. Cela demanderait de la disponibilité, de la confiance et beaucoup de visionnages.*

*J'étais tenté par l'aventure, à condition de tenir à distance biographie, hagiographie, monographie et catalogue raisonné. Au fond, il s'agissait moins de s'entretenir avec le réalisateur que de donner la parole à ses documentaires, en jonglant de l'un à l'autre pour mieux en révéler les caractéristiques. Plus qu'un passage en revue chronologique, je voulais comprendre au nom de quoi on pouvait filmer la musique. Que visait donc Bruno en troquant le statut de violoniste interprète pour celui de documentariste ? Pourquoi placer des images sur les notes, au risque de recouvrir l'émotion musicale ? Est-il vraiment légitime de conférer formes, couleurs, discours et figures à une expression sonore aussi peu figurative ?*

*Je tenais mon questionnement, construit sur le lien entre image et musique, et non sur une simple enquête biographique. Restait à en informer l'intéressé, accessoirement à l'en convaincre. L'amas d'objections qu'il m'opposa me fit songer aux difficultés que lui-même, réalisateur, avait parfois éprouvées face à des musiciens peu collaboratifs comme Maurizio Pollini ou Grigori Sokolov. L'idée de discussions récurrentes lui agréait toutefois et la perspective d'un livre bilan n'était pas pour lui déplaire. Nous décidâmes de nous retrouver de manière intermittente, deux ou trois jours ici ou là, chez des amis communs ou à la maison, mais surtout pas chez lui où le téléphone était l'ennemi numéro un. En le coupant de son écosystème amical et professionnel, je captais dans nos entretiens l'abondance de son verbe : nos séances*

---

2. Classée par *opus*, la filmographie complète du réalisateur figure en annexe, p. 309-316.

*avaient beau être préparées, elles finissaient immanquablement hors sujet.*

*Bruno aime conter, c'est même l'une de ses principales caractéristiques. Que vous l'ayez quitté la veille ou trois ans plus tôt, anecdotes et situations se bousculent. Une saynète observée dans une file d'attente, une lettre de protestation adressée à quelque institution, la rencontre avec un musicien hors du commun : dans tous les cas, ce conteur sait tenir le monde par son sens du récit. Il possède en outre une mémoire époustouflante, en particulier des dates et du répertoire musical. Son témoignage et ses réflexions pourraient donc se nourrir sans mal de détails, même à quarante ans de distance.*

*Ces qualités constituaient aussi bien des dangers. Cinéaste écrivain, il avait déjà beaucoup écrit, en particulier sur Glenn Gould et Yehudi Menuhin. Mais, à partir de ses films, je voulais le conduire sur des terrains plus conceptuels : le cinéma, les préoccupations sociales, le statut de l'image, l'art comme aventure collective. Il arriva ainsi que nos entretiens butent sur la confrontation entre mes questions trop larges et ses réponses trop factuelles. Il me reprocha parfois de l'emmener vers des horizons théoriques qui n'étaient pas les siens ; je lui demandai des comptes sur le choix d'une œuvre, d'un lieu, d'une construction dramatique. Sans chercher à obtenir des lois générales qu'il récusait d'avance, j'essayai, à partir d'exemples qu'il connaissait parfaitement, de l'amener à formuler ce à quoi il n'avait pas nécessairement songé.*

✳

*Nous étions déjà à pied d'œuvre depuis dix ans. Cette durée jouait contre nous puisqu'à plusieurs reprises, je retrouvai dans l'historique de nos conversations son récit d'une simple rencontre musicale, entretemps devenue projet, peu à peu transformé en film. Le sol semblait se dérober sous mes pieds. Il est décidément malcommode de travailler avec un créateur prolifique qui vous oblige sans cesse à reprendre un propos, compléter des analyses, conjuguer au passé ce qui avait été initialement discuté sur le mode d'un possible futur.*

*À quelque chose malheur est bon : il était désormais évident que j'allais prendre des libertés avec le matériau de nos cent cinquante heures d'entretiens. La relecture d'un millier de pages retranscrites rappelait étrangement le stade du dérushage, qui n'a de sens que suivi d'une délicate opération de montage. Je mettais de toute évidence mes pas dans ceux de mon interlocuteur, y compris de son travail d'écriture-montage-réécriture des textes de Glenn Gould, des entretiens avec Guennadi Rojdestvenski ou Nadia Boulanger*[3].

*Comme je l'avais pressenti, il lut avec intensité les chapitres à mesure que je les rédigeai. Il apprécia ces opérations de déplacement, de condensation ou au contraire d'expansion d'un propos, partageant avec enthousiasme mon souci de recomposition, lointain écho de la conception gouldienne de l'enregistrement comme forme créatrice. Il approuva sans difficulté deux partis pris de construction qui s'imposèrent à moi. D'abord, le refus d'un fil conducteur chronologique. Ensuite, le choix d'un découpage en chapitres thématiques : cela supposait que l'on abordât un film ou un interprète donné à de multiples reprises, au gré des sujets évoqués, pour espérer approcher notre impossible équilibre entre questionnement esthétique et filmographie personnelle. Ma proposition de conserver les questions dans la rédaction finale chagrinait Bruno, lui qui s'était progressivement effacé à l'écran dans ses propres films. Mais le projet même de nos entretiens supposait l'intervention d'un questionneur extérieur, quitte à ce qu'il pousse le réalisateur parfois assez loin de ses films. Celui-ci en convint, la cause du dialogue était entendue.*

*Comment avons-nous tenu, cahin-caha, au long de ces quinze années d'échanges sans vraiment savoir où nous allions ? Sans doute en raison du plaisir partagé de ces journées de retraite où se mêlaient souvenirs, efforts devant des questions inédites, émotions inattendues. De temps à autre, il nous fallait compléter nos réflexions après coup par une conversation téléphonique. Récemment, Bruno me fit remarquer : « Cela fait 3 heures et 7 minutes que nous discutons au téléphone. Cela ne m'était pas arrivé depuis Glenn. » Je compris que notre travail arrivait à son terme.*

Guillaume Monsaingeon
mars 2023

*Dans les pages qui suivent, Bruno Monsaingeon se montre critique envers les films bavards. Loin de se poser en détracteur du verbe, il exprime ainsi le souci de mieux saisir la parole, la juste parole, des interprètes qui lui font confiance. Le présent ouvrage prolonge ce goût*

3. Le détail de ces ouvrages écrits ou traduits et montés par Bruno Monsaingeon figure en bibliographie, p. 319.

*pour la langue, conjugué à la passion de la musique et à l'amour du cinéma.*

*Tout comme le réalisateur reconnaît la part des monteurs dans la réussite de son film, je remercie chaleureusement Claire Martinet, éditrice des Entretiens et traductrice, pour son sens du rythme et du mot juste : grâce à sa lecture exigeante et inventive, ils ont pris leur forme définitive, de sorte que « ça n'ait pas l'air d'être écrit », selon le mot de Debussy. Sabrina Valy, directrice des Éditions de la Philharmonie, a su encourager notre quête du « son du texte », et je lui suis reconnaissant d'accueillir dans la collection « Écrits de compositeurs » ces entretiens oraux très écrits.*

# METTRE
# EN IMAGES

## QUE FILME-T-ON ?

GUILLAUME MONSAINGEON. *Pourquoi filmer la musique ?*

BRUNO MONSAINGEON. Certains musiciens, et non des moindres, sont réservés quant à la pertinence de la musique filmée. « À quoi bon voir les mains d'un pianiste ? interrogeait Sviatoslav Richter. C'est fastidieux. Qu'apporte le visage d'un interprète ? Montrer un artiste au travail ne présente aucun intérêt. » Je pense exactement l'inverse. « Voir » un artiste de son envergure, découvrir le type d'engagement physique et spirituel qui était le sien, contribue puissamment à la perception qu'en a l'auditeur spectateur, à condition bien sûr que la captation soit assurée à propos.

Si les mots achoppent sur les sons, les images les renforcent. Le film constitue à mes yeux le moyen idéal de prolonger la musique plutôt que de l'expliquer. La décision de filmer, d'« imager » la musique s'enracine dans son caractère non verbal, en particulier dans le rythme. L'élément rythmique d'un film est absolument essentiel, son non-respect peut à lui seul faire chavirer le navire. C'est l'ensemble de cette dynamique visuelle et sonore qui permet d'embrasser un large public, de compléter et de nourrir l'expérience musicale.

*Face à une partition, as-tu très vite des images en tête, des intuitions visuelles ?*

Certaines œuvres suscitent en moi un réflexe immédiat de mise en images. Lorsque j'ai entendu *Souvenir de Florence* de Tchaïkovski, j'ai aussitôt eu le sentiment d'une partition qu'on pourrait traiter par l'image. Même chose avec les *Caprices* de Paganini. Cela ne veut pas dire que cette première image-intuition soit toujours réalisée, ni qu'on la retrouve telle quelle dans le film. Mais elle a dégagé une évidence plastique, manifesté son potentiel visuel.

*Que se passe-t-il lorsqu'une partition est excessivement riche ou complexe ?*

Il faut choisir ! Dans une sonate de Bach pour violon et clavier, par exemple, tout est tellement imbriqué qu'il n'y a pas de raison de montrer un instrument plutôt qu'un autre, sauf pour l'exposition initiale. On pourrait s'attacher au « hors-champ musical », souligner l'attention d'un instrumentiste muet envers la musique de l'autre. Mais dans Bach, tout est simultané. Il faudrait donc montrer les deux instruments, mais en ce cas il faut élargir le cadre. Or les valeurs de plan trop éloignées perdent la valeur du geste instrumental, son expressivité. Il n'y a donc pas de solution parfaite, pas de règle d'or : il faut choisir, inventer, interpréter à son tour.

*Sans chercher de règle d'or chimérique, quelle est ta méthode de travail ?*

Filmer la musique implique une construction cohérente à tous les niveaux : propos général (choix de l'œuvre et de l'interprète) ; choix de lignes directrices (l'interprétation) ; réalisation de plans très préparés qui exigent une adhésion complète des interprètes (le tournage) ; montage, enfin, qui est une phase créative plus qu'un simple assemblage. L'objectif d'un film musical documentaire est avant tout de provoquer une émotion, au moins autant qu'un concert ou un film de fiction.

Pour autant, ma façon de travailler n'est guère perceptible des auditeurs qui, voyant un film consacré à une œuvre musicale, ont l'impression d'assister à une interprétation intégrale, d'un seul souffle, sans la moindre coupe. Plusieurs personnes m'ont dit avoir reçu de plein fouet le quatuor de Schubert dans *La Jeune Fille et la mort* [*op.* 57, 1996], comme s'ils avaient été jetés dans la musique en train de se jouer. C'est plutôt bon signe, non ? Dieu merci, ils ne réalisent pas ce qu'un tel projet implique en matière de préparation, de tournage et de finition. J'ai dû à de multiples reprises repositionner les quatre musiciens. À un moment donné, j'ai même recouru à un plan en ombres chinoises, qui créait une atmosphère fantomatique : un parti pris délicat à traiter, car il risque de détruire la continuité du récit musical. En tant que réalisateur, je passe donc beaucoup de temps à élaborer des dispositifs expressifs complexes tout en me disant : pourvu que le spectateur ne s'en rende pas compte...

*Une œuvre t'impose une durée fixe*[1]. *T'est-il arrivé de sentir que tes images ne seraient pas suffisamment riches pour tenir la longueur ?*

Cela arrive parfois très tôt, dès le stade du découpage. Je me demande comment éviter ce retour permanent d'un plan vu et revu. C'est une question classique, et le métier consiste précisément à trouver une solution. La tentation serait de multiplier spontanément les angles de vue : si on tourne avec quatre ou cinq caméras dont chacune s'autorise trois valeurs de plan, on se retrouve vite avec quinze types de plan. La bonne réponse consiste à mon avis non pas à multiplier le nombre de plans, mais au contraire à le réduire. Un cadre qui fonctionne bien parle de lui-même, tandis que la multiplication des cadres banalise, crée une forme supplémentaire de lassitude, quelle que soit la nature de l'œuvre.

*Certaines partitions résistent-elles plus au film que d'autres ?*

La forme « variation » est par nature intéressante à filmer. Elle se construit sur des éléments souvent brefs, et le tout est plus vaste que la somme des parties : voilà qui ouvre la porte à des traitements visuels diversifiés. Chez Bach, les *Variations Goldberg* se prêtent donc mieux à l'image que *L'Art de la fugue*, et à l'intérieur de ces variations, les plus virtuoses sont évidemment les plus adaptées. La forme sonate, elle aussi, se prête au film du fait du contraste entre ses deux thèmes.

Indépendamment du genre auquel elles appartiennent, certaines œuvres résistent à la mise en images. Certaines « petites » sonates de Beethoven, comme l'opus 14, ou une grande sonate comme l'opus 90 dans son deuxième mouvement ne requièrent pas d'images par elles-mêmes, et pourraient même y perdre. De

1. Sur la durée, voir le chapitre 8, « Questions musicales », p. 265-266.

nombreuses œuvres pour piano solo n'y gagnent rien, et il en va de même pour certains chefs-d'œuvre, comme la *Gran Partita* pour treize instruments à vent de Mozart. D'autres, en revanche, dont l'intérêt musical est peut-être moindre, comme l'*Appassionata* ou la *Waldstein* de Beethoven, peuvent en tirer avantage.

*Peut-on sauver par l'image certaines œuvres ou les moments faibles d'une partition ?*

Richter affirmait que la difficulté d'interprétation était en proportion inverse de la qualité musicale : à ses yeux, il était plus difficile de jouer Haendel que Bach, qui s'en sortait toujours ! La justification d'une image est-elle en proportion inverse de sa qualité musicale ? Le cinéma comme l'interprète auraient-ils un rôle à jouer au titre d'un rattrapage ? Peut-être...

Un personnage à forte valeur émotionnelle et visuelle peut en effet rendre intéressante la partition la plus plate : si d'aventure Glenn Gould avait voulu tourner une œuvre musicalement faible, ce qui est peu probable, je l'aurais suivi en raison de sa présence hypnotique. Dans les quelques fugues de Bach qu'on a filmées, il était tellement intense que cela justifiait d'imager des partitions a priori assez arides. Autre exemple : l'engagement physique d'un Grigori Sokolov rendrait possible le tournage de n'importe quelle œuvrette... A contrario, il faut aussi le filmer saisissant à bras le corps des partitions gigantesques comme les 55 minutes de l'opus 106 de Beethoven, la sonate *Hammerklavier.*

*Comment traites-tu la monotonie de certaines partitions, les grandes continuités ?*

Rupture et variété sont indispensables pour mettre en images, en tout cas sur la durée. Du moins c'est le cas pour le piano. Violon et chant n'ont pas les mêmes exigences. Je ne pense pas m'exprimer seulement en violoniste lorsque j'évoque l'harmonie d'un beau mouvement d'archet : David Oïstrakh tenant une note avec intensité pour donner naissance à un son plein ; Valeriy Sokolov développant une gestuelle de grande précision, la baguette de son archet ciselant un dessin dans l'espace. On couperait le son que cela resterait merveilleux.

Filmer la musique, c'est d'abord filmer des musiciens à l'œuvre. Il faut montrer le faire, la fabrique de la musique. Cette fabrication du son à l'aide d'un instrument est visuellement passionnante, elle renvoie à l'artisanat, à la sculpture. Si l'image ne raconte pas cette confrontation physique, on perd une bonne partie de l'intérêt du cinéma. Qu'est-ce qui se joue dans cette relation de l'interprète à son instrument, selon les personnes, les partitions, les interprétations : douceur et confiance, ou au contraire violence et souffrance ? Quel est le rôle des mains ? du corps ? Qui dompte quoi ? Les instruments sont souvent plus photogéniques que les instrumentistes. Mais les gestes sont plus captivants. La contrebasse possède, dans une partition comme dans un film, une fonction énergisante qui conduit souvent à la préférer au violoncelle lorsqu'ils jouent les mêmes notes. De plus, les distances à parcourir sont telles que, pour un malheureux ton, le contrebassiste doit utiliser les quatre doigts ; pour une octave, il doit accomplir un gigantesque déplacement, visuellement très efficace.

Cependant, la curiosité de voir un instrument peut se transmuter en déception, ce qui est parfois le cas avec les cuivres. Tout le monde comprend instinctivement qu'au piano, les touches de droite sont plus aiguës et celles de gauche plus graves. Mais lorsqu'un corniste active une clé avec le doigt, le spectateur ne comprend pas la relation entre ce qu'il voit et ce qu'il entend : parfois il faut appuyer sur trois clés à la fois, parfois une seule, parfois aucune car le son se joue avec les lèvres. Pourquoi filmer un corniste qui joue presque sans bouger ? L'image doit être en mouvement pour se montrer expressive. Le silence, l'immobilité ou l'extrême lenteur ne deviennent expressifs que s'ils sont suivis ou précédés de formes qui se déplacent — ce qu'on appelle des gestes... C'est une difficulté notable pour les vents et surtout les cuivres[2].

*Les atouts esthétiques, presque graphiques, de l'instrument en tant qu'objet peuvent-ils compenser ces limites ?*

En réalité, il en va des films musicaux comme de la musique symphonique en général : vents et cuivres y interviennent ponctuellement à titre d'éléments qui apportent une touche de couleur. Ils relèvent de l'art de l'orchestration plus que de la structure de la partition. Leur apparition sporadique à l'écran ne risque donc pas de lasser, elle relève souvent de l'effet de surprise. La plupart de ces instruments ont en effet une beauté formelle avec leurs arrondis, leurs couleurs, parfois le contraste du métal et du bois. Cela peut devenir magnifique quand on parvient à les éclairer. C'est une beauté qui

2. Sur le geste, voir le chapitre 8, « Questions musicales », p. 259-265.

découle plutôt du nombre et de la puissance. Quatre trompettes ou dix cors bien alignés chez Richard Strauss ou Anton Bruckner produisent un effet incomparable. Mais pour obtenir ce sentiment de puissance, cet éclat, il faut impliquer les instrumentistes et les mettre en scène.

*Qu'en est-il des chanteurs ?*

J'ai pris quelques cours de chant, sans aucune prétention, pour comprendre la production du son, l'expérience intime de l'empreinte sonore. J'ai découvert à cette occasion la quasi-absence de travail instrumental. Les chanteurs fournissent bien entendu un énorme travail initial sur le son, le *legato*, la dramatisation des personnages. Mais une fois qu'ils ont acquis une technique vocale, c'est-à-dire une maîtrise de la production du son, le tour est presque joué.

Les parties vocales sont d'ailleurs relativement simples. Chez Monteverdi déjà, les parties instrumentales étaient plus périlleuses que celles des voix. Les chanteurs ont donc cette chance folle de pouvoir se détacher du caractère instrumental et de la virtuosité pour se consacrer exclusivement à la musique. Cela dit, c'est précisément cette absence de matérialité instrumentale qui pose un problème en matière d'image musicale : qu'est-ce qu'on filme chez un chanteur ? Le gros plan prend une dimension impudique. Pénétrer la gorge d'un chanteur ou d'une chanteuse, comme on entre à l'intérieur d'un instrument, me semble assez vulgaire, presque pornographique.

## ORDRE ET DÉSORDRE DANS L'ORCHESTRE

*Quels sont les atouts visuels d'un orchestre ?*

Avant tout la variété instrumentale. Un trait de harpe suivi d'un plan d'un trombone en action pendant quelques secondes, puis un long travelling sur une travée de violons : tout cela peut donner de très beaux résultats.

Un bon orchestre est un organisme extrêmement ordonné : c'est le résultat convergent de l'autorité musicale du chef avec des années de répétition et de cohésion entre les musiciens. Mais dans cette organisation méticuleuse, l'œil de la caméra décèle surtout la désorganisation visuelle à l'intérieur du cadre. Les violoncelles peuvent attaquer parfaitement ensemble, avec les mêmes coups d'archet, cela n'empêchera pas l'image des deux violoncellistes cadrés d'être polluée par un bras ici, des pieds derrière eux, une tête d'altiste au premier plan, etc. À l'inverse des chœurs, généralement filmés frontalement, qui composent donc une image assez géométrique, aller chercher un détail au sein d'un orchestre, c'est s'enfoncer dans un maquis de lignes et de formes peu lisibles. Lors d'une captation, la logique du concert et de la qualité sonore prime sur celle du film et de l'effet visuel : les musiciens restent à leur place assignée, sans se soucier de l'incidence de leur présence dans le cadre de la caméra. Or il est presque impossible d'obtenir un plan équilibré sur tel groupe, tel instrumentiste, sans avoir les voisins en bord de cadre ou en arrière-plan. Les instrumentistes ont besoin d'une cohésion par la proximité, tandis que l'image appelle l'isolement par la distance. C'est pourquoi l'orchestre accentue énormément cette confusion visuelle. C'est un effet d'échelle, presque une question topographique.

*Existe-t-il une solution ?*

Elle suppose la disponibilité des musiciens hors concert pour retourner des plans spécifiques. Le réalisateur demande alors aux autres de s'écarter, et le groupe filmé s'installe en fonction du cadre, dans une disposition qui n'a rien à voir avec les places habituellement occupées au sein de l'orchestre. Ce n'est pas fondamentalement différent de la musique de chambre... sauf que la disponibilité complète d'un orchestre symphonique est presque impossible à obtenir pour des questions de coût et de planning.

*C'est ce que tu avais expérimenté de façon plus modeste avec* Les Quatre Saisons *[op. 23, 1979] ?*

À ceci près qu'il s'agissait alors d'un orchestre de chambre composé d'étudiants tout à leur dévotion envers Yehudi Menuhin. Je n'avais aucune difficulté à leur imposer des heures d'attente lorsque je recomposais un cadre avec trois ou quatre d'entre eux. La mise en scène la plus satisfaisante que je connaisse en la matière, c'est la *Cinquième Symphonie* de Beethoven et la *Quatrième* de Schumann voulues par Herbert von Karajan dans ses meilleures années, avec Henri-Georges Clouzot. Karajan pouvait, bien entendu, disposer de l'Orchestre philharmonique de Berlin presque à sa guise. Après quoi, il a dérivé et filmé lui-même tous ses concerts en multipliant à chaque fois les emplacements de caméra, croyant que la quantité d'axes était la clé d'un film. En quoi il se trompait gravement.

*Toutes les œuvres orchestrales sont-elles également filmables ?*

La *Symphonie alpestre* de Strauss est l'exemple même d'une œuvre symphonique très visuelle. La *Marche de Rákóczy* de Berlioz mériterait aussi d'être filmée : on pourrait lui donner de la couleur et de la variété rythmique, recourir à des moyens presque psychédéliques pour la faire vraiment fonctionner. L'image serait ici presque thérapeutique : cette *Marche* est loin de constituer mon idéal musical, mais elle se prêterait particulièrement bien aux images, tout comme la *Symphonie fantastique*, que ses jolies couleurs instrumentales prédisposent au cinéma.

En revanche, je ne suis pas certain que les symphonies de Bruckner soient adaptées au film, en dehors de simples captations. J'ai vu des scènes de répétitions incroyables sous la direction d'Eugen Jochum qui planait au milieu de ses musiciens, donnant deux ou trois indications sans s'arrêter, s'identifiant presque à Bruckner. Mais c'est plus lié à sa personnalité qu'à l'œuvre.

Quant aux symphonies de Tchaïkovski, elles sont d'un accès assez immédiat, leur instrumentation fonctionne à merveille, leur pouvoir séducteur fait qu'elles n'ont pas besoin des images. Mais paradoxalement, elles s'y prêtent fort bien, sans forcément pratiquer la tautologie image-partition du style « je te montre le thème que tu entends ». Il faut attirer l'attention inconsciente du spectateur par le détail, zoom ou gros plan, lui apprendre à lire en quelque sorte, guider son oreille par l'œil.

*La taille d'un orchestre fait que de nombreux musiciens sont très éloignés du spectateur. Que penses-tu de la possibilité de lui montrer ce à quoi il n'a pas accès en concert ?*

J'ai toujours été frappé par l'effet que produit sur un public non averti cette proximité nouvelle avec les musiciens. Quelque chose se déclenche, qui reste difficile à décrire. La caméra permet ce rapprochement avec la musique, et le très gros plan est une façon de livrer un accès inédit à l'interprète. À l'œil nu, on aperçoit à peine les percussions au fond de l'orchestre, mais un vrai gros plan les révèle, bien éclairées, juste au bon moment : là, le film crée du spectacle ! Les percussions peuvent devenir un puissant élément dramaturgique. Il ne faut pas abuser des plans rapprochés, mais ils possèdent une incontestable puissance expressive. C'est aussi une façon de se défaire d'un certain confort sonore de type Deutsche Grammophon, disons à la Karajan : la rondeur, l'enveloppement, les rideaux ou les tentures qui créent une aisance moelleuse. La caméra doit savoir se montrer incisive comme un scalpel.

J'ai vu une *Symphonie fantastique* de Berlioz, dirigée par Christoph Eschenbach avec l'Orchestre de Paris, réalisée par Andy Sommer. Malgré un découpage contestable, c'était très réussi. Le réalisateur a dû fouiner, écouter, observer. Il a capté de magnifiques images des musiciens concentrés, le regard tendu vers le chef. Il est parvenu à saisir l'intensité de leur attention, ce à quoi le spectateur n'a habituellement pas accès.

C'est en partie le résultat du hasard — sauf qu'il faut savoir provoquer le hasard, prendre le temps de le saisir... Pour filmer la *Deuxième Symphonie* de Schumann dirigée par Vladimir Ashkenazy [*op.* 79, 2008], j'ai assisté à toutes les répétitions, rencontré les musiciens, parlé avec eux pour comprendre lesquels étaient plus intéressés ou impliqués. Tout ce qui peut nous détacher de l'expérience vécue en salle et donner un avantage au spectateur du film sur celui du concert est bon à prendre. En général, on voit plutôt bien le chef, mais pas du tout les regards des musiciens. Tourner au milieu d'un orchestre permet de filmer toute une série de plans, de face comme en contre-plongée.

*Depuis plusieurs années, tu réfléchis à une autre façon, plus méthodique, de filmer un orchestre.*

L'idée a commencé à germer il y a quarante ans, lors des concerts de Sergiu Celibidache à la Maison de la radio. Au programme, la *Cinquième Symphonie* de Schubert et des valses de Johann Strauss, entre autres une *Tritsch-Tratsch-Polka* éblouissante. Celibidache était un véritable prestidigitateur, impossible de résister à son charme. La télévision était là pour capter le concert. De mon siège, je voyais les lumières rouges s'allumer les unes après les autres sur les caméras, selon un découpage manifestement décidé sur partition. Le réalisateur ne savait probablement pas lire la musique, mais un conseiller musical s'en était chargé. Il aurait pourtant suffi d'écouter et d'ouvrir les yeux pour comprendre qu'il fallait figer la caméra sur ce chef d'orchestre magicien et rien d'autre. En deux minutes trente, le film était passé à côté de l'essentiel. Personne ne s'était donné la peine de regarder ce qui se passait, le réalisateur était resté prisonnier de la partition. Ça m'est resté en travers de la gorge. Depuis, je rêve d'en finir avec la tutelle de la partition. Je voudrais me libérer d'un découpage qui découle du seul texte musical et nous aveugle sur l'essentiel, qui se trouve hors partition. D'où ce projet de construire tout un film sur le chef et ses relations avec les musiciens.

*On ne verrait donc pas l'orchestre complet, et peu de musiciens ?*

Au contraire ! Les musiciens seraient au cœur de la relation forte, presque charnelle (même si cela reste visuel) qui se noue avec le chef d'orchestre de plusieurs façons : l'attente, l'anticipation, l'attaque, la modération, l'encouragement... La plupart du temps les changements de plans sont motivés par les événements musicaux de la partition : nouveau thème, entrée d'un pupitre... Impossible d'anticiper sur le chef, ses gestes, ses regards ou sa façon de relancer le débat. On coupe souvent sa gestuelle précisément parce qu'il a donné l'entrée de la timbale et qu'on se sent forcé de la montrer à l'image. L'argument musicologique étroit — retour du thème, exposition de la mélodie, etc. — prend alors le dessus sur la beauté d'un geste complet, empêchant l'accès aux regards échangés entre chef et musiciens.

Je voudrais commencer par une captation du seul chef sans aucun découpage préalable : la symphonie complète en gros plan sur son visage, son corps, ses mains, son sourire... À partir de cette continuité filmée, je bâtirais un découpage fondé sur « la logique du chef ». Un vrai chef d'orchestre est cohérent dans ses gestes et ses regards : ni arbitraires ni aléatoires, ils ont tous une raison d'être, et il les reproduit d'un concert à l'autre. Une fois doté d'un tel outil de travail, qui pourrait s'appeler un « conducteur », j'organiserais un ou deux mois plus tard un second tournage, encore plus ambitieux, qui donnerait à voir les instrumentistes dans le détail, en fonction du chef, de ses regards et de ses indications. Je leur demanderais ce qu'on ne peut pas faire en concert : une orientation du visage, un sourire, tout ce qui atteste d'un dialogue muet avec le chef et renforce l'expression de la musique. En se libérant du découpage a priori, on se placerait au cœur de l'interprétation. Le spectateur entrerait en musique par la grande porte, celle des musiciens en pleine action. Le film musical jouerait à plein son rôle : créer des émotions. Le chef deviendrait en quelque sorte co-réalisateur, et moi, le temps d'un film, son co-interprète.

*As-tu mis cette méthode à l'essai ?*

J'ai obtenu en 2021 les rushes de la *Deuxième Symphonie* de Schumann jouée par l'orchestre du festival de Verbier dirigé par Klaus Mäkelä. Je n'ai retenu que les caméras cadrées sur lui, attrapant juste au passage quelques plans de l'orchestre ici et là. Je voulais vérifier ce que le chef apporte dans sa façon de mener les enchaînements, de stimuler le lyrisme, de conduire un phrasé. Mon stratagème cherchait à le montrer dans toute sa pureté, sans égarer le spectateur dans l'anecdote. Inutile de souligner l'entrée du basson ou les violons qui caracolent dans les aigus. Pas d'éparpillement : le chef, rien que le chef !

En organisant ce face-à-face avec le chef d'orchestre, je voulais en tout cas éviter le film didactique [*op.* 100, 2023]. Le choix de Klaus était bienvenu, parce que son visage est particulièrement expressif. Son bonheur crève l'écran. C'est encore un jeune homme, qui se donne tout entier aux musiciens de l'orchestre, d'autant plus qu'il connaît l'œuvre de mémoire et dirige sans partition.

*L'évidence de sa gestuelle rend ton approche chorégraphique : son corps, ses mains deviennent presque vocabulaire.*

Ses mouvements sont frappants jusque dans leur absence. À plusieurs reprises, il se met en retrait, laissant les musiciens jouer en apparence tout seuls, en toute confiance. Mais il veille et sait très exactement à quel instant il doit bondir pour reprendre le contrôle. Ces moments d'inaction apparente ne font que renforcer l'énergie de sa gestuelle.

*Quelles sont les limites d'un tel prototype ?*

Ce qui est gagné d'un côté, par l'intensité du regard et des gestes, est perdu de l'autre par l'absence du contact avec les musiciens. Tant qu'on s'en tient à ce genre de filage centré sur le chef, on perd la connivence intime entre les instrumentistes et lui.

L'un des enseignements de cette expérience, c'est de souligner par leur absence la force des regards du coin de l'œil, la capacité des musiciens à échanger, sans même se regarder, par des mouvements du corps, des façons de vibrer ensemble, comme des cordes sympathiques qui se mettent à l'unisson. On comprend aussi la relation de confiance entre le chef et les instrumentistes, bien plus forte que la relation de pouvoir traditionnellement dénoncée. Il s'agit en toute simplicité d'inverser la relation habituelle musicien/partition. Pour mon auditeur spectateur idéal, le chef ne serait plus la source de la musique, il en deviendrait le reflet. Sur son corps en mouvement, dans son regard, le spectateur lirait la musique à visage ouvert, bien mieux que sur une partition ! Le chef se ferait traducteur, exprimant la moindre inflexion d'une musique tour à tour nostalgique, sensuelle, violente, et ainsi de suite.

*Ce désir fou ne suppose-t-il pas des moyens disproportionnés ?*

Hélas, oui. Pour cette raison, j'ai longtemps cru ce projet irréalisable, jusqu'à ce que Klaus Mäkelä donne *L'Oiseau de feu* de Stravinski en concert avec l'Orchestre de Paris. Rien n'était assuré encore du côté de la production, mais pour rien au monde je n'aurais manqué l'occasion. À titre conservatoire, j'ai donc obtenu de filmer le concert, sans trop d'illusions, avec trois caméras : deux sur le chef, l'autre volante, allant à la chasse aux images au gré de mes indications. Je me suis retrouvé avec du matériel filmé largement improvisé, en tout cas pas du tout pensé en fonction d'un découpage. Et là, coup de théâtre : nous avons réussi à en faire un montage très satisfaisant du point de vue esthétique, qui validait en quelque sorte l'hypothèse d'un film construit sur le chef plus que sur la partition.

Il suffirait de peu pour parvenir à mes fins : à ce stade, je n'ai plus besoin de mobiliser le chef, ni l'orchestre au complet, ni même la grande salle Pierre Boulez de la Philharmonie de Paris. Quelques jours de tournage, quelques musiciens (principalement cuivres et percussions) et la salle de répétition permettraient amplement de filmer les échanges de regards nécessaires au projet. C'est la preuve par *L'Oiseau de feu* ! L'expérience montre que nous ne sommes pas loin d'une faisabilité à coût raisonnable.

*As-tu déjà joué dans un orchestre ?*

J'ai surtout pratiqué la musique de chambre. Je n'ai eu que deux expériences orchestrales, l'une durant l'adolescence avec Pierre Basseux, violoncelliste du Quatuor Loewenguth, qui dirigeait toutes les semaines un petit orchestre sans prétention. L'autre expérience, vraiment symphonique, s'est déroulée au cœur d'un orchestre de jeunes à Dartington. Le chef s'appelait Stanford Robinson. Il nous faisait travailler la « Danse de la reine Mab » tirée du *Roméo et Juliette* de Berlioz. J'ai souvenir de beaucoup de travail, et de la grande difficulté du travail collectif.

*T'est-il arrivé de dénicher le bonheur au fond de la fosse d'orchestre ?*

Le bonheur est difficile à montrer, peu visible au fin fond de l'orchestre. On le capte souvent au premier rang et chez les solistes.

L'histoire abonde de grands musiciens qui ont provisoirement choisi l'anonymat de l'orchestre plutôt que la carrière de soliste. Étaient-ils épanouis ? C'est le cas du violoniste Zino Francescatti, qui voulait se faire discret au dernier rang des Concerts Lamoureux, pour travailler tranquillement chez lui avant de se lancer dans la carrière. Même chose pour nombre de violoncellistes : Paul Tortelier et Leonard Rose, d'autres encore. L'altiste William Primrose jouait dans l'orchestre de Toscanini. On connaît les colères de ce chef, qui humiliait publiquement ses instrumentistes — et il avait pourtant là des musiciens de tout premier plan. Le violoncelliste János Starker, lui, était chez un autre dictateur de la baguette, George Szell, dans l'orchestre de Cleveland.

En tournant le *Concerto* de Sibelius avec Valeriy Sokolov [*op.* 79, 2008], je suis parvenu à capter le sourire du hautbois au moment où il finit de jouer. Au plan suivant, j'ai inséré le premier violon et son acolyte de pupitre, qui arborent un sourire équivalent. Cela n'interrompt en rien le déroulement de la musique, mais ces plans introduisent ce qui circule entre eux. La jouissance de la musique, de ce moment particulier, traverse l'orchestre. J'ai également filmé le soliste à un moment où il ne jouait pas. Il écoutait l'orchestre, exprimant la plénitude du moment par son seul sourire. Ces images parlent au spectateur mieux encore que s'il assistait au concert.

*As-tu rencontré des musiciens d'orchestre épanouis ?*

J'en rencontre souvent, mais plus en Allemagne ou en Grande-Bretagne qu'en France. Ils me racontent le bonheur de la fosse, de se perdre dans la masse. Il existe, heureusement, des chefs d'orchestre animés d'un charisme et d'une puissance de conviction qui les font accepter avec bonheur par les musiciens. La grande époque des chefs à vie et autres dictateurs semble révolue.

*Disons à leur décharge que la tenue d'un orchestre de cent musiciens n'est pas une mince affaire.*

J'en ai fait l'expérience directe lorsque j'ai filmé le *Premier Concerto pour piano* de Tchaïkovski à Leningrad avec Viktoria Postnikova et Guennadi Rojdestvenski [*op.* 71, 2004]. C'était encore l'époque soviétique, la pénurie rendait difficile toute question matérielle. On devait envoyer une voiture avec chauffeur à l'autre bout de la ville pour trouver la moindre ficelle... J'ai eu à ma disposition l'orchestre complet pendant quatre jours pour tourner les plans détaillés de mon choix. Or je n'avais jamais besoin que de quatre ou cinq musiciens à la fois, et il fallait que les autres restent à ma disposition, le tout sans assistant pour les faire tenir ! C'était plus qu'une question de régie. Il fallait exercer le pouvoir !

*Le pouvoir musical est-il intéressant à filmer ?*

Pas spécialement. Analyser le pouvoir m'éloignerait de mon propos. Il m'est pourtant arrivé d'en saisir des manifestations, presque malgré moi. Je pense au *Concerto pour violon* de Brahms joué par Yehudi Menuhin avec le Gewandhaus de Leipzig sous la baguette de Kurt Masur [*op.* 25, 1982]. Des années-lumière avant la chute du mur de Berlin, en pleine République démocratique allemande, Masur était un chef qui avait quasiment un droit de vie ou de mort sur ses musiciens.

J'avais obtenu trois heures de reprise après le concert. Yehudi souhaita revenir sur un passage du mouvement lent, qui avait donné lieu à ses yeux à un petit flottement. Il demanda au chef de donner la levée. Masur accepta de refaire le passage, tout en disant : « Je l'ai déjà donnée, cette levée. » Et Yehudi, candide, laissa échapper : « Ah oui... mais où ? » L'orchestre était écroulé de rire. Sauf qu'on était encore en Allemagne de l'Est, et que l'humour de Kurt Masur n'était pas très développé. Il quitta le podium sur-le-champ. J'entends encore le bruit de ses bottes sur le parquet. Menuhin lui courut après : « Mais mon cher, mon très cher... » Il finit par le ramener, plus calme, et l'on put conclure le tournage. Mais quelle brutalité, quelle tristesse ! C'était un bel exemple de chef qui se pensait tout puissant et exerçait effectivement une tutelle extrême sur l'orchestre. C'était plus militaire que musical, même si Masur est par ailleurs un bon chef.

*Dirais-tu qu'en musique, le pouvoir est contre-productif ?*

La plupart du temps. La pianiste Hephzibah Menuhin m'a un jour raconté que, lors d'une tournée avec Yehudi, elle eut en plein milieu d'un concert l'impression qu'il était contrarié. À la fin du concert, elle lui posa la question, et son frère lui répondit : « Oui, j'aimerais tellement que tu me relances plus, que tu me contredises avec tes propres idées. » Elle-même affirmait que pour bien jouer, il fallait se libérer de tout ego.

On ne saurait imaginer un vrai duo de sonate structuré par le pouvoir. Ou alors, on retombe sur le couple habituel à la Jascha

Heifetz, le « violoniste star » et son « pianiste accompagnateur » : le programme se compose d'une sonate perdue au milieu de morceaux de bravoure et de bis à la gloire du violoniste virtuose. On est alors plutôt dans une relation d'employeur à salarié...

*Que penses-tu des tentatives d'orchestre sans chef ?*

Le cas le plus marquant est le Persimfans, créé par la jeune U.R.S.S. dans les années 1920. Son nom est à lui seul un programme : « premier ensemble symphonique sans chef », il incarnait l'idéal bolchévique du travail collectif. Il a tenu une dizaine d'années avant d'être dissous au début des années 1930. Prokofiev les a dirigés depuis le piano — si on peut parler de direction —, sans enthousiasme, et Rojdestvenski enfonçait le clou : « C'est bien joli, me disait-il, mais s'il leur faut cent trois répétitions là où un chef a besoin de trois séances, à quoi bon ? » Et au-delà de ce problème logistique, se pose la question de l'interprétation : comment faire prévaloir un point de vue artistique ? Peu importe que la mise en place soit longue et laborieuse tant qu'elle débouche sur une interprétation cohérente, voire innovante. Il faut toutefois garder à l'esprit que le nombre de répétitions se transforme inévitablement en donnée budgétaire, contre laquelle les meilleures intentions risquent de buter assez vite. Au-delà, c'est bien la question de l'interprétation qui compte.

J'ai entendu par exemple la Spira, un ensemble extraordinaire constitué de vraies personnalités musicales, à commencer par Lorenza Borrani, premier violon solo hors du commun, qui officie souvent à ce titre à la tête de l'Orchestre de chambre d'Europe. La Spira regroupe une cinquantaine de professionnels engagés dans d'autres formations le reste de l'année, qui se réunissent de manière régulière. Ils sont capables de jouer de mémoire, aussi bien avec que sans chef. Mais il me semble qu'en l'absence de chef en titre, c'est Lorenza Borrani qui en tient lieu. Peu importe qu'il s'agisse du deuxième trombone, du pianiste soliste ou du premier violon : le fait est qu'on a besoin d'une décision.

*Cette décision doit-elle être nécessairement autoritaire ou peut-on imaginer que tous les musiciens aient droit à la parole ?*

Sur le principe, on aimerait en effet que le dernier contrebassiste du fond de la fosse ait droit à la parole. Comment cela se passe-t-il vraiment dans les orchestres ? Il m'est arrivé de voir, lors de la pause au cours d'une répétition, des musiciens accourir auprès du chef, discuter la partition, peut-être proposer une inflexion ou une variante. D'ailleurs, nombre de chefs ont commencé comme instrumentiste : Rudolf Kempe était hautboïste, Lorin Maazel violoniste, Klaus Mäkelä violoncelliste, tout comme Arturo Toscanini...

Yehudi m'avait raconté une étrange expérience vécue avec un orchestre scandinave : ils votaient pour tout. Même le choix d'un crescendo ou d'un *ritardando* était mis aux voix ! C'était sûrement une façon de se débarrasser de l'omnipotence du chef, donc d'en finir avec le chef lui-même. Je suis le premier à reconnaître que l'élaboration collective d'une interprétation, outre l'immense plaisir qu'elle procure, aiguise et affine la sensibilité musicale de chacun, indépendamment de la qualité du résultat final. Mais je ne suis pas certain qu'un tel processus puisse nourrir un film, qui se doit d'être synthétique : comment rassembler cinquante points de vue différents ? Je vois une contradiction entre la prise en compte de chacun et la nécessité filmique d'images qui convergent en un récit unitaire. J'aurais peut-être dû affronter ce défi il y a vingt ans. Aujourd'hui, ce n'est pas dans mes priorités. C'est l'interprétation infusée par un chef d'orchestre charismatique qui me fascine plus que jamais et qui est un régal pour les yeux comme pour les oreilles.

## L'OPÉRA FILMÉ

*Nous avons évoqué la musique de chambre, les différents instruments, l'orchestre... mais pas encore l'opéra filmé.*

Dans ce domaine, il faut distinguer trois registres : l'opéra retransmis, simple captation ; l'opéra mis en scène indépendamment d'une représentation, mais tourné dans des décors qui font croire à une scène ; et l'opéra-cinéma, qui n'a plus rien à voir avec une scène de théâtre.

Les simples retransmissions sont souvent d'une extrême banalité. Mais la télévision se doit de donner accès à un certain nombre de spectacles de bonne qualité, même filmés un peu vite. Cela m'enchante de savoir qu'il existe quelque part sur des rayonnages le *Così fan tutte* dirigé par Daniel Barenboim et mis en scène par Jean-Pierre Ponnelle, avec Julia Varady chantant Fiordiligi. Et cela me désole que les représentations auxquelles j'ai assisté adolescent du même *Così*, avec Elisabeth Schwarzkopf, n'aient pas été captées.

La deuxième catégorie donne lieu à de grandes réussites. J'ai passionnément dévoré ceux qui ont été vraiment filmés, comme

*Don Giovanni, La Flûte enchantée, Carmen* et puis les merveilles de Ponnelle : *Les Noces de Figaro, Le Barbier de Séville*…

*Quel regard portes-tu sur la troisième catégorie, l'opéra-cinéma ?*

De grands réalisateurs ont su détourner leur expérience du plateau de cinéma vers la scène d'opéra… même s'ils ont généralement réintégré le plateau de tournage pour y situer l'opéra. On connaît le parti pris d'Ingmar Bergman dans sa *Flûte enchantée* : il choisit l'illusion théâtrale en filmant en gros plan les spectateurs écoutant l'ouverture de l'opéra tel qu'il est monté dans le merveilleux théâtre XVIIIe de Drottningholm, près de Stockholm. Bergman a recruté des « acteurs qui chantent » plus que de véritables chanteurs, optant pour la langue suédoise plutôt que l'allemand. Il paie son choix linguistique au prix fort de la médiocrité des chanteurs.

C'est le contraire dans la *Carmen*, très réussie, de Francesco Rosi. Il s'est libéré des contraintes de la mise en scène théâtrale et a sélectionné des chanteurs très convaincants — même s'il est dommage d'entendre Plácido Domingo dans les parties parlées prononcer le français avec un fort accent espagnol. Idéalement, on devrait recourir à des acteurs plutôt qu'à des chanteurs. Cela poserait quelques problèmes déontologiques : imagines-tu la voix de Birgit Nilsson associée au visage d'Audrey Hepburn dans *Tristan et Isolde* ? En ce sens, *Madame Butterfly* (1995) filmé par Frédéric Mitterrand est exemplaire. Il a réussi à transmettre la fougue quasiment wagnérienne de Puccini même si la musique recourt à de bien pauvres unissons… Faute de grande star du chant, Mitterrand avait retenu une jeune Chinoise et quelques interprètes autant acteurs que chanteurs.

Le cas de Joseph Losey dans *Don Giovanni* est différent : là encore, belle distribution. En tout cas, incontestablement de véritables chanteurs. Mais le gros problème de ce film, c'est le play-back. Cette pratique n'a rien de coupable ni d'artificiel, elle est bien souvent inévitable, en particulier dans l'opéra filmé. Pour autant, ce *Don Giovanni* n'a pas résolu le problème : Kiri Te Kanawa comme Ruggero Raimondi ont l'air d'émettre le son sans aucun effort puisque la musique a déjà été enregistrée. La dimension physique du chant est éliminée.

*La caméra ne doit donc pas gommer l'effort ?*

Surtout pas ! En dépit des artifices, l'image doit rendre compte de la tension des corps, de l'agilité des mains et des muscles des visages en mouvement. Pour *Don Giovanni*, Losey n'a pas été assez attentif à cette question cruciale, il s'est laissé prendre par la facilité du play-back... Cette technique est l'objet de bien des contresens. Idée absurde d'un play-back qui serait par nature incapable de rendre compte de l'énergie musicale ! Beaucoup de critiques, en particulier ceux qui écrivent à propos de films d'opéra, affirment : « On voit bien que le chanteur ne chante pas, ne s'investit pas de la même manière. » Je pense exactement le contraire. Ils ont parfois raison, lorsque le chanteur se contente de suivre une bande-son. Ce n'est pas le principe du play-back qui est alors en jeu, mais le réalisateur incapable de diriger le chanteur dans son rôle d'acteur.

En dehors même de l'opéra, le play-back est parfois nécessaire. Quand on y recourt, il faut s'assurer la complicité totale d'interprètes appelés à devenir en partie comédiens. À ma grande surprise, un artiste comme Gould s'y refusait, alors que le Quatuor Berg, le violoniste Alexander Markov ou le pianiste Piotr Anderszewski, a priori réticents, s'en sont révélés parfaitement capables. Combien de fois avons-nous vu, dans des films de fiction musicaux, des acteurs qui manifestement n'avaient aucune idée de l'instrument, ne serait-ce que de la posture à adopter ? C'est a contrario ce que Ken Russell a spectaculairement réussi avec sa biographie de Tchaïkovski [*La Symphonie pathétique*, 1971] : il a filmé le *Premier Concerto pour piano* d'une façon très dynamique, avec de formidables mouvements de caméra. Et surtout, l'acteur qui incarne Tchaïkovski pratiquait certainement très bien le piano : il joue les passages de façon parfaitement synchrone avec la bande-son enregistrée par Rafael Orozco.

*Qu'est-ce que l'image filmée apporte à l'opéra ?*

En plus de son effet grossissant, qui vaut aussi pour la musique symphonique, l'opéra bénéficie surtout du mécanisme fondamental de toute fiction : une histoire est racontée, c'est une intrigue mise en musique. Au fond, on filme l'opéra pour les mêmes raisons qu'on adapte au cinéma les chefs-d'œuvre littéraires. L'opéra filmé bénéficie d'une interprétation qui dépasse la mise en scène de plateau. Losey choisit le décor d'une villa palladienne, Francesco Rosi situe *Carmen* dans les montagnes d'Andalousie : l'opéra y gagne une force visuelle impossible à la scène. Les sortilèges du cinéma fonctionnent à plein.

*Pourquoi ne t'y es-tu jamais essayé ?*

Je trouve étonnant qu'on n'ait pas encore filmé les opéras de Tchaïkovski. Ils ont tout le potentiel expressif nécessaire. C'est autre chose que le bel canto et l'opéra italien, aux intrigues simplistes et à la musique rudimentaire. Tchaïkovski, Wagner, Bizet sont de beaux exemples de musiques à la fois savantes et populaires : des épopées ambitieuses qui donnent à l'auditeur l'envie de siffler leurs mélodies entraînantes en sortant. Mais la plupart des opéras qui m'auraient intéressé ont déjà été traités, et je ne pense pas qu'on puisse aborder Wagner en dehors de Bayreuth. D'ailleurs, je ne crois pas qu'un traitement cinématographique de Wagner soit vraiment envisageable : les intrigues n'ont rien de passionnant, le spectateur risque de s'égarer dans le maquis de ces mythes allemands. *Tristan* mis à part, je ne sais même pas ce qui se passe dans les opéras de Wagner. C'est certainement une lacune inexcusable, mais je ne crois pas que ce soit à ce point essentiel. Pourquoi voudrais-tu que je filme des opéras dont les livrets me laissent froid ?

## FAUT-IL ÊTRE MUSICIEN ?

*Faut-il être musicien pour réaliser des films comme les tiens ?*

Certains très beaux films musicaux ont été tournés par des réalisateurs sans compétence musicale affirmée : je songe aux quatuors de Beethoven joués par les Ébène, réalisés par Sébastien Glas. Mais c'est une exception. S'il s'agit de filmer une œuvre musicale précise, comme une symphonie de Schumann, une sonate de Bartók ou n'importe quelle œuvre d'envergure, c'est incontestablement un atout : il faut maîtriser la construction de l'œuvre, son rythme et sa dynamique, les subtilités d'une mélodie ou d'un cheminement harmonique qui en font toute l'originalité. Sans compter la relation à l'interprète : comment parler d'égal à égal avec un musicien si le cœur de sa démarche vous échappe ?

J'ai eu l'occasion de tourner un concert de Francesco Libetta au festival de piano de La Roque d'Anthéron en 2002 [*op.* 68, 2002], côte à côte avec des « collègues » qui, hélas pour eux, devaient filmer d'autres pianistes à la chaîne. J'avais travaillé pendant des mois avant de tourner, longuement parlé avec Francesco, je connaissais bien ces œuvres, et surtout j'avais posé mes conditions : tournages supplémentaires après le concert, démontage du piano pour obtenir des plans infaisables en concert, durée minimale de montage, etc. J'étais incontestablement privilégié par rapport aux autres réalisateurs, mais j'avais surtout une connivence avec l'artiste et la connaissance d'un répertoire qui ne m'était pas imposé de l'extérieur.

*Cela vaut-il également pour les portraits de musiciens ?*

Je crois que la compétence musicale du réalisateur s'impose aussi parce que, sans elle, l'interprète est abandonné à lui-même. Un miracle est toujours possible, et je veux bien croire qu'un musicien puisse développer seul une réflexion originale et personnelle qui prenne sa place dans un film. Mais d'expérience, même avec les plus grands, le meilleur naît d'une longue fréquentation. Il faut partager des goûts et des dégoûts, s'accorder sur les qualités et les défauts de telle prise, évaluer une partition de la même façon. C'est le secret de la réussite d'un film. Avant le tournage des *Quatre Saisons* avec Yehudi Menuhin en 1979, nous avons longtemps travaillé sur la partition pour choisir les moments clés, les doigtés et les coups d'archet que l'image devrait mettre en valeur, par exemple. J'en ai tiré un découpage très précis qui soulignait ces éléments d'expression, et tout cela renforce l'émotion du spectateur. Il fallait donc non seulement être musicien, mais connaître le jeu et le type de doigtés utilisés par Menuhin.

*L'image produit-elle un effet grossissant ?*

Elle attire l'attention, elle rend visible donc sensible. D'autres fois, l'image grossissante permet de faire sentir les difficultés extravagantes d'une partition, ce qui était le cas pour les *Caprices* de Paganini joués par Alexander Markov [*op.* 38, 1989] : beaucoup de plans étaient tournés de manière tout à fait artificielle. La difficulté de ces images « à effet grossissant », c'est le raccord avec des plans tournés en concert. Il faut éviter les images qui seraient impossibles à monter parce qu'incompatibles avec les plans suivants.

*La caméra apporte un danger supplémentaire : elle risque d'amplifier le narcissisme et les clins d'œil au public, si tentants pour les interprètes.*

Pas nécessairement. Par son abandon du concert, Glenn Gould refusait la dimension spectaculaire, la dérive d'une approche plus visuelle que sonore, par exemple. Il contestait surtout la présence du public, qui en conduit plus d'un à se fabriquer une gesticulation photogénique. Et puis j'ai découvert les enregistrements qu'il faisait systématiquement chez lui : des heures et des heures d'état de transe. Il ne s'agit plus du vague grognement auquel ses disques nous ont habitués. Là, ce sont des beuglements. On ne sait plus s'il est en train de travailler ou de jouir au piano : il vit un orgasme émotionnel sidérant — et bruyant. C'est le Glenn spontané, dans le secret de son appartement. Il s'exprime avec des gesticulations, des râles et des hurlements. J'ai même un enregistrement interrompu par un coup de téléphone : après quarante minutes de conversation, il se remet au piano comme si de rien n'était, et aussitôt ça repart. Cela montre bien que Glenn n'a pas cessé de travailler par élimination et par contrôle. Il s'est efforcé, pour le micro et pour la caméra, de limiter sa gestuelle, on peut même dire sa plastique. Ce qui lui semblait dangereux, c'était moins le caractère visuel du concert que le risque de se laisser contaminer par la présence du public. Voilà un cas — sans doute unique — où la perspective de la caméra conduit au contraire à minimiser les effets visuels et sonores[3]...

*Est-ce la raison pour laquelle tu te revendiques d'« un certain classicisme » ?*

La formule ne concerne pas le choix des musiciens ni des musiques. Lorsque je filme une œuvre, je la respecte et ne me sens pas autorisé à multiplier les fantaisies qui en amoindriraient la force. Mon humble classicisme ne m'a pas empêché de tenter, de temps à autre, des formes plus ou moins ambitieuses d'expérimentation. Mais je ne suis pas obnubilé par l'idée d'inventer, de bidouiller, pas vraiment concerné par les expérimentations à la Norman McLaren. Une image habilement choisie est plus féconde que bien des innovations formelles.

*Le choix d'une image est-il une forme d'interprétation ?*

Bien entendu. Choisir tel cadre, « donner la parole » à tel musicien plutôt qu'un autre en le montrant à l'image, c'est interpréter. Le réalisateur doit aussi tenir compte d'un paramètre tout simplement physiologique : nous sommes spontanément sensibles à la voix la plus aiguë. Pour la plupart des gens, le fouillis orchestral est dominé par la voix soprano, tout le reste formant un magma

3. Sur les effets visuels, voir le chapitre 9, « Réponses filmiques », p. 278-283.

difficile à distinguer. Le film peut, et même doit manifester à l'œil les éléments essentiels qui, autrement, resteraient inaudibles. Dès qu'un contrepoint devient un peu serré, l'image joue un rôle de contrepoids ; elle met en valeur les voix médianes coincées entre la basse et le soprano. Si notre perception sonore est biaisée, elle peut la rectifier et la rééquilibrer.

*Les images ont-elles une fonction différente selon qu'on est spectateur averti ou amateur candide ?*

Le spectateur violoniste trouvera dans le film des *Quatre Saisons* par Menuhin des informations sur ses doigtés, sur sa manière de conduire l'archet ou de démancher. Il y trouvera aussi la pure jouissance du geste, une forme de perfection que tout violoniste rêve d'atteindre. Pour l'édition du DVD d'archives consacré à David Oïstrakh [*op.* 45, 1992-1993], j'avais proposé d'insérer en bonus un fragment du *Concerto* de Brahms, déjà présent dans le coffret, mais cette fois au ralenti, pour le pur plaisir d'admirer les mouvements du violoniste et l'élégance de ses gestes, qui nous échappent à vitesse normale : l'amplitude, la variété et la vitesse d'un vibrato, la façon qu'a l'archet d'attaquer la corde pour réaliser un staccato percutant. C'est saisissant et instructif. J'avais en tête des images que l'on pourrait voir et revoir, que le musicien le plus expert aurait plaisir à savourer indéfiniment. Ma proposition n'a pas été retenue et je conçois bien qu'il y avait là quelque chose d'iconoclaste. Mais qui n'a jamais connu le plaisir d'écouter un album en boucle ? Cette jouissance auditive peut désormais se prolonger visuellement. Pourquoi s'en priver, même au prix de ce péché bénin qui donne toute sa place à l'image ?

*Est-il possible qu'un réalisateur non averti sabote une œuvre malgré lui ?*

C'est fréquent. Saboter, c'est gêner ou rater la transmission d'une émotion qui existe ou a pu exister. Ce sabotage peut survenir de mille manières : ne pas cadrer proprement quelqu'un, adopter un montage qui contredise l'œuvre, suivre une partition à la lettre, le nez rivé sur les notes ou les instruments. Chacun de ces obstacles peut tasser l'émotion, amoindrir la perception qu'en a l'auditeur.

Pour tourner un film comme pour mettre en scène un opéra, il faut savoir lire une partition, aux différents sens du terme « lire » :

déchiffrer les signes inscrits sur les portées — c'est bien le minimum — mais au-delà, leur donner du sens, en proposer une dynamique artistique. La partition n'est que le support matériel de lectures variées. On y revient toujours : elle est porteuse d'émotions.

*Cette compétence musicale s'accompagne-t-elle d'une forme d'humilité ?*

Si l'on écarte la réalisation de portraits, de grands films documentaires dans lesquels la marge de liberté est énorme, le réalisateur qui filme la musique en train de se faire a un rôle modeste. Le résultat sera au mieux honnête et propre, même lorsqu'il se trouve à l'origine de tout le projet, qu'il a choisi l'interprète, la partition, la salle de concert, etc. Il est délicat de trouver l'équilibre entre ce rôle de relais et le souci d'expressivité, d'apport personnel. Tu demandais tout à l'heure s'il faut être musicien pour réaliser ce type de film. Oui, mais il faut aussi savoir ne pas rester esclave de la partition, de la technique instrumentale et musicale.

## SORTIR DE LA PARTITION

*Comment faire pour créer et retenir l'attention de l'auditeur spectateur ?*

On procède exactement comme un musicien pour interpréter une partition. Quelle que soit l'œuvre, différentes options sont possibles en matière de tempo, de *legato*, de sonorité, de climat musical. Construire une interprétation, c'est faire des choix, proposer (et même imposer) une lecture plutôt qu'une autre.

Filmer, ce n'est pas enregistrer ni restituer des informations, c'est bâtir une narration. Qu'il s'agisse de filmer une œuvre ou de bâtir un portrait d'interprète, la neutralité n'existe pas, ou plutôt il faut la fuir comme la peste. Susciter une émotion suppose de choisir un fil conducteur. Prenons l'exemple de *L'Art du violon* [*op.* 62, 2000]. La présence de différents coproducteurs avait conduit à une commande assez standardisée, une simple anthologie filmée retraçant l'histoire du violon et des violonistes. La course à la virtuosité les charmait d'avance. Or cela ne m'intéressait pas d'aligner des archives pour constituer un catalogue neutre : ç'eut été réduire le violon à une collection de papillons desséchés. Où aurait été l'émotion ? Il m'a fallu plusieurs années de lutte, au risque de ne pas tourner, pour obtenir gain de cause, et j'ai finalement réalisé un film à thèse : le grand violoniste se distingue par une sonorité particulière. Le violon, c'est le son, pas des prouesses !

*As-tu un autre exemple, plus lié encore à une œuvre et à son interprétation ?*

Pour filmer *La Jeune Fille et la mort* vue par le Quatuor Alban Berg, il fallait trouver une façon d'aborder un tel monument, d'autant que le quatuor à cordes est tenu pour un genre difficile, cérébral. J'ai donc emprunté un chemin de traverse en recourant à la formule « masterclasse », délestée de sa dimension spectaculaire. Je voulais créer un moment d'intimité qui restituerait une part de l'univers schubertien, malgré la célébrité et l'ampleur de l'œuvre. J'ai donc construit le récit autour de la rencontre entre le jeune Quatuor Artemis, qui répète *La Jeune Fille et la mort*, et les membres du Quatuor Berg intervenant à tour de rôle pour les conseiller. Ces musiciens chevronnés réunis dans la même formation, soudés par quarante ans de travail, exposent d'ailleurs des lectures étonnamment divergentes.

Peu à peu, les conseils des Berg deviennent une main tendue, une transmission du quatuor reconnu aux jeunes débutants, et une clé de lecture qui aide le spectateur à entrer dans la partition. Les Artemis ne prennent pas la parole, mais la variété des remarques et des pistes ouvertes fait un peu descendre *La Jeune Fille et la mort* de son intimidant piédestal. Voilà à mes yeux l'exemple d'un parti pris cinématographique qui devient interprétation musicale.

*Une œuvre, un ou des interprètes, un propos : ce serait ta recette miracle ?*

De recette miracle, il n'y en a point ! Disons que je ne tournerais jamais de film pour expliquer la forme fuguée ; et si je filme la *Grande Fugue* de Beethoven, je m'attache plutôt à montrer un quatuor, en l'occurrence les Artemis, aux prises avec la partition [*op.* 64, 2001]. C'est tellement plus fort de montrer des artistes qui vivent une œuvre, la décortiquent, la discutent, l'incarnent pendant le moment où ils la jouent ! Tant qu'on ne montre pas la musique en acte, en chair et en os, elle n'existe que sur le papier, et n'a de sens que pour les gens qui sauraient la lire. Par les musiciens, on peut introduire le spectateur néophyte à la manière dont l'œuvre est construite, ses moments de détente et de tension, sa dimension émotionnelle.

*Pour conduire à cette émotion, tu t'émancipes d'une exactitude documentaire. Peux-tu expliquer ton recours au « faux synchrone », parfois assimilé à « des images qui mentent » ?*

Ce que l'on nomme faux synchrone n'est pas une simple ficelle de cinéma, cela engage le projet même de documenter la musique en train de se jouer. Le faux synchrone consiste à utiliser délibérément des images particulièrement expressives qui n'ont pas été tournées à l'instant *t*, mais qui montrent le même interprète jouant le même motif mélodique à un autre moment. Il ne s'agit pas de faire croire que l'on voit des interprètes jouer « comme si on y était ». Le film n'est pas un succédané d'expérience de concert, mais une reconstruction ordonnée qui entraîne le spectateur par la force d'une continuité du son et des images. Peu importe que telle séquence ait été tournée la veille ou le lendemain, dans l'exposition ou la reprise du thème, à la tierce ou à la quinte. Ce qui compte, c'est que ces images en mouvement soient expressives et qu'elles apparaissent synchrones, c'est-à-dire coïncidant avec le rythme et la dynamique générale. Ces images plausibles deviennent évidentes, j'y recours sans aucun état d'âme. Il n'y a aucun mensonge là-dedans : le « faux synchrone » est au contraire une façon d'atteindre une vérité dramatique et émotionnelle.

J'ai souvenir des concertos de Bach enregistrés avec David Fray pour *Swing, Sing and Think* [*op.* 76, 2008]. L'orchestre était plutôt rigide face à ce jeune chef. Mon fil conducteur était l'opposition initiale de l'orchestre, qui nous menait jusqu'à la réconciliation. Bien entendu, je n'affichais pas la couleur, pas un mot n'était dit de cette gradation qui se manifestait d'elle-même à travers la musique. Il me fallait donc montrer des occasions de conflits qui seraient peu à peu estompées au profit d'une complicité croissante permettant de jouer finalement ensemble. Pour raconter cette histoire à travers les concertos de Bach, j'ai sélectionné les vues des musiciens au moment où David les faisait rire, ou au contraire lorsqu'ils étaient plutôt grognons parce qu'ils se sentaient agressés. J'avais remarqué un violoncelliste belge très expressif, plus vif que les autres, qui s'est donc retrouvé assez souvent à l'image ; quand j'en avais besoin, je l'ai montré en faux synchrone, alors qu'il jouait quelques mesures plus tard. Lui-même serait incapable de le détecter. Quant à moi, je n'aurais pu me permettre ce travail sans compétence instrumentale[4]. Dans tous les cas, le faux synchrone implique de consacrer beaucoup de temps au dérushage, qui devient l'un des moments les plus cruciaux du montage.

*Selon le contexte, tu traiteras donc une même partition de manière différente ?*

Bien entendu ! Le parti pris de dramatisation et d'interprétation par le film suppose d'être prêt à modifier le traitement visuel — plans, cadres, rythme, montage — selon qu'il s'agit de tourner une œuvre en intégralité ou d'en insérer un simple fragment au sein d'un documentaire. Par exemple, le *Deuxième Concerto pour violon* de Bartók joué par Menuhin [*op.* 36, 1988]. Nous l'avons tourné dans sa totalité, et j'en ai donc fait une version de concert intégral : les plans étaient assez longs, Yehudi y tenait une place prééminente, et mon objectif était de restituer la dynamique de chaque mouvement dans sa continuité.

Tandis que pour *Retour aux sources* [*op.* 35, 1988], le film consacré au retour de Menuhin en U.R.S.S., j'en ai fait un montage tout à fait différent, recourant à des images non montées dans la première version. À un moment donné, j'évoque une citation révolutionnaire. Il me fallait trouver la musique adaptée. Ce concerto incarnait précisément cette idée de rupture, de violence et de brusquerie ; et il était bien sûr joué par Yehudi. Je me suis donc plongé dans les rushes, j'ai de nouveau visionné la plupart des séquences avant d'opter pour un montage radicalement différent : une succession de brefs plans saccadés passant des musiciens d'orchestre au soliste. J'ai recouru là encore à des images en faux synchrone, que personne ne peut repérer à l'écran. Le plus important n'était pas de savoir ce que l'instrumentiste était en train de jouer, mais de faire converger le propos du film, la partition retenue et la situation dramatique. À partir des mêmes images, j'ai donc réalisé deux montages très différents : la même œuvre, le même violoniste, la même interprétation, mais plus du tout le même traitement visuel…

*Ta pratique du montage est-elle un moyen de refuser une forme d'objectivité ?*

---

4. Sur le montage de cet *opus*, voir le chapitre 6, « La fabrique du film », p. 200-201.

L'image filmée n'entend pas témoigner d'une réalité antérieure. Créer une émotion importe plus que témoigner d'un concert tel qu'il s'est déroulé. Ma caméra raconte plus qu'elle n'explique. Marie-Claire Alain souligne avec justesse, dans *Orgues, Toccatas et Fantaisies* [*op.* 42, 1990], que nous devons l'essentiel de la musique de Bach à la haine des images qui animait la Réforme luthérienne. Il me semble que nous vivons aujourd'hui un moment où la musique, en partie née « contre » le dessin et la peinture, peut redécouvrir le bonheur de donner naissance à des images. Je n'ai aucun fétichisme de la neutralité ou d'une prétendue vérité initiale à respecter. Une image est relative à son propre effet, elle doit découler de celles qui précèdent et qui suivent, être choisie en fonction du moment précis du scénario.

*Cherches-tu systématiquement à bâtir une dramaturgie ?*

Je ne m'intéresse guère aux données strictement biographiques des personnages. Il faut choisir ce qui compte, retenir les informations qui vont l'une après l'autre construire un portrait qui dépasse en quelque sorte son sujet.

Pour concevoir le portrait de David Oïstrakh [*op.* 54, 1994], j'aurais pu me contenter d'une approche de spécialiste, étroitement liée au violon. Mais j'ai imaginé un personnage double : d'une part, l'artiste contraint de représenter son pays parce que la vocation d'un musicien soviétique est d'être exporté, de servir la gloire d'une pensée esthétique et d'un système politique ; et d'autre part, ce très grand violoniste beaucoup plus déchiré qu'il n'y paraît, forcé de vivre avec le système qui lui est imposé. Je m'appuie bien entendu sur des données biographiques, mais traitées de manière ironique, afin qu'elles viennent nourrir des tiraillements humains. J'ai, par exemple, mis la main sur une lettre d'Oïstrakh à sa femme après son triomphe au Concours Eugène Ysaÿe de 1937, en Belgique : il rêve de voitures et comprend qu'avec 25 000 francs, il pourrait s'acheter une Ford avec chauffage. La lettre est bien sûr rédigée en russe, mais n'importe quel spectateur peut déchiffrer ce « 25 000 ». Cela confère un sceau d'authenticité à mon récit, que je poursuis par d'autres archives dans lesquelles Oïstrakh affirme : « Nous, représentants du système soviétique, démontrons la valeur de l'éducation socialiste », etc. L'anecdote biographique n'est pertinente que parce qu'elle nourrit cette tension entre les deux figures, suscitant une ambivalence. De tous mes films, ce portrait est d'ailleurs le seul dont le titre soit doté d'un point d'interrogation : *David Oïstrakh, artiste du peuple ?*

*Tu entends te libérer du carcan des écoles nationales, d'un prétendu caractère spontané lié à l'origine des musiciens.*

Je trouve invraisemblable de cantonner Dietrich Fischer-Dieskau au Lied sous prétexte qu'il ne saurait chanter la mélodie française. Les automatismes et les stéréotypes nationaux m'exaspèrent et me semblent incroyablement réducteurs. Combien de fois entend-on des critiques affirmer : « Il n'est pas russe, il ne peut pas jouer Tchaïkovski » ou « Il n'est pas français, Debussy lui échappera toujours ». Affirmer cela, c'est justement dénier à Tchaïkovski ou Debussy leur portée universelle.

J'ai entendu Elisabeth Schwarzkopf dire de façon assez dure à un étudiant lors d'une masterclasse : « Vous n'êtes pas germanophone, vous ne pourrez jamais saisir la teneur émotionnelle de ce mot… » À ce compte-là, pourquoi ne pas réserver aux seuls luthériens les cantates de Bach, ou imposer un âge minimum pour jouer les *Variations Diabelli* ? Non, il ne faut pas être allemand pour jouer Brahms, je n'y crois pas un instant.

En revanche, il est évident que la diction des mélodies de Debussy est incroyablement délicate : que de subtilités dans la prononciation des « e » muets, que de nuances entre le « é », le « eu » et les « è »… C'est très complexe ! Rien ne garantit qu'un chanteur français y parvienne, rien n'empêche qu'un artiste d'une autre langue maternelle s'en empare à merveille. La phonologie m'intéresse en tant que musicien, mais elle devient vite très technique. Je n'en vois pas le potentiel dramaturgique, ce qui est un argument suffisant pour l'écarter.

*En somme, tu cherches toujours à dépasser quelque chose : la personnalité, la partition, la nation, l'instrument…*

Si *L'Art du violon* avait été conçu par un réalisateur américain, il en serait résulté un film de commande différent, spécialisé, bourré de détails techniques, calibré pour les chaînes américaines : les réalisateurs qui se sentent peu concernés s'en remettent à des recettes. Le fait d'être musicien permet paradoxalement de se dégager de la technique musicale ou instrumentale.

Dans *Une journée d'Ivan Denissovitch* (1962), Soljenitsyne a fait découvrir au monde entier la réalité du Goulag à travers un seul personnage ; il a décidé en outre de se concentrer sur l'arc d'une journée unique. Cette double limitation lui a permis d'exprimer de façon singulière la monstrueuse réalité très générale et répandue des goulags. Loin de moi l'idée de me comparer à un tel géant. Je soutiens seulement que, incapable de bâtir une théorie, je n'entends pas non plus me perdre dans les méandres du singulier, de l'anecdotique. Pas de musicologie, mais la lecture personnelle et scénarisée d'un interprète singulier. Ce que j'appelle « dramaturgie » ou « narration » évite de se laisser enfermer dans la partition, la biographie ou l'instrument.

# FORMATION
# ET SENSIBILITÉS

## RÉVÉLATION SONORE

*Comment la musique est-elle entrée dans ta vie ?*

Très tôt, avec « l'événement Yehudi ». J'avais quatre ou cinq ans et, à la fin des années 1940, les 78 tours disponibles dans la famille étaient la seule chose qu'on pouvait écouter : pas de radio, guère de musique jouée à la maison, bien entendu pas de concerts. Un jour, quelqu'un a placé un disque sur le gramophone. Je me rappelle avoir été tétanisé, illuminé par l'écoute d'une musique dont j'ignorais tout, le nom de l'interprète comme celui du compositeur. C'était la *Danse hongroise en si mineur* de Brahms transcrite par Joachim, que Menuhin avait enregistrée adolescent. Ce fut comme la révélation d'un paradis, quelque chose qui m'a remué pendant des jours, et qui continue d'ailleurs à me faire frémir aujourd'hui. J'ai retrouvé bien plus tard un film de Yehudi dans cette danse hongroise, tourné en 1947. Dire qu'il m'a fallu attendre cinquante ans pour avoir accès à l'image de Yehudi dans cette pièce qui m'a tant bouleversé !

La beauté du son et sa pureté malgré le bruit de fond du 78 tours, mais aussi le type de musique — une petite pièce pour violon à la fois virtuose et musicalement très intense : c'est probablement tout cet ensemble qui a été à l'origine de mon appel vers le violon. J'ignorais totalement le nom de Menuhin — à cet âge-là, on n'a pas conscience de ce qu'est un interprète, a fortiori un violoniste. Ma réaction n'avait rien à voir avec son prestige ou un effet de célébrité. C'est la musique pure qui était descendue pour s'imposer à moi. Ce que j'ai entendu a tout simplement transformé mon existence[1].

*Et après ce premier contact discographique, une deuxième rencontre par le concert ?*

Le premier concert de Menuhin auquel j'ai assisté, de nombreuses années plus tard, a eu lieu le 4 octobre 1957, jour du lancement du premier Spoutnik soviétique. Cet événement aérospatial n'a eu pour moi aucune importance, puisque ma mise à feu personnelle fut plutôt l'écoute de ce concert : deux concertos de Bach, le *Concerto en la majeur* de Mozart et la *Chaconne* de Bach donnée en bis. Je découvrais un monde à des années-lumière du mien, sans imaginer qu'un jour j'allais faire la connaissance de Yehudi.

*Tu n'avais pas encore commencé le violon ?*

Je venais de débuter. Après avoir tanné mes parents pendant des années, c'est seulement à treize ans que j'ai reçu ce premier violon dont je rêvais. J'avais anticipé ce moment en achetant quelques partitions. Je me rappelle avoir mémorisé la *Sonate en ré majeur* de Haendel, ce qui m'a pris quelques mois, malgré les cinq ou six heures que je consacrais au violon chaque jour comme un forcené.

C'est ainsi que le 16 mai 1957, je m'en souviens parfaitement, je suis arrivé chez M$^{lle}$ Carré pour y prendre ma toute première leçon. Je lui ai joué les deux premiers mouvements de la sonate. J'avais l'impression qu'elle était très vieille ; elle devait avoir dans les soixante ans. Je crois qu'elle avait une tenue de l'instrument très juste, une excellente position des mains sur le violon. Rien de bouleversant du point de vue musical, mais une solide expérience pédagogique et elle était pleine d'enthousiasme. Le plus important, c'est qu'elle avait des copines musiciennes, de sorte que j'eus très vite accès à la musique de chambre. M$^{lle}$ Carré avait également monté un petit orchestre. C'est ainsi que je me suis retrouvé à jouer en soliste le *Concerto en la mineur* de Bach dans la salle Chopin-Pleyel : c'est mon premier enregistrement au violon, qui date du début 1958.

*Comment as-tu quitté M$^{lle}$ Carré ?*

1. Voir le chapitre 3, « Rencontres : Menuhin », p. 69-100.

C'est elle qui m'a emmené, vers 1960 je pense, chez celui qu'on appelait « Maître » Marcel Reynal. Il enseignait au Conservatoire de Paris et là, j'ai reçu une sacrée douche froide. Il m'a fourré entre les pattes le *Cinquième Concerto* de Vieuxtemps. Ce n'était pas le genre de musique à laquelle j'aspirais. Il fallait passer chez lui, avenue Rapp, pour prendre scrupuleusement livraison de tous les doigtés et coups d'archet du maître. Gare à celui qui ne les aurait pas respectés. C'était atroce, tout le contraire d'un véritable enseignement : un état de servitude. J'ai encore certaines de ses indications manuscrites sur ma partition du *Concerto* de Mendelssohn : des banalités du genre « plus marqué » ou « plus à la corde ». J'ai dû le subir près de deux ans. C'était une conception de la musique tellement étriquée ! Il m'a fallu quelque temps pour m'en extirper.

Je me rappelle être allé écouter, précisément dans ces années, le dernier concert de la pianiste Clara Haskil à Paris. C'était au théâtre des Champs-Élysées, en récital avec le violoniste Arthur Grumiaux. Ils jouaient la *Sonate* K. 304 de Mozart, et les *Troisième* et *Dixième* de Beethoven. J'étais venu parce que Grumiaux jouait, violon oblige, mais mon regard et mes oreilles étaient attirés par Haskil, sa manière d'entrer en scène, l'incroyable présence de cette sublime musicienne. J'avais préparé pour l'après-concert un petit ouvrage sur les grands interprètes avec une photo de Grumiaux. Je suis donc allé lui faire signer sa photo et je m'apprêtais à sortir lorsqu'elle m'a interpellé en riant : « Et moi, ça ne vous intéresse pas ? » J'avais cet effroyable préjugé en faveur du violon. Je n'étais pas venu pour écouter des sonates pour violon et piano, mais pour entendre Grumiaux. Au fond, seule Haskil m'avait intéressé pendant ce concert, mais je ne lui avais pas demandé d'autographe. Quel imbécile, quelle leçon !

## DU QUAI D'ORSAY À L'ORTF

*Quelques années plus tard, tu t'es inscrit à Sciences Po.*

Mes parents considéraient que la musique n'était pas une carrière, même s'ils ne m'ont rien interdit. C'est moi qui me suis inscrit à Sciences Po, par défaut. J'allais aux cours en trimbalant mon violon, qui restait quand même le centre de mes préoccupations. J'ai d'abord passé le concours de sous-secrétaire d'Orient en 1969. Là, j'ai connu la vie de bureau pendant une année au Quai d'Orsay. Puis, une fois obtenus les deux diplômes requis aux Langues O, le russe et le bulgare, j'ai passé celui de secrétaire d'Orient. Mon intention était de me faire nommer d'office à Londres afin de quitter et Paris et le Quai d'Orsay, et de pénétrer enfin ce qui m'apparaissait comme la capitale mondiale de la musique. Mais le Quai d'Orsay considérait que Londres n'était pas très orientale, et je me suis retrouvé nommé à Tirana.

*Quelle était la situation musicale en Albanie à l'époque ?*

L'Albanie était alors le pire des régimes, extraordinairement fermé, et l'activité musicale devait y être à peu près nulle. J'ai décidé de démissionner aussitôt. Branle-bas de combat. Me voilà reçu par le directeur du personnel, ministre plénipotentiaire et ambassadeur de France. Il m'a expliqué à quel point il était ridicule de démissionner à l'aube d'une glorieuse carrière au service du pays. Je lui ai parlé de musique et il m'a confié que lui-même écrivait, mais ne se voyait pas démissionner pour courir après le Goncourt.

Je l'ai retrouvé quelques années plus tard, à l'ambassade de France auprès du Vatican cette fois. C'était à l'occasion de la présentation du film que j'avais tourné avec Menuhin et le pape Jean-Paul II à Castel Gandolfo [*op.* 27, 1983]. Lors du dîner, je vis sur le plan de table que j'étais assis à côté de ce monsieur, devenu entre-temps ambassadeur itinérant. Il a eu l'air un peu gêné lorsque Menuhin m'a porté un toast, m'appelant son « bien-aimé collègue »... Voilà à quoi se résume mon expérience diplomatique.

*Comment es-tu passé de la diplomatie au monde de la télévision ?*

Je souhaitais pénétrer le monde de la musique, sans la moindre idée de ce que je pourrais y faire. Un ami violoniste, Serge Blanc, m'a mis en relation avec Pierre Vozlinsky, qui avait été son pianiste. Je suis donc allé voir « le père Vozlinsky », que tout le monde appelait Voz. Il était à l'époque patron de la musique à la télévision, on était en plein ORTF. J'ai compris plus tard qu'il avait conçu quelques films, des portraits de compositeurs. Il avait aussi lancé en 1970 une émission hebdomadaire sur Beethoven pour le bicentenaire de sa naissance, « Beethoven, année 200 », présentée par les deux Massin, Jean et Brigitte ; une émission très didactique, mais regardée par un large public. C'était la télévision de l'époque, avec une grande ambition, en l'occurrence portée par Voz, qui serait aujourd'hui inenvisageable. Il avait mobilisé les pianistes Wilhelm Kempff et Alfred Brendel, le Quatuor Amadeus, et le Trio Stern-Istomin-Rose.

J'avais vingt-cinq ou vingt-six ans, et je me trouvais devant un personnage impérial, très élégant. Nous avons bavardé et il a évoqué son envie de lancer une série télévisée sur l'histoire de la musique en Europe. Rien de plus. Mais il m'a rappelé quelques semaines plus tard. De toute évidence, il avait testé mes connaissances musicales au passage, sans que je m'en rende compte, et avait sans doute gardé à l'esprit mes compétences linguistiques.

*Le facteur télévisuel et ton intérêt pour l'image sont donc purement accidentels : tu aurais pu aussi bien rencontrer un éditeur de livres ou de partitions ?*

Ç'aurait été exactement la même chose. Ce qui me concernait, c'était avant tout la musique, et plus particulièrement sa transmission. Le programme que Voz me demanda de développer devint une série d'émissions télévisées hebdomadaire intitulée *La Rose des vents*. Un fourre-tout de musique espagnole, italienne, allemande et française, quelques dizaines de programmes essentiellement pédagogiques : un conférencier racontait une histoire, suivi de musiciens qui venaient illustrer ses propos, point final. Le ton était pontifiant et l'image strictement illustrative. Aucun rythme ! Une documentaliste dénichait des archives tout à fait conventionnelles et le « réalisateur télé » (qui n'était pas moi) jouait les presse-bouton... Ce ne sont pas mes films, ni des films tout court : juste de la conférence filmée un peu élaborée.

*Mais tu y as en quelque sorte fait tes classes ?*

J'ai eu accès à un monde visuel, dont j'ignorais tout. J'ai découvert qu'une caméra se plaçait quelque part, et j'ai même compris que le choix de son emplacement était la quintessence de l'art. Le tournage en vidéo, très lourd et réalisé en quasi-direct, demandait une organisation complexe, mais on était loin de la construction habituelle d'un film. Pour moi, le monde de la production, c'était un bureau, l'Office de la RTF, qui se trouvait aux Buttes-Chaumont. J'étais à la fois protégé et ignorant ; je n'ai découvert la production que quelques années plus tard, avec ses problèmes de financement et les difficultés logistiques sans fin qui surgissent sur un film.

En tout cas, ce poste d'apprentissage et d'observation m'a énormément servi. J'y ai aussi trouvé pas mal d'occasions de jouer pour la télévision, d'enregistrer le *Trio* avec cor de Brahms avec Pascal Rogé au piano, une sonate de Bach avec Blandine Verlet au clavecin...

*Ces premières expériences ont-elles éveillé en toi une envie créatrice ?*

Oui, en même temps que je faisais mes armes avec ces émissions de télévision tristounettes, j'ai commencé à expérimenter et à rédiger mes propres projets. Les critères syndicaux et corporatistes en vigueur ne me permettaient pas de signer mon travail comme réalisateur. Ce qui m'amusait, c'était de mener des expériences de cadrage, de varier la manière de filmer. Ce que je voyais était réalisé avec les pieds, par des gens qui n'avaient aucune relation avec la musique. Je me suis tout de suite interrogé sur la manière dont on pourrait faire coïncider la musique et l'image.

Ce qui fait que, quelques années plus tard, pour *L'Archet des rois* [*op.* 10, 1976] dont je n'étais toujours pas le réalisateur en titre, j'ai choisi d'ouvrir par le *Prélude en mi majeur* de Bach, que je jouais. Mais surtout, j'ai imposé d'un bout à l'autre ma manière de faire : vu le thème de l'émission, c'était l'archet qui comptait, donc tous les plans imaginés, à travers le violon ou à l'intérieur du coude, étaient tournés plan par plan, de telle sorte qu'on aboutisse à un ensemble qui ait une expression visuelle en rapport avec la musique et l'objet du film.

*Si tu n'étais pas réalisateur, quel était ton rôle officiel ?*

Dans le cadre de l'ORTF, ma fonction était « producteur ». J'étais crédité comme tel, parfois avec d'autres. C'était un statut extraordinairement ambigu, mais je ne connaissais pas celui d'« auteur » ni de « réalisateur ». On m'imposait ce qu'on appelait un « réalisateur en titre », qui ne comprenait rien à ce que je souhaitais faire. Ce grand flou juridique a causé d'énormes problèmes par la suite, lorsqu'il a été question pour l'INA d'exploiter des documents qui pouvaient avoir une vie hors de la programmation télévisée. Je crois que j'avais déjà une certaine vision des choses, sans posséder les compétences techniques. Mais ce qui m'intéressait, c'était de développer une conception et un contrôle plus ou moins complet des événements, de la mise en scène, de la mise en images, du montage.

*Quel a été le point de bascule ?*

Il y en a eu deux : à la fin de cette année 1971, j'ai envoyé une lettre à Glenn Gould, d'une part, et d'autre part, j'ai rédigé un projet sur « l'Europe orientale et le violon » [*op.* 1, 1972], dont l'atout majeur était Yehudi Menuhin.

J'avais désormais un accès direct à Yehudi[2] et ce projet l'intriguait. On restait dans le cadre de l'ORTF : tout était réalisé en studio, musique et entretiens, à l'exception d'un petit sujet tourné à Budapest. Cela impliquait des repérages, d'aller dénicher un groupe tsigane si possible authentique, que je puisse mettre en relation avec Menuhin lorsqu'on viendrait tourner... Bref, j'ai commencé à faire mes premiers pas dans ce qu'est véritablement le film, quelque chose de préparé, repéré, scénarisé au préalable : une forme nettement plus élaborée qu'un simple programme de télévision.

C'est seulement avec la fin de l'ORTF que j'ai cessé de faire des émissions et rencontré un système de production privé. Cela m'a d'abord semblé ahurissant, mais j'ai bien dû m'y faire pour réaliser de véritables films. Moyennant quoi, mes films sont toujours restés dans cette contradiction d'un financement télévisé, alors qu'aujourd'hui, on ne s'adresse plus vraiment à la télévision. C'est l'un des problèmes clés de mes films : leur objet a toujours été en contradiction avec leurs moyens de financement et de diffusion. En un sens, c'est aussi l'histoire de ma vie en tant que réalisateur de films musicaux, et cela s'est plutôt accentué[3].

*Comment as-tu vécu cette période de transition, les années 1972-1974, lorsque tu es passé des* Chemins de la musique *à la première série des* Gould *[op. 2, 1974], qui n'ont plus rien à voir avec des émissions ?*

Le projet Gould, bien plus ambitieux, allait me sortir totalement du petit cocon de la télé. Il impliquait un tournage au Canada avec une équipe de film au grand complet. Je m'en souviens comme d'une période de sacrifice : je me trouvais devant un projet que je voulais faire quoi qu'il arrive, mais pour lequel je n'avais absolument pas l'autorité nécessaire. Il n'y avait pas de raison que les choses se fassent. J'étais pourtant prêt à m'y dédier et capable de passer deux ans sans la moindre rémunération ni le moindre contrat. J'ai connu deux ou trois périodes de la sorte, qui n'ont été supportables que parce que je n'avais pas de famille à charge.

J'ai donc écrit à Gould en octobre 1971, alors qu'on terminait les derniers épisodes de *La Rose des vents*, et j'ai reçu sa réponse-fleuve au mois de mars 1972 : il m'invitait à Toronto. Cela ne représentait pas de difficulté particulière, sauf qu'il n'était pas question de demander à l'ORTF de me défrayer ou de rentrer dans une logique de

---

2. Sur la manière dont s'est nouée cette relation, voir le chapitre 3, « Rencontres : Menuhin », p. 73-75.

3. Voir le chapitre 6, « La fabrique du film », p. 184.

préparation. Il n'existait pas de « projets » dans la logique de l'Office, pas de notion de développement, aujourd'hui devenue évidente dans le domaine de la production. C'était le serpent qui se mordait la queue : comme je n'avais aucun statut, je ne pouvais être rémunéré qu'au contrat, pour tant de journées. Cette entreprise avait quelque chose de complètement loufoque et d'utopique. Toujours est-il que je suis allé trouver Gould[4].

*De retour à Paris, tu en as parlé à Vozlinsky ?*

Oui, c'était l'un des seuls à connaître le nom de Glenn Gould, qui l'intriguait probablement. Je ne suis pas sûr qu'il ait écouté ses enregistrements, mais il connaissait la légende qui l'entourait en Amérique, en Israël, en U.R.S.S... Voz avait entre-temps quitté ses fonctions au Service de la musique de l'ORTF pour prendre en charge la musique à la radio, y compris les orchestres. Il était devenu le grand patron de la musique hors télévision et il m'a toujours soutenu, ce qui était important. Il est venu, année après année, aux projections de mes films, alors même que leur production ne dépendait plus de lui.

*Cherchait-il à dénicher de nouveaux talents ?*

Il voulait plutôt faire venir à Paris des talents confirmés qui n'y passaient pas volontiers, et il se débrouillait pour faire en sorte que ce soit financièrement possible. C'est lui qui a réussi à convaincre les présidents de l'ORTF de la nécessité d'une politique musicale sur les chaînes de télévision et organisé la venue de chefs d'orchestre majeurs comme Lorin Maazel ou Sergiu Celibidache. L'Orchestre national de France et le Philharmonique de Radio France lui doivent une fière chandelle. Il avait monté à Paris un cycle sur l'évolution du concerto pour violon à travers les âges, ce qui impliquait une commande — je crois qu'il s'agissait du *Concerto* de Dutilleux. Un cycle Isaac Stern, une quinzaine de concertos en l'espace de quelques mois, plus un cycle de musique de chambre : bref, une vision à long terme, avec une envergure.

*Mais aucune place pour la musique filmée ?*

---

4. Ces trois premiers jours d'entrevue sont rapportés dans le chapitre 5, « Rencontres : Gould », p. 145-148.

Il avait fait quelques essais lui-même, en tant qu'auteur plus que réalisateur, puis œuvré à la retransmission d'un certain nombre des concerts de l'Orchestre national — plutôt par souci de préservation. Vozlinsky a été pour moi un personnage important, mais il ne me donnait pas de conseils. J'ai découvert plus tard que c'était l'élément qui me manquait : un regard de producteur[5].

## LE PRISME RUSSE

*En parallèle de Sciences Po, tu t'es donc inscrit à l'Inalco, où tu as commencé à étudier le russe.*

C'est déterminant. Aux Langues O, je me suis ouvert à une civilisation complètement étrangère à mon milieu, au pays dans lequel je vivais. Le russe fut pour moi la découverte de l'autre, de l'ailleurs, un hors-champ absolu que les esprits occidentaux ont peine à concevoir. Il faut connaître la vie quotidienne des Russes et ses vicissitudes pour comprendre leur mentalité, leur logique parfois vacillante, l'espèce de force animale avec laquelle ils expriment leurs sentiments. La Russie m'a forcé à prendre en compte cette part qu'on dit irrationnelle de la nature humaine, ses éléments sensibles ou sensuels. Nous avons beaucoup à apprendre de la Russie, de ce côté-là. Faire des films et de la musique avec des artistes russes m'a permis de pénétrer dans ce monde de la couleur et du fantastique.

*Pourquoi avoir choisi le russe ?*

Cela peut paraître incroyable, mais la décision d'apprendre le russe est en partie liée à David Oïstrakh. Et ce n'est pas une reconstruction a posteriori ! Je ne l'avais pas entendu jouer en chair et en os. Je ne connaissais que quelques disques que nous avions à la maison ou que j'avais achetés, comme *Shéhérazade* de Nikolaï Rimski-Korsakov et ses solos de violon. Et puis il y a eu le *Cinquième Concerto* de Mozart : la manière dont Oïstrakh jouait la résolution en *la* majeur à la fin de la cadence de Joachim me rendait littéralement fou. J'ai labouré le disque tant la sonorité de son violon me retournait.

---

5. Sur l'importance de la figure du producteur, voir le chapitre 6, « La fabrique du film », p. 177-184.

Lorsque j'ai vu Oïstrakh pour la première fois, j'ai été bouleversé par la beauté de ce que j'entendais. Je me souviens aujourd'hui encore de chaque note de son programme. Je l'ai traduit à ma façon, comme on peut le faire à dix ans : je suis allé le voir dans sa loge, espérant qu'il signerait la pochette de mon disque du *Concerto en la majeur* de Mozart. Ce côté puéril me fait sourire aujourd'hui, mais je tenais à ce contact. Je voulais observer mon idole de près, voir ses mains, découvrir la façon dont il se conduisait, peut-être parler avec lui. Et là, problème : Oïstrakh parlait cette langue russe qui empêchait toute véritable relation. Et ce visage débonnaire, percevant sans doute ma ferveur, qui me dit quelque chose comme : « Mon petit bonhomme, si tu veux me connaître, il te faudra apprendre le russe. » J'ai commencé le soir même ! Je crois que l'obstacle sur lequel j'avais buté ce jour-là constitue la source de ma vocation russophone. J'ai eu envie d'accéder à des personnes dont je ne parlais pas la langue.

Malheureusement, on apprenait alors le russe comme une langue morte, sans le pratiquer vraiment, faute de pouvoir se rendre individuellement en U.R.S.S. Le seul moyen de le parler était de rencontrer les rares citoyens soviétiques autorisés à voyager (au compte-gouttes, bien entendu) : les musiciens. Ce lien entre la langue et la musique m'a permis de rendre le russe très vivant, et d'avoir progressivement accès à un pays qui a déterminé une grande partie de mes centres d'intérêt.

*Quelle impression as-tu ressentie en arrivant tout jeune homme à Moscou ?*

Débarquer à Moscou en pleine guerre froide à vingt-deux ans, même dans un groupe, a été un choc assez violent. C'était autrement plus fort que l'arrivée à New York. J'étais confronté à un mode de pensée complètement éloigné du mien. La dichotomie entre ce qu'on voyait et ce qu'on nous racontait était absolue et permanente, nourrissant un questionnement continu : le genre d'interrogation qui ne peut pas se résoudre par un simple voyage ou la rencontre de quelques personnes. Comment tout cela tient-il ? Quelle est la part de l'histoire, d'une tradition politique ou culturelle ? Comment décrypter les formes de résistance — l'humour, l'alcool, la religion, la musique ? Ce sont des interrogations obsédantes, aujourd'hui encore d'actualité.

Et pas question pour des citoyens soviétiques de vous recevoir chez eux ; c'était dangereux, impossible, inconcevable, même chez ceux qui, mondialement célèbres, appartenaient à l'élite de leur profession. Dans chaque immeuble se trouvait non pas un concierge mais un chef de bloc : il se tenait en bas, assis sur une chaise face à l'ascenseur, et rapportait tout ce qui se passait. Or, même si je n'en avais pas conscience à l'époque, tout en moi, de mes vêtements à ma manière d'être, me trahissait. Je ne pouvais vraiment pas être pris pour un Soviétique. Rien à faire, j'étais un étranger. La première fois où je suis parvenu à me rendre chez la pianiste Viktoria Postnikova, elle habitait encore un appartement communautaire. Je suis monté chez elle par une espèce d'escalier de service cafardeux. Lorsqu'elle m'a vu surgir, elle était affolée. Il était inconcevable de recevoir un étranger, d'autant que ceux qui partageaient son appartement auraient pu la dénoncer. Mais mon irruption même témoignait d'une débrouillardise qui valait brevet de compatibilité soviétique ! Elle m'a instantanément refilé une espèce de pantalon miteux, des godasses trouées et un chandail reprisé qui n'éveilleraient pas trop les soupçons. Ainsi attifé, j'étais devenu un camarade Proletarovitch à peu près plausible.

Cette difficulté d'accès n'a fait que renforcer mon envie de reproduire ce que j'entendais de la façon acoustiquement la plus parfaite. Même si je ne ressemblais pas à un Russe par mes gestes ou mes habitudes, je voulais me fondre le plus possible par la maîtrise de la langue. L'apprentissage d'une langue consiste à reproduire le plus fidèlement possible ce qu'on entend, ce qui est déjà pratiqué. Il y a probablement en moi une sorte d'absence d'originalité, compensée par une capacité d'imiter assez développée ; aujourd'hui encore, confronté à une nouvelle langue, je prends toujours un grand plaisir à chercher à en reproduire les sons aussi exactement que possible.

*En dehors de ton expérience personnelle, penses-tu que la langue a fondamentalement trait à la musique, et réciproquement ?*

La langue russe possède une accentuation perpétuellement changeante. Grâce à son système de déclinaisons, on peut utiliser les mots dans un ordre qui n'est pas figé, contrairement à l'allemand ou, dans une certaine mesure, au français. C'est une langue extraordinairement riche, élaborée, dans laquelle on peut inventer des mots, les fabriquer, les nuancer avec toute une série de préfixes. Un peu comme en français avec dire, prédire, médire, dédire, contredire... Sauf qu'en russe, il y en a une quantité qui non seulement affectent le sens, mais peuvent être enrichis par l'expérience de chacun. Le contraste est saisissant entre cette langue prodigieusement flexible et la rigidité de la musique soviétique, d'une certaine manière retardataire, ou dans laquelle le souci de la modernité n'existait guère. C'est d'ailleurs peut-être là son intérêt. Le russe est aussi la langue la plus immédiatement émouvante que je connaisse, du fait de sa sonorité bien sûr, mais aussi de cette utilisation des mots dans un ordre qui, s'il peut sembler anarchique, détermine en réalité le sens profond de la phrase, activant le côté émotionnel de la langue.

Il y a quelques cas d'osmose entre langue et musique. En hongrois, par exemple, l'accentuation porte sur la première syllabe. Cette structure de l'accent donne une manière assez particulière de jouer : on n'utilise pas la levée en tant que principe moteur du mouvement, l'accent musical tombe lui aussi sur le premier temps à chaque fois. C'est assez curieux, et on le retrouve souvent chez les interprètes hongrois. Cela leur réussit très bien, mais peut poser des problèmes avec d'autres musiques.

*Tu as filmé des musiciens américains, canadiens, polonais ou allemands, tu vis en France, aimes l'Italie, et pourtant ces traditions nationales ne semblent pas te concerner autant que la culture russe.*

La Russie est le prisme qui me permet de voir le monde, y compris le nôtre. Je ne considère évidemment pas que ce soit le plus beau pays du monde. Du point de vue musical, c'est même une histoire assez tardive. La musique vraiment russe naît dans la deuxième moitié du XIXe siècle, sous influences italienne et allemande. Ses plus grands compositeurs, Prokofiev et Stravinski, ont quitté le pays, de façon temporaire ou définitive. Quant à Chostakovitch, il est moins novateur qu'on ne le prétend, mais c'est une autre histoire... La Russie a une relation compliquée avec le concept d'avant-garde et cette réticence m'attire plutôt : elle implique le refus d'un temps-mode, d'une époque qui façonne les goûts. Je ne me suis pas désintéressé des autres nations, j'ai simplement réalisé assez tôt que les problèmes propres à la Russie, par une sorte de prisme inversé, éclairaient aussi la musique occidentale et, plus largement, la civilisation de type occidental.

La question centrale, c'est celle que j'ai tenté de poser avec *Notes interdites* [*op.* 71, 2004], esquisse de ce que pouvait être la vie musicale en Union soviétique : un système disciplinaire et totalitaire peut-il accorder à l'art une place qui garantisse sa fécondité ? Je trouve que c'est un point essentiel y compris pour notre époque. Je ne l'ai pas traité du côté occidental, mais depuis le monde soviétique, dans la mesure où la situation y était patente. Au-delà de la fascination pour une langue, pour un pays et pour un certain nombre de musiciens particulièrement accomplis, je me suis attaché à un système qui n'acceptait pas les compromis d'ordre occidental avec la mode. Le concept d'opinion publique n'y avait pas sa place. Comment des artistes dépourvus d'information, de contacts, pris dans une telle gangue, parvenaient-ils à un tel niveau d'accomplissement ? C'est la question qui polarise tout mon attachement à l'Union soviétique : étrange mystère que ce pays fermé, difficile d'accès et attentatoire à l'intelligence, qui laisse subsister malgré tout des personnes d'un tel niveau de culture. Leur raffinement les amène inévitablement à s'interroger, alors même que tout questionnement est interdit et dangereux.

*Dans le domaine musical, l'autorité et la contrainte se sont montrées plutôt fécondes.*

Extraordinairement fécondes ! Le système soviétique érigeait des barrières rigides. Les méthodes d'enseignement au Conservatoire ou à l'École centrale, le recrutement des interprètes ou des compositeurs, tout cela se faisait sur des critères de stricte compétence technique, avec une absence totale de remise en question des traditions de l'interprétation. C'était un monde militaire fondé sur la répétition et l'imitation. La continuité y tenait lieu de valeur absolue, la rupture ou l'innovation de faute morale.

Paradoxalement, cette fermeture a produit des artistes incroyablement ouverts et curieux de ce qui pouvait se passer ailleurs. Et pas seulement les artistes : un des aspects les plus séduisants de la vie artistique soviétique était la curiosité et l'ardeur du public. Le manque, la pénurie et les privations tenaient lieu de stimulant ; ils catalysaient les passions musicales, comme la foi religieuse, d'ailleurs. Ce type de relation forte avec des auditeurs impliqués est devenu inconcevable dans notre monde d'abondance. Ce n'est pas un éloge du système, parce que je sais tout ce qu'il comportait d'épouvantable. On nage en pleine contradiction : la fascination qui m'a mené en Russie aussi souvent que possible se combinait à l'exaspération qui me saisissait dès que j'y mettais les pieds. J'étais déchiré entre la volonté d'y être et celle de fuir.

*Quelle était la situation du côté des musiciens ?*

Dans un système aussi figé, quelques-uns se consacraient à la quête de la perfection à un point qu'on ne trouve guère chez nous. On rencontrait des gens totalement dévoués à leur art, pour lesquels les à-côtés de la carrière ne comptaient pas, ne devaient pas être pris en compte. Un comportement sacrificiel, en somme. Ils témoignaient au régime une sorte d'indifférence liée à un refus du compromis. La « résistance » se manifestait par une manière d'être réfractaire, sans violence ni opposition à proprement parler : une indifférence courageuse aux contingences. Ceux qui collaboraient vraiment bénéficiaient d'avantages matériels considérables. En revanche, une opposition ouverte à ce système inhumain aurait immanquablement entraîné l'incarcération ou la disparition.

*Tu tends à défier, voire moquer l'autorité sous toutes ses formes. Quelle a été ton expérience quotidienne sous le régime autoritaire soviétique ?*

La confrontation était permanente. Là où les Russes devaient la contourner, je pouvais parfois me permettre de l'affronter ou de la capter, comme dans le *Retour aux sources* [*op.* 35, 1988] de Menuhin. Nous étions à Moscou, avec un calendrier de travail particulièrement chargé, des répétitions dans tous les coins, des distances considérables à parcourir à toute allure. Pour la première fois, j'avais réussi à louer une voiture, signe d'une U.R.S.S. en train de se défaire. Je connaissais assez bien la ville, j'avais donc loué une petite Jigouli et j'embarque Menuhin depuis l'hôtel Ukraïna jusque chez les Rojdestvenski, où il devait répéter avec Viktoria Postnikova. C'était un 7 novembre, fête de la Révolution, et il y avait une bonne tempête de neige.

Nous voilà tout à côté de la place Rouge, où devait se dérouler quelques heures plus tard la parade habituelle, et là, je fais une erreur d'aiguillage : j'ai voulu bifurquer à gauche alors que nous roulions sur la droite. Même si le système était en train de se disloquer, il était encore fortement présent : on était en pleine perestroïka, des slogans restaient accrochés un peu partout. Le policier qui nous a arrêtés portait des bottines de feutre, il avait tout du paysan, du kolkhozien le plus rustre. Il m'a demandé mes papiers, je les avais oubliés à l'hôtel ! J'ai eu beau prétendre ne pas parler russe, il exigeait coûte que coûte mes papiers. Retourner à l'hôtel le jour de la fête de la Révolution, cela voulait dire une journée perdue. Tout l'édifice de notre projet se trouvait en péril. J'ai eu beau essayer de l'amadouer, après un quart d'heure d'essais infructueux, j'ai compris que c'était fichu.

À ce moment précis, Yehudi s'est penché par-dessus mon épaule, il a fixé le policier de ses grands yeux bleus. En Angleterre, tout le monde l'aurait reconnu, mais pas à Moscou, pas un paysan venu du fin fond de Sibérie. Yehudi a simplement dit dans son russe très primitif : « *ya musikant* » (je musicien). Puis il a ajouté : « *repetitzion* », un mot qui n'existe pas en russe mais qui est plus ou moins compréhensible. Et là, miracle ! Le policier a baissé les bras et nous a fait signe de poursuivre notre route.

*Penses-tu que l'on retrouve ce penchant pour la dissidence dans tes films, qui restent malgré tout d'une forme et d'une facture très classiques ?*

Je ne saurais dire s'il existe un lien entre un certain classicisme formel dans la création et des comportements personnels de dissident. En tout cas, il m'est arrivé de mettre en scène ce genre de tableau dans un film : le portrait du joueur de tennis Andreï Chesnokov [*op.* 40, 1988-1989]. C'est le moment où il roule sur un scooter, sans casque bien entendu, et sans vraiment observer la couleur des feux de circulation.

J'ai d'abord essayé de tourner cela de manière spontanée et j'avais désespérément cherché à provoquer des réactions policières mais, ce jour-là, rien n'a marché. On avait installé deux caméras qui auraient pu tourner la scène, nous avons eu beau brûler des feux rouges munis de micros HF, tout près des Champs-Élysées, pas le moindre coup de sifflet. C'était dommage parce que, dans la vie, en scooter à Paris, on se fait sans cesse arrêter... J'ai donc recouru à un comédien pour jouer le policier qui arrête Chesnokov et l'apostrophe : « Vous avez brûlé un feu rouge, vous êtes en sens interdit, vous ne portez pas de casque, votre plaque d'immatriculation est illisible... » Andreï cumulait toutes les infractions possibles. Pour toute défense, il bafouillait : « Je fatigué, je jouer tournoi Roland-Garros. » Je tenais beaucoup à cette scène, façon cocasse de présenter Andreï dans sa réalité profonde : un personnage tombé d'une autre planète, un dieu du stade confronté aux vicissitudes de la vie quotidienne et qui, à l'époque, ne parlait pas français.

Difficile de faire la part des choses entre la loi, l'autorité et ceux qui la détiennent. En tout cas, j'aime railler les formes imbéciles, les obligations inutiles, le respect aveugle et tous les comportements qui empêchent la réflexion, la négociation ou la discussion. Il est vrai que j'ai tendance à refuser le caractère absolu des lois, je trouve qu'une certaine marge de négociation devrait subsister. Et il ne me déplaît pas de narguer quelques pandores qui me sifflent en croyant que je roule en scooter sans casque, simplement parce que j'y ai collé une perruque qui le dissimule.

*L'évolution de la Russie a-t-elle amoindri ton intérêt ?*

Mon intérêt, non ! Mes liens affectifs avec la Russie, oui, et peut-être pour toujours. En tout cas, aussi longtemps qu'Alexeï Navalny — ce « héros de notre temps », écrirait Lermontov — restera incarcéré. La récente invasion de l'Ukraine comme les velléités guerrières et totalitaires des dirigeants russes rendent désormais impossible tout projet, même si elles poussent à la solidarité avec les amis et collègues russes comme ukrainiens.

Après la disparition de l'Union soviétique déjà, il s'était produit un phénomène d'émigration de masse qui avait en grande partie privé le pays de ses têtes pensantes. Les films que j'ai réalisés interrogeaient une différence qui s'est en bonne partie estompée. Curieusement, malgré son histoire, la Russie contemporaine s'est très vite occidentalisée ; elle ne pourrait plus jouer aujourd'hui le rôle de miroir inversé.

## INSPIRATIONS CINÉMATOGRAPHIQUES

*Tu n'as pas fait d'études de cinéma, on peut donc imaginer que c'est la cinéphilie qui t'a formé. Quels sont les films qui t'ont marqué, qui ont joué un rôle dans ta façon de filmer ?*

C'est curieux, quand tu me poses la question comme cela, rien ne me vient à l'esprit. Si je prenais le temps d'y réfléchir, j'en trouverais bien entendu. Affleureraient sans doute des films de Fellini, de Welles, de Carné. Mais ce qui me frappe plutôt, c'est une fâcheuse manie d'oublier les films, alors que je garde en mémoire la plupart des événements musicaux qui me touchent. J'ai pourtant été très gourmand de cinéma à une époque. Entre douze et dix-huit ans, il m'arrivait de passer l'après-midi à la Cinémathèque.

Il y a toutefois un film qui sort du lot et échappe à ce phénomène d'effacement : *Les Enfants du paradis* (1945) de Carné. J'en ai un souvenir très précis : la force de la structure narrative, la présence magnétique des acteurs et l'épaisseur des personnages que l'on voit se transformer. J'ai aussi à l'esprit la musique de Kosma, si semblable à *La Pavane* de Fauré. Et puis il y a ce long plan-séquence d'ouverture sur le Boulevard du crime. C'est plus qu'une ouverture habituelle de film, c'est une véritable ouverture au sens de l'opéra : Carné y installe ses personnages, il les pose ici et là, mine de rien, comme pour préparer l'action qui va suivre.

*Qu'en est-il des films où la musique est une composante à part entière ? Tu m'as dit avoir revu récemment* L'Homme qui en savait trop *(1956) d'Alfred Hitchcock.*

J'ai rarement vu une telle implication de la musique dans le récit. La séquence de concert finale au Royal Albert Hall, ce n'est pas seulement une question de narration ou de décor. Hitchcock intègre la musique dans la structure même de l'intrigue puisque l'assassin doit tirer au point culminant du morceau, à la fin du concert et donc du film : c'est le fameux coup de cymbale soigneusement incorporé dans la partition de Bernard Herrmann. Le réalisateur partage les informations avec le spectateur, fidèle à sa conception du suspense : il nous montre l'assassin écoutant le disque à l'avance pour préparer son coup — le meurtrier fait son repérage musical, comme moi lorsque je prépare un film !

Il y a aussi *La Corde* (1948), vu il y a très longtemps, mais qui m'avait frappé. La contrainte auto-imposée par le réalisateur, la façon dont Hitchcock détourne ou plutôt retourne une simple limite technique, comme la durée d'une bobine de film, en un plan-séquence qui devient un élément structurel, voilà qui m'avait beaucoup impressionné. Je m'y suis moi-même modestement exercé avec *Roméo et Juliette* de Tchaïkovski, dirigé par Rojdestvenski [*op.* 44, 1991]. On tournait sur pellicule, avec deux caméras successives. J'ai lancé la seconde peu avant la fin de la première bobine, le temps de retrouver la même valeur de plan : tout le film a donc tenu en deux plans-séquences de 11 et 7 minutes.

*C'est l'opposé de la remarque cinglante de Nadia Boulanger lorsque tu lui demandais de suspendre sa leçon le temps d'un changement de bobine : « Jeune homme, ne vous laissez pas dominer par la technique. »*

Que veux-tu, j'apprenais le métier. Elle m'a donné sans le savoir une belle leçon de cinéma. Oui, subir une durée pour des raisons techniques, c'est l'opposé de ce que j'ai tenté plus tard : produire la durée, choisir le tempo propre à chaque film.

*J'ai du mal à faire coïncider en toi le musicien et le cinéaste. Chaque partition semble soigneusement indexée ; tes souvenirs de films sont, en revanche, l'objet d'appréciations elliptiques.*

Je considère l'art de l'ellipse comme l'une des plus grandes qualités attendues d'un réalisateur ! Plus sérieusement, je crois que mes souvenirs de cinéma sont surtout des souvenirs de spectateur, de celui qui reçoit, qui laisse s'imprimer des images en lui. Sans doute comme la plupart des auditeurs lors d'un concert. Il m'a fallu attendre longtemps pour développer face aux films une lecture critique, plus analytique, souvent émoussée par une mémoire peu développée. Mais tu as raison, même lorsqu'un film me marque, je ne peux pas dire que je le connaisse comme une partition. J'en tire des bribes, une image, un moment. C'est parfois très marquant. Une simple couleur ou une atmosphère peuvent s'avérer plus inventives qu'un récit complet. *Le Guépard* (1963) de Visconti, par exemple. Je revois le voile qui flotte sur la terrasse en Sicile dans la scène d'ouverture, un mouvement langoureux. Cette seule image a effacé en moi tout souvenir du scénario.

*En tout cas, tu réserves tes compliments pour des films qui ne sont pas fondamentalement musicaux. N'es-tu jamais tenté d'aller voir un film musical par curiosité professionnelle ?*

Je me méfie un peu des films dits « sur la musique », souvent didactiques ou promotionnels. Et ça ne fait qu'empirer. J'ai admiré le *Petrouchka* tourné en 1965 à Stockholm par un réalisateur suédois, Åke Falck, avec le pianiste Alexis Weissenberg, pour son imagination, sa lumière, son beau noir et blanc. Bien entendu, il faut accepter l'artifice d'un film très construit. On sent bien qu'il ne correspond pas à une interprétation livrée de bout en bout tant c'est travaillé, léché au millimètre.

Il y a aussi quelques films de ou avec Karajan que j'ai beaucoup aimés. Un certain nombre des films de Clouzot sont vraiment ratés, comme le *Requiem* de Verdi ou le *Cinquième Concerto* de Mozart avec Menuhin : le décor en bonbonnière est invraisemblable, la caméra ne cesse d'aller chercher sans raison le lustre au plafond ; Karajan est omniprésent y compris pendant la cadence — on aurait aimé au moins un peu d'intérêt pour la complicité entre soliste et chef, rien du tout. En revanche, il existe un splendide film de la *Quatrième Symphonie* de Schumann. Là encore, il faut accepter Karajan sur Karajan par Karajan... Me revient en mémoire le mouvement lent qui s'ouvre sur des images d'instruments posés au sol. Lumière, mouvement et cadrages sont incroyablement expressifs et appropriés à l'émotion musicale.

*Y a-t-il aussi des documentaires qui t'aient marqué, y compris en dehors du domaine musical ?*

Il y en a trois qui, de façon étonnante, me viennent très précisément à l'esprit. Ils m'ont frappé pour leur esthétique et leurs partis pris, plus que pour leurs thèmes apparents.

Le premier, *Les Cavaliers de Lunéville* (1970) de Jean-Pierre Gallo, remonte aux années ORTF. C'est l'une des plus belles choses que j'aie vues. A priori, Lunéville ne rentre pas dans ma sphère d'intérêts. C'est une petite ville proche de Nancy. Le front passait par là en 1914, et sa garnison jouait donc un grand rôle. Le film repose essentiellement sur deux femmes : une vieille demoiselle qui a toujours vécu dans le deuil d'un père perdu à la guerre et d'un éventuel mari ; et une autre femme, quatre-vingts ans elle aussi, mais rayonnante, qui n'a aucun regret du passé et évoque la vie mondaine pendant la guerre, le champagne, les chevaux, la beauté des lieux, le savoir-vivre. Les réalisateurs ont également dégoté un vieux pianiste qui faisait les bals de l'époque et un colonel à la retraite qui montait à cheval tous les matins avant de tremper son biscuit à la cuiller dans un verre de pineau. Tous les personnages sont magnifiquement dessinés. Ce monde-là a disparu, et ce film est pour moi l'exemple même d'une réussite extraordinaire de distribution[6].

Le deuxième est encore plus historique, et pourtant c'est le contraire d'un cours d'histoire : *La Princesse Palatine à Versailles* (1985) de Michelle Porte. Voilà de l'histoire à la première personne, sans le discours de l'historien. Pas de commentaire qui vienne expliquer le contexte ni quoi que ce soit. Je reste ébloui par la force et la cohérence de l'option retenue par la réalisatrice : pas un seul personnage à l'écran, personne. Seulement des plans tournés à Versailles qui s'obscurcissent peu à peu. Un monde raconté à une seule voix, qui s'enfonce progressivement dans la noirceur. On ne sait pas qui est la Palatine, on manque d'informations historiques, mais on entre bien mieux ainsi dans son personnage. Il y avait là une radicalité qui m'a marqué.

*Que retrouve-t-on de cela dans tes films ?*

Ma disparition progressive. Alors que j'étais assez présent à l'image dans mes premiers films, j'ai peu à peu basculé dans le hors-champ au profit de mon personnage, pour le laisser accaparer toute l'attention du spectateur[7]. Spontanément, on a toujours tendance à être bavard. J'ai aussi appris à réduire ces bavardages et à laisser une

6. Sur l'influence de ce film, voir le chapitre 6, « La fabrique du film », p. 189.
7. Sur cet effacement croissant, voir le chapitre 9, « Réponses filmiques », p. 290-296.

seule voix s'exprimer. Le dépouillement du film sur la Palatine a accéléré ma prise de conscience, il m'a aidé à lutter contre les mots, à m'en libérer.

Je trouve plus efficace de laisser la parole au personnage et à ses proches saisis sur le moment même. Lorsque j'ai enfin eu accès à toute la correspondance d'Oïstrakh, j'ai pu envisager un portrait dans lequel je le laisserais parler à la première personne [*op.* 54, 1994]. Les quelques témoins que je fais intervenir s'expriment en leur nom, pas pour transmettre une information. En cela, je suis aux antipodes de ces portraits à l'américaine dans lesquels on accumule des dizaines de bribes de témoignages a posteriori, ou de considérations plus ou moins pertinentes se répétant jusqu'à recouvrir la voix de la pauvre personne concernée, noyée sous une avalanche de paroles. En faisant cela, on cache ce qu'on prétend révéler ; c'est de la fausse authenticité. Je préfère de loin travailler un matériau d'archives et le concentrer jusqu'à obtenir une phrase dense et brève.

*Quel est le troisième documentaire ?*

Le *Grand Adieu* (1953) d'Ilya Kopaline et Grigori Alexandrov, sur les funérailles de Staline. Je ne parle pas du montage récent de Sergueï Loznitsa, *Funérailles d'État* (2019), qui s'est nourri de ce film d'époque, mais bien du document officiel de 1953. Sa qualité cinématographique est stupéfiante : les auteurs ont disposé de toutes les caméras qu'ils voulaient ; leurs travellings sont à chaque fois justifiés par le souci de souligner l'importance de la foule. Si le commentaire est un parfait exemple de propagande, les images et leur montage sont d'une grande beauté, la mise en scène impeccable. C'est un film très travaillé ; même s'il obéit aux lois politiques du moment, il est cohérent. Voilà l'extrême ambiguïté de toute esthétique totalitariste au sens politique du terme. Je suis fasciné par l'indépendance esthétique de films qui n'ont rien d'indépendant, idéologiquement parlant.

*Est-ce lié à une forme de distance que tu chercherais à prendre par rapport à ton sujet ?*

Je travaille toujours dans une sorte de symbiose, sur fond d'une forte complicité musicale et parfois humaine ou amicale. Par bonheur, je n'ai jamais eu affaire à des totalitarismes, auxquels il doit être difficile de résister. Mais quels que soient le sujet et le contexte, il est toujours difficile de résister — à une personne, à des demandes de la production, aux attentes des spectateurs... Dès que je m'embarque dans un projet, je fais en sorte que ce soit le film qui ait la primauté sur toute autre considération.

# RENCONTRES : MENUHIN

## APPRIVOISER L'IMAGE

*Yehudi Menuhin a déclenché ta vocation musicale. Tu lui as consacré un livre et de nombreux films, et votre compagnonnage a fini par déborder de leurs cadres. Accordait-il de l'importance à la question de la musique filmée ?*

Il ne s'est jamais montré particulièrement convaincu de la nécessité de filmer la musique. En tout cas, pas plus que les autres interprètes de sa génération. Dès la fin des années 1920, Hollywood avait approché son père Moshe. Les offres financières les plus extravagantes n'avaient pas entamé son refus, qui restait de principe : « Je ne vendrai pas l'âme de mon fils pour vos dollars. » D'autres ont occupé la place, en particulier Jascha Heifetz, qui a tenu le rôle prévu pour Menuhin dans *They Shall Have Music* (Archie Mayo, 1939) : une assez piètre histoire qui a pour seul intérêt de montrer Heifetz jouant le finale du *Concerto* de Mendelssohn et *Hora staccato* de Grigoraș Dinicu. Quelle occasion perdue, quand on songe à la brièveté de la comète Menuhin. Entre 1929 et 1945, il a incarné le violoniste parfait, « le Rimbaud du violon ». Puis, juste après la guerre sont apparus les premiers signes, infimes, de détérioration, qui ont mis du temps à s'installer.

*N'existe-t-il pas un film de 1947 ?*

Yehudi avait en effet été approché par Paul Gordon, un producteur hollywoodien un peu flibustier. Malgré la réprobation paternelle, il a accepté sa proposition, tout en demandant à voir un film qu'il aurait réalisé. On lui a organisé une projection, mais Yehudi m'a raconté qu'à la fin du générique, il avait avisé un carton visiblement rajouté : « Réalisation Paul Gordon ». C'était le film d'un autre ! Yehudi a voulu obtenir des garanties avant de donner son accord et le film a traîné.

Le résultat, ce fut *Concert Magic*, tourné en 1947 dans les anciens studios Chaplin à Los Angeles, où il joue le *Concerto* de Mendelssohn et diverses vignettes dites « de virtuosité ». Il a trente et un ans, et il est dans la plénitude de ses moyens. Des années plus tard, il a redécouvert cette interprétation et, dans la délicieuse lettre qu'il m'a adressée, il confesse malicieusement : « Je commence à comprendre pourquoi j'ai acquis une certaine notoriété dans ma jeunesse. » C'est le témoignage le plus ancien de Menuhin à l'image. Du moins ce l'était jusqu'à une date récente.

Lorsque j'ai mis en chantier *Le Violon du siècle* [*op.* 56, 1995], Yehudi avait acquis une stature internationale en tant qu'humaniste. Il avait une aura presque plus morale que musicale, et j'ai souhaité me recentrer sur le violoniste. J'ai enquêté comme un fou pour retrouver toutes ses archives filmées. Un beau jour, un ami américain me dit avoir vu passer à la télévision « quelque chose de Menuhin » qui remonterait à très loin. Je me mets en chasse et finis par récupérer une copie du film en question. J'insère la cassette NTSC en tremblant dans mon lecteur... et elle se révèle illisible par mon appareil SECAM ! Aucune image, seulement un son, à la tierce supérieure. J'ai dû payer un transcodage pour découvrir cet objet inespéré, une partie de l'*Ave Maria* de Schubert et un *Vol du bourdon* joués par un Menuhin au sommet de son art : archet infini, totalement fluide et intégré dans la corde, vibrato intense, beauté sculpturale du personnage... Connaissant assez bien ses enregistrements, je l'ai daté de 1943 parce qu'à partir de 1944, quelques scories se sont introduites dans son jeu.

*Lui en as-tu parlé ?*

Bien entendu ! Je dînais le lendemain avec lui pour son soixante-dixième anniversaire et je lui ai déclaré en riant : « Tu m'as menti », parce que depuis longtemps je le cuisinais pour savoir s'il existait des documents visuels de jeunesse. Il m'avait toujours répondu : « Pas que je sache. » Je lui ai tenu tête : « J'ai pourtant trouvé un document qui date à coup sûr de la période de la guerre. » Et lui, d'un air à peu près indifférent : « De quoi s'agit-il ? — D'un film qui s'appelle *Stage Door Canteen* [Frank Borzage, *Le Cabaret des étoiles*, 1943]. — Ah oui ! *Le Vol du bourdon* et l'*Ave Maria* de Schubert ! » Il s'en est souvenu sur-le-champ, alors que l'instant d'avant sa mémoire l'avait gommé. De retour à Londres le lendemain, il a demandé à son archiviste de rechercher dans ses contrats et m'a confirmé la date : mars 1943.

Il connaissait parfaitement sa gigantesque discographie, mais très mal les quelques films auxquels il avait participé. Autant dire que la dimension visuelle ne lui tenait pas spontanément à cœur, ce qui n'avait rien d'étonnant à l'époque. Il m'a un jour déclaré : « Après Hollywood, il m'a fallu attendre Bruno Monsaingeon. » Lorsque je l'ai connu, la question de la musique filmée ne se posait pas à lui. À moi non plus, d'ailleurs. Tout cela est venu progressivement.

*Quand as-tu rencontré Menuhin en chair et en os pour la première fois ?*

En 1961, j'ai passé un mois en Angleterre. J'avais dix-sept ans, j'adorais le pays autant que la langue ; ses sonorités me charmaient. C'était, si l'on veut, un critère plus musical que proprement linguistique. Mes hôtes m'ont emmené dans un lieu magique, Dartington Hall, dans le Devonshire, où se déroulait chaque été une série d'événements musicaux. J'ai appris que Menuhin viendrait y donner une masterclasse l'année suivante et le moment venu, je me suis inscrit sans grand espoir. J'ai passé la nuit à l'aéroport de Londres sur une banquette, pour arriver à Dartington un peu dépenaillé et sans sommeil. Après avoir joué les premiers mouvements de la *Symphonie espagnole* de Lalo et du *Premier Concerto* de Paganini, j'ai été admis dans la masterclasse de Menuhin et ce fut ma première véritable rencontre avec lui, en juillet 1962. Lorsque j'ai rejoué ces mouvements devant lui, je me suis senti trembler, paniqué par sa présence. Mais le trac qui m'empêchait de jouer n'était pas bien important à ses yeux ; il écoutait autre chose.

Pendant une semaine, j'ai pu le voir réagir face à des musiciens aux sensibilités différentes, recevoir ses conseils. Un horizon s'est ouvert, sur la manière non pas d'enseigner mais de susciter la musique chez les étudiants. C'était autre chose que les ficelles imbéciles de « Maître » Reynal. Il y avait bien entendu des indications et des obligations, mais sa manière d'envisager la musique impliquait davantage que des choix techniques. Menuhin essayait de tirer chacun dans sa direction propre, vers ce que l'étudiant voulait exprimer dans la partition, et de le mener au bout des choix qui étaient les siens. Pas question de devenir une copie de ce que lui-même représentait. Ses coups d'archet et doigtés étaient particulièrement évocateurs et inventifs, mais il n'imposait rien ; il suggérait, montrait comment telle couleur sonore pouvait être améliorée, poussait l'étudiant au bout de ses facultés d'expression, en utilisant telle corde, telle articulation de l'archet, tel doigté. Nous avons l'énorme avantage, au violon, de pouvoir jouer une même note sur des cordes différentes et, ce faisant, d'en varier la couleur. Ce fut pour moi une véritable révélation de ce que pouvaient être l'expression et l'interprétation musicales.

*En as-tu profité pour encourager une rencontre plus personnelle ?*

C'est plutôt lui qui a eu à mon endroit un geste qui m'a ému au plus profond. À la fin de la première journée, je lui ai demandé s'il n'aurait pas sa partition des *Sonates et Partitas* de Bach avec lui. Il m'a répondu avec son sourire doux qu'il ne transportait pas partout sa bibliothèque musicale. Je lui ai dit combien j'aurais aimé examiner ses choix : quelle méthode de pensée, quel développement de l'interprétation, quels doigtés, quels coups d'archet il utilisait dans cette œuvre... Pour résumer, à quoi ressemblerait une édition Menuhin des œuvres pour violon seul de Bach ? Mais non, il n'avait rien sur place.

Le lendemain matin, il est arrivé avec la partition, achetée entretemps à la librairie musicale du lieu. Il avait passé une partie de la nuit à annoter la première sonate, juste pour me l'offrir. Comment résister à un geste pareil, qui confirmait ce que j'avais pressenti dans son jeu ? Mon âme s'est abandonnée à lui. Telle fut notre première vraie rencontre, la naissance d'une relation qui ne fit que se développer.

## L'*OPUS* 1

*Comment en es-tu venu à lui proposer de tourner des films ?*

Mes tout premiers essais, plus audiovisuels que cinématographiques, relevaient de l'émission de télévision, un genre que j'ai cherché à fuir par la suite. Je collaborais alors à la série des *Chemins de la musique* sans pouvoir signer quoi que ce soit, faute d'avoir l'agrément syndical de réalisateur[1]. Yehudi m'avait entre-temps invité au festival de Gstaad, où j'ai pu jouer à ses côtés. Lorsque j'ai eu accès à la télévision, j'ai tout naturellement voulu élaborer des projets avec lui. Nous avions une relation de confiance ; je me suis autorisé à lui demander s'il accepterait de participer à un projet consacré à l'Europe orientale et au violon. Rien à voir avec un portrait, donc, mais je savais que ce thème lui était cher. C'est le premier projet que j'ai rédigé, et s'il ne portait pas sur lui à proprement parler, Yehudi y occupait une place éminente.

*Comment le débutant que tu étais s'y est-il pris ?*

Il n'y avait pas que des inconvénients dans le système ORTF. J'ai pu concevoir un ensemble qui durait environ deux heures, organisé en trois volets : le phénomène tsigane, le peuple juif et le violon, et un troisième épisode dédié à deux grandes figures de l'Europe orientale, Georges Enesco et Béla Bartók, le tout suivi d'une œuvre intégrale, les *Contrastes* de Bartók [*op.* 1, 1972].

Une bonne part de l'émission était tournée en studio. Nous évoquions ensemble ses souvenirs d'enfance et ce que l'Europe orientale représentait pour lui. À onze ans, venu passer l'été en famille en Roumanie pour travailler avec Enesco, il y avait découvert la musique et la culture tsiganes. Impressionné par la capacité de ces musiciens à imiter les chants des oiseaux, il avait reçu leur sens de l'improvisation comme un appel à dépasser les frontières de la musique écrite et compris que le corset de l'écriture pouvait limiter l'interprétation.

Nous nous étions donc mis d'accord pour interroger l'improvisation, souvenir-écran de la musique occidentale, mais aussi pour souligner combien les thèmes populaires présents chez les grands compositeurs étaient aussi une œuvre de création, écrits ou réécrits plutôt que simplement cités. Nous voulions également évoquer l'origine russo-juive de certains des plus grands violonistes du XX^e^ siècle à travers le *Tzigane* de Ravel et *Abodah*, qu'Ernest Bloch avait dédiée à Menuhin quand il avait sept ans.

*Cette question de la relation entre interprète et compositeur ne fait-elle pas dévier l'émission vers la forme du portrait ?*

1. Voir le chapitre 2, « Formation et sensibilités », p. 52.

Ce « portrait » de l'Europe orientale ressemblait en effet pas mal à un portrait de Menuhin. En tout cas, cette collaboration avec les compositeurs fut une constante dans sa vie. Elle l'a mené d'Enesco jusqu'à sa collaboration avec Bartók, qui a écrit pour lui le monument qu'est la *Sonate pour violon seul*. Plus tard, je l'ai interrogé sur sa réaction en recevant le manuscrit. Il m'a répondu : « *My heart sank* » (Mon cœur a chaviré). S'en était suivie une correspondance avec Bartók, où Yehudi avançait quelques suggestions, comme Joachim l'avait fait avec Brahms. Les réponses du compositeur furent parfois positives, parfois pas, et Yehudi commentait humblement : « L'imagination d'un grand compositeur est tellement plus vaste, y compris dans le domaine instrumental, que celle du pauvre violoniste que j'étais. »

*Ces émissions comportaient-elles une part de tournage sur place ?*

J'avais réussi à organiser une séquence à Budapest avec des musiciens tsiganes. Ce fut ma première expérience de repérage en Hongrie. Pour trouver autre chose qu'un violoniste de cabaret, j'avais écumé la ville et la campagne. J'avais besoin d'un ensemble comportant joueur de cymbalum, accompagnateurs, altiste qui place les syncopes… Je cherchais aussi une personne capable d'établir un dialogue avec Yehudi, même si leur interaction s'est révélée plus musicale que linguistique.

Après les avoir écoutés, Yehudi rapporte une conversation avec Pablo Casals, sorti de sa figure de pape du classicisme pour défendre la thèse un peu provocatrice d'un Bach à l'ascendance tsigane. Il se met alors à jouer la *Sonate pour violon en sol mineur*, le cymbalum emboîte le pas, et ils montrent à leur façon que c'est la solidité harmonique qui rend possible l'improvisation.

*En revoyant ces programmes, on réalise que, dès l'origine, tu cherchais à dépasser l'anecdote et la biographie pour filmer des œuvres.*

Le projet comportait en effet une part importante de récital. Cela commençait par une *Danse hongroise* de Brahms, puis la *Troisième Sonate* d'Enesco et enfin, tout un ensemble consacré à Bartók : la *Première Sonate pour violon et piano*, interprétée avec Hephzibah Menuhin au piano ; celle pour violon seul ; sans oublier les *Contrastes*, filmés en 35 mm, avec son fils Jeremy au piano et Thea King à la clarinette. Ces éléments intervenaient de façon fragmentaire selon les besoins de l'émission, mais même si tout n'a pas été utilisé, nous avons réussi à fabriquer des archives qui se tiennent[2].

*Est-ce votre relation de confiance qui t'a enhardi à essayer divers effets d'images : surimpressions, quasi-ralenti ou, en tout cas, découplage de l'image et du son ?*

Les surimpressions sont hélas trop nombreuses. Quant au quasi-ralenti, c'est un joli stratagème musical ! Lorsque Yehudi évoque la *Sonate pour violon seul* de Bartók, il la replace dans la filiation de Bach, en particulier pour la fugue, et avoue sa perplexité quand il a découvert le motif initial. Assis dans le fauteuil de nos discussions, il joue les deux premières notes du thème et repose son violon, tout sourire, tandis que le motif musical se poursuit. On le retrouve aussitôt après, jouant l'intégralité de la fugue. L'image prenait son temps, s'attardait sur son sourire, avant de rattraper la musique qui, elle, avait continué, imperturbable. Ce n'est pas tout à fait un ralenti, mais oui, c'est un jeu visuel, né à la fois du motif musical de la fugue et de la volonté de conserver à l'image une expression de joie intense.

*Quel a été l'impact de ces émissions ?*

En 1972, il n'y avait que trois chaînes, et ce type de programme était diffusé à une heure encore acceptable. J'avais délibérément construit les trois épisodes selon une gradation qui partait des musiques tsiganes, assez accessibles, jusqu'aux œuvres plus exigeantes, comme la *Sonate pour violon seul* ou les *Contrastes*. Les deux premières émissions préparaient le terrain pour les spectateurs. L'ensemble a été plutôt bien accueilli par le public et, disons, par le système télévisuel. Le PDG de l'ORTF m'a même écrit un petit mot de félicitations. Aujourd'hui, une émission avec Menuhin ne pourrait pas bénéficier d'une telle durée, elle disparaîtrait dans le grand fatras des images.

C'est en tout cas le premier ensemble que je reconnaisse comme mien, et ce n'est pas un hasard si ce que je considère comme l'*opus* 1 de ma filmographie s'est façonné avec et autour de Yehudi. J'ai cherché à construire un propos d'ensemble et à dépasser le rôle

2. Sur ce processus de fabrication, voir le chapitre 7, « Le travail des archives », p. 217-218.

de présentateur en élaborant un langage visuel. Cela m'a permis d'asseoir un début d'autorité dans ce domaine. J'ai compris que je pourrais essayer de m'exprimer dans cette voie. C'est à ce moment que j'ai envoyé ma première lettre à Gould[3], et à partir de là tout s'est enchaîné.

*Autrement dit, tu es parvenu à t'extirper de la télévision. Mais n'a-t-elle pas failli te rattraper ?*

Tu fais allusion à la participation de Yehudi au *Grand Échiquier* en 1975 ; un événement à la fois secondaire et déterminant. C'était un programme assez célèbre à l'époque, conduit par un journaliste nommé Jacques Chancel. Yehudi m'a demandé de superviser le projet : il avait quelques craintes concernant le sérieux de ce genre d'émission en direct, agrémentée de petits sujets tournés à l'avance. Me voilà donc bombardé conseiller musical de ce premier *Grand Échiquier*. Son succès fit que Chancel voulut renouveler l'opération deux ans plus tard, en 1977. Cette fois, j'ai moi-même tourné quelques intermèdes : une répétition avec Wilhelm Kempff ou la visite émouvante de Yehudi dans un hôpital. Chancel voulant nous voir jouer du violon ensemble, une séquence assez amusante de Yehudi et moi interprétant quelques duos de Bartók a été filmée dans le kiosque à musique des Buttes-Chaumont. Mais il était temps que j'échappe à mon avenir programmé de « Monsieur Musique » à la télévision.

## LE TEMPS QUI RESTE

*Au moment du* Temps d'un silence *[*op. *12, 1976], pour son soixantième anniversaire, Menuhin connaissait déjà des difficultés, appelées à s'aggraver. Étais-tu conscient qu'il fallait capter son talent avant qu'il ne soit trop tard ?*

Non, pas en 1976. Ses problèmes physiques n'étaient pas encore manifestes et ce film était un instantané de Menuhin, pas un film de concert. *Le Temps d'un silence* a impliqué de longues semaines de tournage et des voyages incessants. J'ai bien entendu filmé de la musique, mais ce n'était pas son objet principal. Il n'était pas

3. En octobre 1971, voir le chapitre 2, « Formation et sensibilités », p. 53.

question de tourner des œuvres dans leur intégralité, encore moins de jouer la course contre la montre et de constituer des archives.

Il faut garder à l'esprit que, dans l'intervalle de ces quatre années 1976-1979, j'ai tourné les portraits de Nadia Boulanger [*op.* 11, 1977], Zoltán Kocsis et Dezső Ránki [*op.* 13, 1977], Michael Tilson Thomas [*op.* 14, 1978], Murray Perahia [*op.* 17, 1981] et Viktoria Postnikova [*op.* 18, 1982], tout en préparant les trois épisodes de *Glenn Gould joue Bach* [*op.* 20-22, 1979-1981]. J'étais donc assez occupé.

*Comment le projet est-il né ?*

*Le Temps d'un silence* est mon premier film vraiment consacré à Yehudi Menuhin. Il était produit par une agence de photo, Sygma, qui s'est évaporée depuis. Il a probablement disparu pour toujours et ses rushes aussi, ce qui en dit long sur une production encore fragile.

À soixante ans, en pleine activité, Yehudi avait décidé de prendre une nouvelle année sabbatique. La première remontait à 1935 : il avait alors découvert le plaisir d'une vie normale sans tournées ni même violon pendant quelques mois, ce qui lui avait permis de retrouver son instrument avec une grande fraîcheur. Entre mars 1977 et 1978, il s'est donc rendu disponible pour notre film. J'y ai abondamment utilisé une conférence donnée dans une université américaine, où il expliquait ce que signifiait à ses yeux ce moment de retraite, le « temps d'un silence ». Utiliser sa voix sans qu'il soit en situation d'interview fonctionnait assez bien. Les considérations qu'il développait devant les étudiants se mariaient à la musique. C'était de toute façon un film à commentaire, puisqu'il s'agissait pour lui de faire le point à voix haute.

*Quelles œuvres as-tu filmées ?*

Avant l'année de silence, nous avions partiellement capté quelques concerts, mais pas des œuvres entières. C'était tourné à une caméra, donc assez statique. Pour les besoins du film, Yehudi a accepté de jouer en entier la *Sonate en mi majeur pour violon et clavier* de Bach et la *Première* de Bartók, ainsi que quelques pièces de bis comme *Malagueña* de Sarasate et *La Plus que lente* de Debussy, dont il avait donné une version miraculeuse.

Je regrette beaucoup que, durant la tournée aux États-Unis avec Hephzibah, mon unique caméra ait été fixée sur Yehudi. Question de moyens, sans doute, mais c'est aussi révélateur de mon regard de l'époque. J'étais encore trop violoniste, trop fasciné par le violon, et j'orientais la caméra en ce sens. Rétrospectivement, je m'en veux de ce regard biaisé qui a manqué le talent hors pair de Hephzibah. Il réduisait l'alchimie d'une sonate à celle d'un bis pour violon virtuose accompagné.

*Quand as-tu retrouvé Menuhin à l'image ?*

À la toute fin des années 1970, alors qu'une certaine fragilité se faisait désormais sentir, compensée par sa grande maturité musicale. Mais, du pur point de vue du violon, le déclin était amorcé. À mes yeux, son génie de violoniste était plus manifeste encore du fait d'avoir réussi à le surmonter que dans la situation d'enfant prodige, pour lequel le violon constituait un langage absolument naturel.

C'est alors que le sentiment d'urgence s'est installé en moi. J'ai commencé à réfléchir à une anthologie de son répertoire, couvrant sonates, concertos et musique de chambre, lorsque Yehudi a été approché par une station de télévision mexicaine, Televisa. Son patron était l'un des hommes les plus riches du Mexique, visiblement à la recherche d'un alibi culturel. Interrogé sur la perspective de faire une série de films, Yehudi avait répondu : « Adressez-vous à Bruno Monsaingeon, c'est mon porte-parole dans ce domaine. » Je me suis jeté à corps perdu dans cette ouverture, et Yehudi aussi, puisqu'il a envisagé d'annuler deux années de concerts pour se consacrer à ce projet. Nous aurions enregistré les plus grands concertos, les grandes sonates et quelques pièces de musique de chambre qui l'intéressaient particulièrement : un monument rassemblant au bas mot une quinzaine d'heures.

*Le* Concerto *de Stravinski est-il tout ce qui reste de ce Grand Œuvre ?*

J'avais souhaité qu'on commence par ce concerto, parce que c'est une œuvre sous-estimée que j'adore. Yehudi ne l'avait jouée qu'une seule fois, sous la direction de Nadia Boulanger, à son festival de Bath. C'est une partition très exigeante et je sentais qu'il fallait l'enregistrer assez vite.

La perspective de rendre visibles à l'écran les « secrets du violoniste » qui m'avaient été transmis oralement et sur le papier attisait aussi mon intérêt. Yehudi trouvait que Samuel Dushkin, conseiller violonistique de Stravinski, avait mal rempli sa mission et que le *Concerto* était affligé de passages peu adaptés au violon. Il a donc proposé de redistribuer les passages non réalisables en l'état à quelques membres du New York Philharmonic, en particulier au premier violon solo. Ses suggestions avaient l'avantage de créer un rapport plus étroit entre l'orchestre et le soliste. C'est un film sur lequel nous avons beaucoup travaillé pour faire entrer les spectateurs dans la partition et son interprétation.

*À quel moment as-tu compris qu'il y avait malentendu avec le producteur ?*

À l'occasion d'une tournée américaine de Yehudi, nous avons rencontré à New York le président de Televisa. Monsieur Azcárraga nous a accueillis dans son hôtel particulier, affublé d'un chapeau de cowboy et de bottes à éperons. En bon milliardaire mexicain, il espérait nous séduire avec un attirail de femmes, d'argent et d'alcool. Cela ne pouvait pas être plus éloigné du monde de Menuhin, de même que le *Concerto* de Stravinski était aux antipodes des souhaits du commanditaire.

Il aurait voulu des retransmissions de spectacles à Central Park avec Plácido Domingo, des danseuses de cabaret et Yehudi Menuhin, ce qui ne correspondait pas du tout au projet que j'avais rédigé — et qu'il n'avait pas lu, bien entendu. C'était hors de question. Le vaste projet est donc tombé à l'eau et nous n'avons tourné que le *Concerto* de Brahms, l'année suivante à Leipzig, avec Kurt Masur [*op.* 25, 1982]. Le film du *Concerto* de Stravinski, pour sa part, n'a jamais été diffusé [*op.* 24, 1981]. Il est resté la propriété de Televisa. C'est la seule version fixée par Menuhin qui en existe. J'aimerais tellement en récupérer les droits !

## UN CLASSIQUE POUR LABORATOIRE

*Dans la même dynamique que le* Concerto *de Stravinski, tu as choisi* Les Quatre Saisons *de Vivaldi pour le premier film que tu signes en tant que réalisateur [*op. 23, 1979*]. C'est une partition très connue, que tu présentes paradoxalement comme un formidable terrain d'innovation.*

Depuis longtemps, j'avais envie d'entendre Yehudi dans cette œuvre qu'il n'avait pas enregistrée, bien qu'il existât la bande radio d'un concert donné avec Benjamin Britten, et Peter Pears comme récitant. Vivaldi n'était certes pas essentiel pour Menuhin, mais ces concertos l'intéressaient, même s'ils n'appartenaient pas à son répertoire courant. Échapper à cette routine leur conférait d'ailleurs un nouvel éclat. C'est une partition très gratifiante à jouer et il voulait avant tout en saisir la dimension poétique. Il ne réagissait pas du tout comme un violoniste qui chercherait à mettre en valeur le soliste.

*Comment s'est déroulé le travail avec Menuhin ?*

Nous nous sommes d'abord retrouvés partition en main : par quel bout la prendre ? Yehudi a eu la patience et l'ouverture d'esprit d'y consacrer du temps, et nous avons élaboré une interprétation en quelque sorte commune, alliant choix musicaux et dimension visuelle. C'est la première fois que nous avons pénétré à ce point ensemble dans les entrailles d'une partition. Nous voulions construire une image qui explicite la musique en soulignant ses effets figuratifs. Le fait de connaître à l'avance tous les effets pour les avoir décidés avec le soliste permettait d'en donner une traduction plastique. Le film venait renforcer le texte et les intentions à la fois picturales et musicales liées au déroulement des saisons, que l'on ressentait parfaitement lorsqu'on entendait la voix de Yehudi : « La tourterelle roucoule », « Le chardonneret gazouille », « Le zéphyr souffle doucement »...

Dans le début du finale de *L'Hiver*, par exemple, je lui avais demandé de jouer tout un passage avec un seul doigt pour donner à voir le glissando. Même le spectateur le moins aguerri fait la relation entre ce qu'il entend — des notes qui montent — et ce qu'il voit — une main qui glisse sur la touche vers le haut du manche, évoquant le patinage sur la glace. Le chien qui aboie dans le deuxième mouvement du *Printemps* était exprimé par deux croches brutales à l'alto ; les effets de moustiques impliquaient un jeu *sul ponticello*, l'archet glissant sur le chevalet pour produire un son très rêche et piquant. Je m'étais déplacé à son école en Angleterre, rien que pour préparer ces effets avec l'orchestre de ses étudiants : je voulais m'assurer que, le moment venu, les cordes sauraient faire usage du *ponticello*, restituer l'aboiement du chien, etc.

*Comment les sonnets sont-ils venus nourrir vos expérimentations ?*

J'ai découvert à cette occasion l'existence de sonnets écrits par Vivaldi pour accompagner *Les Quatre Saisons* et en expliciter les intentions musicales. L'idée m'est venue de faire un film s'inspirant de cette version, dans laquelle le récitant serait Yehudi lui-même pour les versions anglaise et française. Et dès lors que je m'appuyais sur ce texte, il devenait cohérent de souligner dans la musique certains effets contenus dans les sonnets.

J'ai voulu leur donner un rythme assez particulier, pour éviter l'effet compassé d'un texte placé en exergue. J'ai donc découpé les sonnets pour les répartir à travers l'œuvre, irriguée comme une sorte de mélodrame. Cette répartition était expérimentale, j'espérais créer une nouvelle lecture de la partition, susciter une attention renouvelée pour cette œuvre tellement rabâchée. Ces textes, franchement illustratifs, ont depuis inspiré nombre de musiciens baroques, qui aiment donner à entendre des moustiques, un chien qui aboie, et ainsi de suite.

*Qu'est-ce que cette recherche a donné à l'image ?*

J'ai profité des possibilités nouvelles offertes par la vidéo et découvert que les inconvénients d'une partition éculée peuvent devenir un atout cinématographique : comme beaucoup de spectateurs connaissent déjà la musique, on peut prévoir de nombreux gros plans, un rapprochement presque intime entre violon et caméra, sans risque de perdre le fil ou de noyer le spectateur. À l'image, on voit donc le résultat d'un travail commun entre interprète et réalisateur. Cela peut sembler un peu technique, mais on dit bien que Dieu se loge dans le détail.

Il y a par exemple un merveilleux moment dans *L'Automne*, juste avant le calme de l'adagio : lors de la reprise du motif *do-la-si-sol-la-fa-mi*, nous avons filmé le passage du *la* bémol au *fa* en très gros plan, en contre-plongée sur la main gauche, avec un léger mouvement de caméra. À la fin de la phrase, sur le passage du *fa* au *mi*, nous avions décidé que Menuhin le jouerait avec un *portamento* plutôt osé sur la corde de *ré*, afin de souligner visuellement l'effet sonore.

Peu de spectateurs réalisent la complexité de ce type de plan. Il faut travailler très en amont pour assurer la coordination entre choix d'interprétation musicale, réalisation technique au violon, emplacement de la caméra et planning de tournage. Chacun de ces plans, assez chronophage, ne peut être tourné que séparément. Les comédiens savent combien on peut attendre sur le tournage d'un film, dont le tempo n'a rien à voir avec celui d'une répétition musicale. Mais Menuhin était un ange de patience attentive !

*N'as-tu pas craint que l'interprétation visuelle prenne le pas sur la musique ?*

Les images ne peuvent pas être extérieures à l'œuvre si elles sont défendues au nom de la musique par un interprète convaincu, si l'expression visuelle prolonge vraiment ses choix musicaux et techniques ; toutes ces options ayant été prises au préalable et d'un commun accord.

Et puis c'est quand même une œuvre à effets ! Il serait difficile de traiter ainsi une sonate de Beethoven ou de Brahms. Encore que... Dans certaines œuvres de Brahms ou dans les oratorios, on pourrait imaginer des effets issus du texte. Même chez Bach il existe une imagerie musicale extraordinairement naïve : dans la *Passion selon saint Matthieu*, le grand trémolo survenant lorsque les ténèbres déchirent le Golgotha peut devenir très efficace au point de vue visuel. Lorsque Verdi évoque la tempête d'un petit coup de cymbale dans *Rigoletto*, ce n'est presque rien, mais c'est un effet à la fois dramatique et visuel.

*L'idée d'inviter un peintre à œuvrer en direct est-elle née de ce caractère de musique à programme ?*

Yehudi m'avait proposé de faire intervenir l'un de ses amis, le peintre hollandais Norman Perryman, qui accompagnerait la musique de ses improvisations picturales. J'ai accepté mais, rétrospectivement, je n'en suis guère convaincu. La musique possède son propre tempo, elle n'est pas dans la temporalité lente d'un tableau qui se construit. Perryman avait donc dû préparer des toiles sur lesquelles figuraient déjà quelques éléments peints et nous le filmions en train de les compléter, suggérant l'idée d'un spectateur inspiré par la musique, d'un acte créatif saisi à la volée. Le tableau étant censé être achevé comme par miracle à la fin de chaque concerto, avec un résultat un peu plaqué à mon goût. Son propos nous fait quitter aussi bien la partition que le film. C'était malgré tout une tentative de faire sortir la musique classique de son carcan.

*Par son montage en rupture complète avec l'expérience du spectateur en salle, ton film se situe aux antipodes d'un concert filmé. Disons les choses comme elles sont : tu as outrageusement privilégié le violon solo aux dépens du chef !*

Je ne voulais pas en perdre une miette ! Peter Norris, directeur musical de l'école, s'occupait de l'orchestre et il ne s'agissait pas de le gommer, mais mon intention était effectivement de privilégier la relation soliste-musiciens, sans m'attarder sur le chef. On pourrait sans doute imaginer un film qui mette en valeur l'orchestre en minorant le rôle du soliste, mais alors quelle est l'utilité de le faire avec un Menuhin ? J'ai horreur de ces archives dans lesquelles l'image du soliste est coupée sous prétexte d'une entrée ou d'un trait intéressant de tel ou tel instrument.

*N'est-on pas en présence, assez tôt dans ta filmographie, d'un cas limite illustrant ce qui deviendra ton parti pris ? L'omniprésence de Menuhin conduit l'orchestre au bord de l'explosion visuelle…*

C'est sans doute une faiblesse de ce film que de trop reposer sur un plan presque unique et récurrent de Menuhin. Mais c'est un cadrage plutôt réussi qui assure une continuité, tandis que l'orchestre intervient pour fournir une alternance rythmique. J'ai saisi des individus plutôt qu'une masse générale : ici une toute jeune violoncelliste, là le claveciniste qui place quelques accords particulièrement bienvenus dans *L'Automne*. Il est sûr que l'image ne nous aide pas ici à percevoir un orchestre ; elle le découpe, insistant sur la formidable tenue du soliste.

*La bande-son le privilégie elle aussi nettement : on reconnaît le timbre de Menuhin dans les* tutti.

C'est inévitable : sa sonorité est si prégnante qu'elle irradie tout naturellement celle de l'orchestre, sans rien accentuer au mixage.

*Avez-vous tourné en play-back ?*

C'était une première, qui a bénéficié d'une véritable collaboration avec Menuhin : il nous avait réservé beaucoup de temps. Nous avons d'abord enregistré l'œuvre à Paris et j'ai effectué le montage-son en quelques jours, avant les prises de vue. Une fois dans les studios des Buttes-Chaumont, nous avons pu envoyer en play-back l'enregistrement déjà monté, séquence par séquence, nous assurant simplement qu'aucun problème de synchronisation ne se posait.

*Ton souci d'exhumer des textes pour restituer une œuvre n'entre-t-il pas en contradiction avec tous tes films, ta conception aux antipodes d'une musique plus « vraie » parce que jouée sur des « instruments d'époque » ?*

Je ne m'inscris pas du tout dans la recherche d'une authenticité philologique. Une partition doit suggérer suffisamment de pistes, déceler des richesses variées pour qu'on n'ait pas besoin de se lancer dans une reconstitution historique. Je considère que l'interprétation musicale manque aujourd'hui de subjectivité et que la revendication d'une prétendue objectivité au nom de l'histoire est un non-sens. Ces *Quatre Saisons*, que je referais très différemment s'il y avait lieu, me semblent s'inscrire dans cette quête d'une lecture personnelle, d'un classique revisité.

## PORTRAIT INTIME DE L'HOMME PUBLIC

*Quel bilan dresses-tu de* La Muraille ouverte *[op. 26, 1982], voyage en Chine tourné après le* Concerto *de Stravinski ?*

Le projet est né dans la dynamique du projet mexicain. L'Occident s'intéressait à la Chine, mais nous n'avons pas vraiment réussi à rencontrer des personnalités ou des situations convaincantes. Ce film occupe une place très secondaire dans ma filmographie.

*Ce n'est pas le cas d'*Un concert d'été pour Sa Sainteté Jean-Paul II *[op. 27, 1983].*

Contrairement à *La Muraille ouverte*, c'est moi qui en ai pris l'initiative. L'idée consistait à emmener au Vatican une célébrité mondiale, Menuhin, qui ne relevait pas de la tradition catholique, mais se montrait sensible au charisme de Jean-Paul II. Nous offririons au pape un concert avec l'Orchestre de chambre de Pologne dans sa résidence d'été à Castel Gandolfo. Filmer un moment musical, rien de plus, en espérant que le courant passerait. J'en ai profité pour demander à Yehudi de jouer un certain nombre d'œuvres que je souhaitais filmer.

C'est donc le film qui déclenchait l'événement, pas l'inverse. Tous les problèmes logistiques n'ont pas été aplanis pour autant, mais le fait est que le programme, les interprètes et jusqu'au déroulement de la soirée avaient été pensés en amont pour les besoins du film. J'avais notamment demandé à Yehudi de jouer un *Rondo* et un *Adagio* de Mozart, qu'il n'avait jamais interprétés, et « Erbarme dich », une aria pour alto et violon solo de Bach tirée de la *Passion selon saint Matthieu*, parce que c'est un sommet musical que je voulais capter à tout jamais pour en transmettre l'émotion.

*Le film installe en tout cas un certain climat.*

Si le dispositif scénique de ce palais est très dépouillé — avec ses ocres, les musiciens installés sur une estrade dans le cortile, le pape face à eux, sur un siège mi-fauteuil, mi-trône —, la fin du concert, surtout, a donné lieu à un imprévu qui relève des heureuses surprises rendues possibles par l'événement. Menuhin et Jean-Paul II font le tour des invités pour finir par une accolade, manifestement émus. Sans protocole ni préparation particulière, il y a quelque chose d'intense qui passe.

Dans les jours qui ont suivi, j'ai demandé à Yehudi d'enregistrer un commentaire reprenant leur échange. Yehudi réalisait un rêve d'enfant : donner, dans la chapelle Sixtine, sous les yeux de Michel-Ange, toute son irrésistible grandeur à l'interprétation de la *Chaconne* de Bach et, ce faisant, voir disparaître du monde ce qui est ignoble et vil, comme par miracle. Il dit donc au pape : « Très-Saint Père, vous nous permettez, au Juif que je suis, à mes collègues de Pologne et d'Israël, avec l'intercession de la musique d'un prêtre vénitien, de Mozart et de Bach, d'accomplir un geste universel. » L'intense émotion de ces deux hommes était palpable. Je crois que les images, assez sobres, restituent cette émotion.

*Tourné à la même époque,* Menuhin at Hartt *[op. 31, 1987] est-il un film auquel tu tiens ?*

Oui, même si c'est l'un des rares films tournés sans être à mon initiative. Le doyen de l'École de musique de l'université de Hartford souhaitait inviter Menuhin en résidence. Je me suis donc rendu sur le campus, où j'ai découvert un étonnant mélange d'amateurisme et d'extrême compétence dans des secteurs très pointus.

Le projet prévoyait de nombreuses masterclasses avec des instruments variés, un corpus dépassant largement le seul violon, ainsi que des échanges avec les étudiants. J'avais bien préparé ces rencontres, qui ont donné des résultats au-delà de toute attente. Yehudi était très en forme. Assis dans son fauteuil, face à une vingtaine de jeunes gens qui le bombardaient de questions, il se confie avec le charme des grands jours, jusqu'au moment où une étudiante lui demande : « Et si c'était à refaire, qu'est-ce que vous changeriez ? » Il lui répond du tac au tac : « J'aurais épousé ma femme dix ans plus tôt », mettant tout le monde dans sa poche. Puis il devient assez grave et poursuit avec un grand sourire : « Quant au second point... je crois que si je le formulais, cela pourrait tenter la Providence... »

À soixante-douze ou soixante-treize ans, le voilà qui évoquait la mort devant une assemblée de jeunes. Il avait une telle soif de vivre, un charisme combiné avec une extraordinaire pudeur, que j'ai conclu le film là-dessus.

*Le film fait la part belle à la* Neuvième Symphonie *de Beethoven.*

Nous avons en effet axé le projet sur le travail de répétition avec l'orchestre de l'université. Yehudi avait déjà souvent dirigé cette œuvre. Cette fois, il ne s'agissait pas de mettre au point le concert en deux répétitions, comme il l'aurait fait avec le London Symphony Orchestra. Yehudi foisonnait d'idées plus subtiles les unes que les autres, mais il lui fallait formuler explicitement chacune de ces propositions, et insister en les reformulant, car il n'avait pas affaire à des musiciens chevronnés. Les répétitions le poussaient à expliquer dans le détail les raisons de faire ressortir une note, de rechercher tel ou tel timbre à tel moment, de varier l'inflexion du thème qui se répétait. La caméra a pu enregistrer ces moments de travail.

*Menuhin at Hartt* a bénéficié d'une conjonction heureuse, assez rare, entre l'inexpérience des interprètes, la délivrance de l'instrument et le temps disponible. Nous disposions d'une semaine, avec une bonne équipe technique, et j'avais pour une fois à ma disposition un orchestre complet. La parole y fait beaucoup, mais aussi l'attention bienveillante du chef et du musicien partageant son expérience.

*Tu es rapidement devenu un intime de la famille Menuhin : est-ce un avantage ou une situation dangereuse ?*

C'est une situation parfois périlleuse, qui met en jeu l'équilibre entre une relation amicale, des choix esthétiques et une forme de déontologie du réalisateur. Pour *Le Violon du siècle* [*op.* 56, 1995], nous avions pris ensemble, Yehudi et moi, la décision de laisser de côté les questions familiales. Je souhaitais éloigner les mythologies de tout poil pour resserrer mon propos sur le musicien, question délaissée depuis de longues années au profit de l'humaniste, de l'homme public.

Mais voilà que lorsque nous tournons la partie « entretiens » du film en Grèce, dans sa jolie maison de Mykonos, Yehudi me suggère de faire participer sa femme Diana à un épisode. J'ai commencé par protester, lui rappelant notre décision, puis j'ai avancé mon argument-massue : « Nous n'avons pas de pellicule pour filmer au-delà de ce qui était prévu. » Yehudi, avec son air de totale innocence, m'a répondu : « Mais tu n'as pas besoin de charger la caméra. » C'était une manière délicieuse d'avouer l'ambiguïté de leur relation. J'ai fini par tourner une scène de ménage en français, langue qu'ils parlaient volontiers dans l'intimité — avec de la pellicule dans le chargeur. Comme les producteurs m'avaient contraint à tout filmer en anglais afin de faciliter l'accès du film au marché international, cette dispute évoquait le multilinguisme de Menuhin, sa dimension européenne, qui aurait cruellement manqué autrement. La présence de Diana prenait ainsi du sens, et tout le monde était content.

*Tu n'es pas toujours aussi bien retombé sur tes pieds. Jeremy Menuhin ne t'avait-il pas un jour adressé des reproches ?*

Dans *Le Violon du siècle*, Yehudi évoque les nombreux pianistes avec lesquels il a joué. Il n'y a pas un mot sur son fils Jeremy, musicien hors pair et pianiste de tout premier plan, doté d'une sonorité immédiatement reconnaissable et d'une clarté cristalline. Il a énormément joué avec son père, et c'est en outre un ami très cher, mais je n'avais pas obtenu de Yehudi les remarques ou les considérations qui auraient permis au film de bifurquer vers Jeremy. Il faisait référence à des événements récents, tel concert de Jeremy, tel récital… mais rien qui s'arrache à l'actualité immédiate.

J'ai retrouvé récemment la lettre pleine d'amertume que Jeremy m'a écrite après avoir vu le film : « Je trouve ton film tout à fait réussi et cela ne fait que renforcer ma peine. Je suis très triste de ne pas y figurer, d'autant plus que j'y ai trouvé beaucoup de pianistes qui me semblent avoir joué un rôle moindre dans la vie et la carrière de mon père. J'ai eu avec lui une véritable collaboration musicale. » Jeremy avait connu des relations compliquées avec son père, et Yehudi m'avait plusieurs fois confié que c'était cet antagonisme qui l'intéressait. J'ai répondu à Jeremy que je comprenais fort bien son point de vue, que j'y adhérais même et, plus encore, que j'avais moi-même souffert de cette absence, ce qui était vrai. Du fait des propos trop vagues de Yehudi, ce dont j'ai eu la bêtise de ne pas m'apercevoir dans le feu du tournage, la séquence serait tombée complètement à plat ; le film aurait souffert d'une insertion faite par amitié. Malgré des tentatives désespérées lors du montage, j'ai dû renoncer. Mon film est muet sur Jeremy et la relation musicale père-fils : c'est une vraie lacune.

*Comment Menuhin a-t-il réagi ?*

J'ai envoyé à Yehudi une copie de ma réponse. Il m'a témoigné son soutien, auquel je ne m'attendais pas : « En matière artistique, aucune considération amicale ou familiale ne doit rentrer en ligne de compte. » Il me répondait d'homme à homme, sans souci de plaire à tel ou tel, sans chercher à être gentil. Il avait compris la nécessité de maintenir une autonomie du film et de sa logique créatrice.

*Tu as également bien connu la Yehudi Menuhin School. Aviez-vous des conceptions pédagogiques voisines ?*

Cette école d'un niveau hors du commun fonctionne comme toute institution, avec ses règlements et ses traditions. Quelque temps après la disparition de Yehudi, j'y ai découvert le tout jeune Valeriy Sokolov[4], avec lequel j'ai depuis tourné plusieurs films. Le soir même, invité par le corps enseignant, je fis part de mon émerveillement. Le *headmaster* me répondit, un brin pompeux : « Mais certainement, nous avons des étudiants fort talentueux en ce moment, n'est-ce pas ? » Comme si une tête qui dépassait risquait de mettre l'École en péril.

Il y avait là un corps enseignant d'excellent niveau, beaucoup d'humanité, une campagne idyllique… mais le problème était propre à l'idée d'école. Je me rappelle une journée de visite avec Yehudi. Chacun attendait ses impressions avec impatience. Il a déclaré : « C'est merveilleux, c'est exactement ce qu'il faut ! » Tout le monde s'est congratulé, rassuré du soutien exprimé par le maestro… lequel a simplement ajouté : « *The thing is that… where is the Great Sound ?* » (La question demeure… où est LE son ?) Autrement dit : « Où est l'individu, là-dedans ? » Et chacun de se récrier : « Mais comment ! C'est vous-même qui avez inscrit dans les objectifs de l'École qu'on devait former de bons musiciens ! Nous n'aspirons pas à former des solistes, des stars ou des compositeurs vedettes… »

*C'était une réaction plutôt saine.*

Effectivement, et dans cette limite, l'École fonctionne très bien. Les bases idéologiques que Menuhin a instaurées sont respectées : travailler l'instrument, mais aussi composer, pratiquer la musique de

4. Sur cette rencontre, voir le chapitre 4, « Le ciné-interprète », p. 119.

chambre, l'orchestre, sans oublier un enseignement général de langues, de mathématiques... L'objectif premier n'est pas de fabriquer de grands musiciens, l'individualité n'est pas au cœur du projet. Que se passe-t-il lorsque, par hasard, il y en a un, ne serait-ce qu'un par décennie ? Comment éviter de lui mettre des bâtons dans les roues ? Yehudi était très conscient des risques inhérents au phénomène collectif en matière d'enseignement artistique. Il m'avait un jour parlé d'une très jeune violoncelliste, magnifique artiste, ajoutant : « J'espère que l'École ne la détruira pas... »

*Fort de votre relation de confiance, as-tu cherché à dépasser le rôle de réalisateur quasi attitré de Menuhin ?*

Dans les années 1980, j'aurais volontiers abandonné mes prérogatives de réalisateur pour me transformer en conseiller musical d'un projet un peu spécial. J'avais en tête les six *Concertos Brandebourgeois* de Bach, qui auraient été joués et dirigés depuis le violon par Menuhin, et dont je souhaitais confier la réalisation à Orson Welles ! Ils venaient d'enregistrer ensemble *Round a Common Center* (1980) de Lukas Foss, Yehudi au violon et Welles en récitant. Le projet a avorté dès que j'ai contacté des producteurs qui avaient collaboré avec Welles. Refus radical : « On ne peut pas travailler avec ce type-là, il ne respectera ni les devis ni les délais. » J'aurais pourtant adoré voir comment il aborderait cette partition en cinéaste.

*Est-ce ainsi que tu as peu à peu endossé le rôle de confident privilégié ?*

Il avait besoin d'une relation simple qui lui permette d'accorder sa confiance de façon absolue. L'un de ses grands problèmes est d'avoir très tôt, et malgré lui, incarné une figure publique. Il était devenu une icône. On a du mal aujourd'hui à imaginer la célébrité de Menuhin. Dans les années 1930, aux États-Unis, sa renommée dépassait celle du président. Et en 1970 encore, lorsque je me baladais dans les rues de Londres avec lui, tout le monde se retournait sur son passage. Pour le très grand public, il incarnait le violon comme Rubinstein le piano ou Lindbergh l'avion. La distorsion entre ce personnage public et la réalité privée compte pour beaucoup dans les relations parfois compliquées qu'il a rencontrées avec ses enfants.

*Quel rôle a joué* Le Violon du siècle *pour lui ?*

Mon film est arrivé au bon moment. En 1995, Yehudi venait de se prêter à un documentaire épouvantable, *Un portrait de famille* [*Menuhin : A Family Portrait*, 1991], dont l'auteur, Tony Palmer, est une espèce de forban. Il a fait de jolis films par ailleurs, mais là, il avait utilisé des fragments des miens sans autorisation. Chapardés, extorqués, piratés !

Bien pis, Yehudi avait été meurtri par ce film et par le livre que Palmer en avait tiré, tissus de ragots dépourvus de toute considération humaine et de toute substance musicale qui s'étaient insinués dans sa vie de manière mensongère, dans le seul but de démolir un monument. Sa thèse était que les femmes de son entourage l'avaient détruit : sa mère, sa deuxième épouse, ses sœurs... C'est à ce moment-là que Yehudi m'a demandé d'accélérer la mise en œuvre de notre projet. Je crois qu'il s'est senti d'autant plus en confiance avec moi que je souhaitais recentrer mon propos sur le musicien et le violoniste. Son extraordinaire humanité se révélerait d'elle-même, inutile d'en faire le cœur du film.

*Votre relation faisait que tu as toujours eu accès à lui. Quelle était sa réaction lorsque tu arrivais avec un projet ?*

Notre complicité ne l'empêchait pas d'examiner mes suggestions en détail. Monter un projet n'est jamais donné, nous échangions beaucoup par lettres et nous nous voyions fréquemment. Il existait bien entendu des difficultés d'emploi du temps et de logistique, mais il était toujours ouvert. Je pouvais venir le trouver à n'importe quel moment sous n'importe quel prétexte. Me revient à l'esprit le *Concerto* de Brahms filmé à Leipzig avec le Gewandhaus et Kurt Masur. Il a accepté sans hésitation de donner en bis deux mouvements de la *Sonate en ut majeur* de Bach qui n'avaient jamais été filmés.

Mais sa bienveillance de principe ne m'était pas réservée. Lors d'un récital à Bombay, son pianiste attitré, Paul Coker, m'a demandé durant l'entracte si j'avais déjà entendu Yehudi dans le *Tzigane* de Ravel. Outre son enregistrement de jeunesse, j'avais obtenu qu'il le joue pour *Le Grand Échiquier*. J'ai suggéré à Paul d'en toucher un mot à Yehudi sur-le-champ... et à la fin de leur récital de sonates, ils ont interprété le *Tzigane* en bis : sans partition, qu'ils n'avaient pas ouverte depuis des années, et sans l'avoir jamais joué ensemble ! Yehudi avait la spontanéité généreuse.

## RETOUR AUX SOURCES

*En 1988, tu te lances dans les trois épisodes du* Retour aux sources *[op. 35, 1988]. C'est presque ton dixième film avec lui, il a soixante-douze ans et toi quarante-quatre. Quel en est l'enjeu ?*

Tout à coup, deux lignes de force de mon travail se rejoignent : Menuhin et la Russie. J'avais d'autant plus envie de voir Menuhin sur cette terre que c'était aussi un retour à ses propres sources. Son père et sa mère en étaient originaires et, même s'il était né à New York, la Russie l'avait profondément marqué. On avait là les ingrédients d'un beau film, porteur d'histoire et d'émotion.

Ajoute à cela que Yehudi était très excité à l'idée de découvrir de nouveaux partenaires musicaux. Il avait joué avec la terre entière et il avait enfin accès à de grands interprètes, jusqu'alors hors de portée. Après l'arrivée au pouvoir de Gorbatchev en 1985, Menuhin m'a annoncé qu'il était invité par l'organisme officiel du Gozconcert. J'ai filé aussitôt à Moscou pour m'assurer qu'il puisse rencontrer les artistes soviétiques. Cela n'aurait pas eu de sens de venir accompagné des musiciens occidentaux habituels. Lui-même souhaitait faire de la musique avec Viktoria Postnikova, Guennadi Rojdestvenski, Igor Oïstrakh...

*T'avait-il laissé carte blanche ?*

Il avait dans l'instant annulé trois semaines de concerts à l'automne 1987. Nous avons établi le scénario du *Retour aux sources*, qui supposait de filmer tout ce qui se passerait, répétitions, voyages, visites, rencontres... Il fallait faire vite, même si c'était le Gozconcert qui organisait les représentations, réservait les salles et les orchestres à Moscou et Leningrad.

Nous sommes parvenus à construire trois épisodes d'1 heure, clairement identifiés. Le premier portait sur l'idée de retour : pourquoi revenir en Russie, un pays finalement marginal dans sa carrière ? Les rencontres avec les Russes se manifestaient par le dialogue avec le chef d'orchestre Guennadi Rojdestvenski et un concert de concertos : Bach, Beethoven et Bartók, agrémentés de la *Sérénade mélancolique* de Tchaïkovski, ainsi qu'une masterclasse avec les étudiants du Conservatoire de Leningrad. Le deuxième épisode était construit autour de la naissance du duo Menuhin-Postnikova, d'où émergeaient des réflexions sur la culture et les villes russes, la dramatisation de l'existence, et un superbe récital Brahms, Beethoven, Bartók et Kreisler... Ils étaient parvenus à un tel degré d'intimité musicale que, depuis cette époque, Viktoria a toujours refusé de donner en concert les œuvres qu'elle avait jouées avec Yehudi. Le troisième épisode montrait Yehudi chef d'orchestre, aux prises avec la *Sixième Symphonie* de Tchaïkovski et l'Orchestre philharmonique de Leningrad, dirigeant son fils Jeremy dans le *Premier Concerto* de Beethoven, donnant aussi des masterclasses, évoquant son amitié avec David Oïstrakh, etc.

*Comment as-tu réussi le saut périlleux qui consiste à penser simultanément trois films et une série de concerts et de rencontres ?*

Il n'est pas confortable de travailler dans une telle urgence, mais c'est aussi plus facile en un sens, car les différents paramètres se nourrissent les uns les autres : chaque décision musicale prenait un sens, qu'il s'agisse des interprètes, du lieu ou du répertoire. J'avais conscience de bâtir un tout, un système qui risquait de s'éparpiller et dont je devais garantir la cohérence artistique. Au-delà de sa charge émotionnelle, *Retour aux sources* est un film très construit : concerts et film, rencontres et histoire, images, dialogues et musique, je crois que tout cela s'enchâsse pour construire un ensemble cohérent.

*Comment s'est déroulé le tournage ?*

Ce fut épuisant. Erato avait engagé pour la production exécutive un jeune homme, Pierre-Olivier Bardet, qui allait devenir mon ami et producteur jusqu'à ce jour[5]. Il lui fallut envoyer à travers l'Europe une caravane de camions et de cars vidéo avec des dizaines de personnes, en plein marasme climatique, passer les douanes, basculer de Moscou à Leningrad, se confronter aux exigences des autorités... L'important était d'assurer l'organisation, tout en garantissant la souplesse qui donnerait à Yehudi un accès aux Russes.

J'avais d'emblée souligné que Yehudi souhaitait vivre à la russe, qu'il habiterait à l'hôtel avec nous et se nourrirait comme les autres clients — pas question de faire comme Vladimir Horowitz, cloîtré à l'ambassade américaine, envoyant quérir une sole tous les jours depuis Paris ! Je me rappelle notre retour de Leningrad, Yehudi encore transpirant dans son frac, sortant de la salle de concert sans

5. Sur cette collaboration, voir le chapitre 6, « La fabrique du film », p. 180-184.

avoir eu le temps de se changer pour foncer sous la neige à la gare. J'avais réussi à me procurer une ration de caviar. Nous avons ouvert une bouteille de vodka et avalé cela à huit dans un compartiment surchauffé, Yehudi encore en frac, Diana épuisée ; débarquant le lendemain matin par - 20 °C à l'hôtel Rossiya, dans une suite aux vitres cassées. Yehudi avait plus de soixante-dix ans, il a résisté merveilleusement à la tentation du confort.

*Pourquoi avoir tant insisté dans le film sur la chaleur du public ?*

Parce que tout cela s'est bel et bien déroulé dans un quasi-délire ! Devant la salle, le public protestait de ne pas avoir accès aux concerts, complets. J'ai voulu tourner des séquences à l'extérieur. Les gens suppliaient pour avoir un billet, il m'arrivait d'en sortir de ma poche pour les distribuer. C'était une ambiance difficile à concevoir pour un Européen de l'Ouest. Dans une scène, on voit une vieille femme s'approcher de la voiture de Yehudi. Elle vient essuyer avec douceur la neige de sa fenêtre. On aurait dit un mythe développé par une population dégoûtée des seules idoles auxquelles elle avait eu droit jusqu'alors. Brejnev et Lénine étant désormais des fantômes, les icônes artistiques avaient pris leur place, transformées en objets d'adoration.

Une fois, Yehudi et Viktoria se sont retrouvés à court de bis. Le public ne les lâchant plus, ils ont fini par jouer deux sonates de Beethoven qu'ils n'avaient pas répétées, après s'être concertés en coulisses pour savoir lesquelles Viktoria connaissait de mémoire. C'était la Russie, fascinante à capter, avec son public avide, aimant, jamais rassasié.

*Et les jeunes musiciens ?*

Yehudi était très à l'aise devant eux et s'empêtrait parfois dans un méli-mélo linguistique, à force de placer des mots russes généralement inventés. Les jeunes musiciens étaient sidérés de cette liberté de ton. Lors d'une masterclasse, il s'est lancé dans une théorie sur le vibrato, offrant à plus d'un des pistes de réflexion, partageant généreusement tous ses petits secrets. Il finit par plaisanter : « Ce qui est merveilleux dans cette matière, c'est qu'il n'y a pas de *copyright*, aucun secret industriel ni militaire. » La traductrice peinait à traduire des notions qui lui échappaient, et lui jubilait de ses petites provocations ! Ces rencontres avec les plus jeunes étaient placées sous le signe de l'humour, elles avaient une vraie dimension poétique.

*En dehors du* Retour aux sources, *certaines des œuvres jouées ont-elles fait l'objet d'une version complète ?*

Complètes, avec même parfois de petites variations dans le montage. Ce fut le cas pour les deux versions du *Deuxième Concerto pour violon* de Bartók dans le premier épisode[6], comme pour la *Sixième Symphonie* de Tchaïkovski, que l'Orchestre philharmonique de Leningrad avait jouée avec des dizaines de chefs avant Menuhin. Cette œuvre intervient dans le troisième épisode et je ne cherche pas du tout à la présenter pour elle-même, puisque ce qui m'intéresse, c'est la relation de Menuhin avec l'orchestre, et au-delà, avec la tradition russe. Cela justifie amplement de procéder à des montages différents entre le bref extrait qui s'intègre dans un film d'1 heure et la symphonie complète qui se développe dans toute son autonomie. On pourrait pousser l'idée jusqu'à proposer trois ou quatre montages différents de la même interprétation musicale, tout comme un musicien peut imaginer plusieurs lectures distinctes de la même partition.

*Comment vois-tu le film à presque quarante ans de distance ?*

*Retour aux sources* évoque à la fois l'agonie d'un système et la richesse d'une population capable de tout pour avoir accès à l'émotion musicale. Yehudi s'y est montré très sensible. Cette aventure a été, pour lui comme pour moi, la réalisation d'un rêve. Dans ce film, nous essayons d'embarquer le spectateur dans un songe éveillé.

Un épisode assez touchant évoque cette dimension poétique du projet. Non content d'avoir déjà bien chargé le programme musical d'un homme de soixante et onze ans, je lui ai demandé de jouer en bis une toute petite pièce de violon, le *Liebesleid* de Kreisler. C'est un chant d'amour pas particulièrement virtuose du point de vue violonistique, mais qui fait appel à toutes ses ressources comme instrument de charme et de mélancolie. Yehudi m'avait répondu : « Tu n'y penses pas, ce n'est pas un morceau pour une pianiste du calibre de Viktoria ; elle est bien plus qu'une simple accompagnatrice ! » Mais Viktoria, que j'avais mise dans la confidence, l'a supplié elle aussi.

Ils ont finalement donné ce *Liebesleid* en bis à Leningrad, et j'ai réussi à capter ce moment de liberté : Yehudi fait un léger rubato,

6. Voir le chapitre 1, « Mettre en images », p. 40.

souligné d'un infime accent au piano. On voit à l'image le sourire de ravissement de Viktoria et le visage d'un Yehudi très concentré. Il retrouve son instinct de grand violoniste. Pas seulement de grand musicien, mais vraiment de violoniste abandonné à la beauté du son et au charme de ce morceau. Comme Yehudi avait glissé depuis sa jeunesse vers un répertoire plus austère, les retrouvailles avec cette pièce sensuelle constituent un moment d'émotion intense. Mieux que tous les discours du monde, elle nous fait remonter soixante ans en arrière.

*En dehors des portraits que tu lui as consacrés, Menuhin est présent à la marge dans plusieurs de tes films.*

On le voit rendre un hommage confraternel à David Oïstrakh devant sa tombe, au cimetière de Novodevitchi à Moscou, dans *Artiste du peuple ?* [*op.* 54, 1994[7]]. Il est également convoqué dans les films sur Rojdestvenski, Fischer-Dieskau, Richter ou Rostropovitch. Et dans *L'Art du violon* [*op.* 62, 2000], qu'il ouvre avec le *Troisième* de Mozart et clôt avec la *Chaconne* de Bach, il occupe bien sûr une place centrale. Ce film devait nécessairement s'achever sur le plus grand chef-d'œuvre de la littérature pour violon, joué par le personnage qui a le plus compté pour moi, pour des raisons à la fois esthétiques et humaines ; celui qu'Ivry Gitlis évoque joliment comme « un ange descendu sur terre ».

Ce n'est pas un hasard s'il constitue en quelque sorte l'épine dorsale de ce film, qui ne lui est pas consacré en propre. Évidemment, aucun réalisateur n'aurait pu dresser un panorama de l'art du violon sans référence à Menuhin ; mais lui accorder cette place, c'était rejeter une approche strictement technique, refuser de réduire le violon à la virtuosité. C'était en soi tout un programme, qu'il incarne dans sa manière d'être. L'un de mes plus grands regrets est que Yehudi ait disparu trop tôt pour le voir.

*Aviez-vous d'autres projets en tête ?*

Menuhin était toujours curieux des jeunes interprètes. Lorsque je lui ai vanté l'extraordinaire cadence improvisée que Gilles Apap avait imaginée pour le finale du *Troisième Concerto* de Mozart, Yehudi

7. Sur le montage de cette scène finale, voir le chapitre 9, « Réponses filmiques », p. 273.

a voulu absolument l'entendre. Coup de chance, Gilles passait en France la semaine suivante et jouait à Cannes le jour même où Yehudi y dirigeait son orchestre. La veille de leurs concerts, je trouve un message de Gilles sur mon répondeur, laissé à deux heures du matin : « Je viens de passer la soirée avec Menuhin à son hôtel. J'en sors à l'instant. » Il était éberlué par ce vieux monsieur à l'affût. Yehudi lui avait posé toute une série de questions : comment faisait-il ceci ou cela, comment imitait-il la musique irlandaise, quel type d'archet, comment rendre ce son très crin-crin... Gilles avait eu l'impression de voir un enfant gourmand et impatient, qui voulait toujours en savoir davantage.

Le lendemain matin, coup de téléphone à 8 heures. C'était Menuhin : « J'ai passé une soirée extraordinaire avec Gilles Apap, qui m'a montré tout un tas de stratagèmes et de petits trucs formidables. Je l'ai engagé pour jouer le *Troisième Concerto* de Mozart l'an prochain à Paris. Que dirais-tu qu'on l'intègre dans notre série ? » J'étais aux anges, incapable de deviner que le film serait tourné sans Yehudi [*op.* 61, 1999].

*Menuhin jouait-il encore du violon ?*

Non, et c'est précisément pourquoi nous avions le projet de le montrer dirigeant des violonistes en pleine carrière dans six concertos parmi les plus importants du répertoire : Bartók, Beethoven, Brahms, Lalo, Elgar, Mozart. Chacun aurait été précédé d'un film « passage du flambeau » à Hilary Hahn, Gil Shaham, Vadim Repine, et ainsi de suite.

Hilary Hahn s'était montrée réservée : « Mais je n'existe plus dans un tel projet ! » Je l'ai rassurée en lui montrant une photo prise sur le paquebot *Île-de-France* en 1932, où Toscanini et Menuhin sont réunis autour d'une partition des *Partitas* de Bach : « Ils discutent avec ardeur de son interprétation. Voilà ce que je souhaite montrer à mon tour, cette fois avec vous. » La photo avait apparemment réussi à vaincre ses réticences et le projet était bien avancé, mais tout s'est arrêté net.

*La mort est habituellement le moment où l'on se tourne vers les archives et les anthologies, un travail que tu avais déjà accompli de son vivant.*

Raison pour laquelle je lui ai rendu hommage par le livre. Je me suis enfermé un an pour rédiger *Passion Menuhin*[8].

*Au-delà des films, quels étaient vos sujets de conversation ?*

Nous parlions musique tous azimuts : les œuvres, les interprètes, les tendances du moment... Voyager ensemble laisse du temps pour bavarder, et nous avons connu des moments de grâce, comme cette semaine passée à Leipzig pour filmer le *Concerto* de Brahms. Nous dînions ensemble tous les soirs et parlions à bâtons rompus. Il s'est ouvert à moi d'un projet fou : enregistrer l'intégrale des cantates de Bach. J'ai objecté que cela ne me semblait guère réaliste, gardant par-devers moi ces données simples : bientôt soixante-dix ans, plus de deux-cents cantates. Il a dû en conclure qu'à mes yeux, il ne les appréciait pas suffisamment pour se lancer dans pareille aventure de plusieurs années. Le lendemain matin, j'ai trouvé un billet glissé sous ma porte : « Bruno, si tu savais à quel point j'aime la musique ! »

*T'est-il arrivé d'évoquer la question de l'artifice avec lui ?*

Oui, nous avons parlé de la sincérité et de la conscience de la sincérité. À plusieurs reprises, il m'a provoqué : « Qu'est-ce qui te permet de croire que je ne suis pas un escroc ? », me laissant pantois ! Pour lui, la sincérité n'était pas le critère absolu d'une œuvre d'art ni d'une attitude artistique. Il insistait plutôt sur la notion d'authenticité.

Il y a dans *Retour aux sources* une séquence où Yehudi enseigne à de jeunes violonistes soviétiques. Il est là tel quel, sans une ombre d'arrogance ou d'artifice, travaillant avec eux le *Concerto* de Bartók. Il fait alors allusion au mouvement lent du *Concerto* de Bruch en évoquant, violon en main, un type de vibrato gémissant auquel il recourait dans ce passage, et précise aussitôt : « C'est Enesco qui me l'a enseigné. » J'étais stupéfait. Ce vibrato semblait tellement spontané ! Je ne pouvais même pas imaginer que Yehudi en ait conscience à ce point. Aussitôt le tournage fini, je lui ai fait part de mon étonnement. Il m'a répondu qu'il savait très bien ce qu'il faisait et que chacune de ses décisions cherchait à exprimer la vérité de la partition.

---

8. *Passion Menuhin : l'album d'une vie*, Paris, Textuel/Arte Éditions/France Inter, 2000. Voir la bibliographie, p. 319.

*Comment la caméra peut-elle capter tout cela ?*

J'ai trouvé chez lui un équilibre, une manière de concilier décision consciente et inspiration. Cela contribue au bonheur de le saisir avec la caméra. Il était dépourvu de toute idée de calcul, et distinguait volontiers deux catégories de violonistes : les tacticiens, qui visent un effet particulier, magnifiquement réalisé, mais systématique et attendu ; et ceux qui se laissent aller au jeu, arbitrairement, mais d'où peut surgir un moment exceptionnel presque par hasard. L'appétit, le bonheur et l'évidence sont des réalités qu'une caméra capte sans mentir. Lorsqu'elle s'approche, même de très près, elle révèle les ficelles, s'il en existe. Je n'en ai jamais décelé chez lui. Et puis, Yehudi est l'un des personnages les plus cinégéniques qui soient. Il dégageait une aura perceptible même depuis les derniers rangs d'une salle de concert.

Certains cadrages lui correspondent vraiment, ils restituent sa gestuelle. On a parfois l'impression de pénétrer dans le subconscient du violoniste. Dans le premier mouvement du *Concerto* de Brahms, par exemple, surgit à deux reprises une sorte de plainte chromatique, juste avant la violente et subite réattaque du thème en triples cordes. C'est un moment intense : le temps se dilate, l'harmonie est immobile, les auditeurs ont le souffle suspendu. J'ai choisi de recourir au gros plan, et même à un plan extrême. La caméra zoome, elle s'approche, aux aguets, jusque sur les yeux, le nez, le grain de la peau et même ses rides ; on ne le reconnaît pratiquement plus. On a vraiment l'impression d'arriver au bord du gouffre des possibilités expressives. Voilà ce qu'on pouvait faire avec Yehudi. Il vous donnait le sentiment de pénétrer son âme.

# LE CINÉ-INTERPRÈTE

## INTERPRÉTER L'INTERPRÈTE

*Dans le genre du « film musical », dominé par le concert et les œuvres elles-mêmes, le portrait d'interprète constitue une catégorie relativement restreinte. Or c'est la forme qu'empruntent beaucoup de tes films.*

Je filme effectivement assez peu de concerts. Mon mode d'expression passe d'abord par des portraits d'interprètes, c'est-à-dire par un scénario et une dramaturgie. Ce qui m'intéresse, c'est la lecture renouvelée d'un répertoire par un musicien, l'angle par lequel il apporte un éclairage différent. Interpréter une œuvre, c'est faire des choix. Pas de comité mais une personne qui s'impose, un dictateur artistique si l'on veut. Dresser le portrait d'un interprète, c'est encore décider, imposer en quelque sorte une lecture de son travail qui en exclut d'autres. Grâce à cette lecture, le spectateur accède à une intensité qu'il n'aurait eue ni au concert ni à l'écoute d'un disque ; ce qui est une nouvelle justification au fait de filmer la musique. Faire découvrir et examiner la vision d'un grand interprète, lui donner une forme dramatique : voilà l'enjeu majeur. Une grande part de mon travail consiste donc à donner à mon tour une lecture de l'artiste et de sa façon de voir. Ce faisant, j'offre sans doute une interprétation de moi-même ; je développe en tout cas, dans chaque film, une vision partagée avec un musicien qui a suscité chez moi émotions et interrogations.

*Puisque ton travail est lui-même une forme d'interprétation, le terme « ciné-interprète » pourrait-il te définir ?*

Disons que je propose une lecture personnelle de la façon dont un musicien interprète les œuvres, et que je le fais au moyen du cinéma. Si c'est cela que recouvre ce terme, alors oui.

Sur l'ensemble de mon travail se développe sûrement aussi une certaine conception musicale par le choix d'un répertoire et la sélection des interprètes. Mais plutôt que d'« interprétation », je parlerais plus volontiers d'options ou de « points de vue » musicaux, pour reprendre la formule du photographe Henri Cartier-Bresson : « Je n'ai ni message ni mission, j'ai un point de vue. » La mise à l'écart de la posture et du style, tout comme la revendication du simple « point de vue », me conviennent à merveille. La partition est déjà écrite par le compositeur ; interviennent alors le photographe ou l'instrumentiste. Ils peuvent révéler, éclairer à leur façon.

*Dietrich Fischer-Dieskau a cette formule dans le portrait que tu lui as consacré [*op. 55, 1995*] : « La musique à travers les musiciens et pas le contraire. »*

Une tournure pareille prend toute sa portée mise en exergue ou en conclusion ; c'est pourquoi je l'ai placée à la fin du film. Les musiciens constituent la voie d'accès royale à la musique. Pour autant, cela ne suppose pas de disparaître en tant qu'interprète ! Respecter au plus près la pensée du compositeur tout en ouvrant de nouvelles perspectives, tel est le défi. Par ailleurs, le discours de l'humilité au service du compositeur est souvent une forme de camouflage, voire une mystique du grand homme modeste. Je considère pour ma part que Dietrich nous invite à aller le plus loin possible dans la lecture des grands textes.

*Tu ne crois pas à l'hypothèse d'une interprétation neutre ?*

C'est une posture qui a été développée par des compositeurs comme Ravel et Stravinski, ou par certains interprètes, et qui me semble parfaitement illusoire. L'idée selon laquelle l'interprète et sa personnalité devraient disparaître relève du mythe. Observer à la lettre les indications du compositeur, bien sûr. Mais il faut aussi savoir s'en détacher pour aboutir à un véritable parti pris. La disparition de l'interprète priverait l'acte d'exécution de tout intérêt. La seule disparition qui pourrait m'intéresser, ce serait une éventuelle dissolution de l'interprète dans l'œuvre.

Lorsqu'on aborde la question de l'interprétation avec des profanes, ils sont souvent étonnés : « Mais vous avez les notes, comment peut-il exister plusieurs interprétations d'un même texte musical ? » Certains affirmaient la même chose pour la littérature. Orson Welles a formulé la réponse la plus claire à ce propos, s'appuyant sur la tirade « *To be or not to be, that is the question* » (Être ou ne pas être, telle est la question). Une tout autre perspective s'ouvre si on dit : « *To be or not; to be, that is the question* » (Être ou pas ; être, voilà la question). Les mêmes mots, les mêmes notes. C'est le phrasé qui fait la différence. Au théâtre, seul le texte est écrit, pas son intonation ni son rythme. Personne n'attend de l'acteur qui joue Hamlet qu'il reproduise exactement ce qu'en ont fait ses prédécesseurs. En musique, même si rythme, harmonie et instrumentation sont rigoureusement codifiés, le texte peut, comme pour un classique littéraire, se lire de mille manières différentes.

C'est cette relecture personnelle que j'essaie de cerner en filmant des interprètes. Sans doute l'acteur qui récite un poème de Rilke a plus de marge que l'instrumentiste qui jouerait le même texte mis en musique par Hindemith. Mais si la musique enferme, l'interprète est celui qui la libère à sa façon. Ces limites très étroites rendent l'interprétation plus problématique en musique que dans d'autres domaines. Elle passe entre autres par l'articulation, le son, le tempo et le phrasé.

*Quelles sont les implications visuelles de ta propre lecture de ciné-interprète ?*

Le découpage comme le montage d'une œuvre musicale s'appuient avant tout sur le rythme et sur les événements harmoniques. La plupart des auditeurs ignorent ce qu'est une modulation, cela ne les empêche pas de la sentir. Pas la peine d'expliquer au spectateur ce qu'est une modulation ou une enharmonie, inutile de formuler pourquoi à la fin du *Boléro* de Ravel, l'arrivée du *mi* majeur déclenche une formidable émotion chez le plus profane des auditeurs. Le montage joue un rôle-clé pour créer l'événement. Retarder, anticiper, accentuer une modulation, cela fait partie des paramètres par lesquels le réalisateur peut accompagner la lecture de l'interprète. Si c'est cela qu'on appelle « ciné-interprète », alors nous y sommes.

*Le choix du répertoire est-il décisif ?*

Je ne saurais imaginer un portrait réussi avec un musicien qui refuserait de discuter du répertoire joué dans le film. La question est relativement simple lorsqu'il s'agit de sommets musicaux : on ne peut les aborder qu'avec des interprètes qui en apportent une lecture profondément renouvelée à force de les porter depuis tant d'années, comme avec Gould et les *Goldberg*, Piotr Anderszewski et les *Diabelli*, le Quatuor Berg et *La Jeune Fille et la mort*…

Et parfois, l'artiste maîtrise un répertoire tellement vaste qu'il faut choisir méticuleusement les œuvres, une à une, selon des critères à la fois musicaux et filmiques, comme ce fut le cas avec Marie-Claire Alain dans Bach, Dietrich Fischer-Dieskau dans Schubert. Avec Menuhin, il m'est arrivé de sélectionner dans l'immense littérature violonistique des pièces qu'il n'avait pas jouées depuis des décennies. Et même lorsque le répertoire d'un artiste se trouve ponctuellement limité par les tournées prévues dans l'année, comme le Quatuor Arod qui souhaite ne jouer que des œuvres absolument au point, il y a toujours matière à discussion.

*T'est-il arrivé de proposer des œuvres inattendues ?*

Pour son portrait, j'ai demandé à Michael Tilson Thomas de jouer les *Vêpres* de Monteverdi [*op.* 14, 1978]. C'était une façon de souligner l'ampleur de son répertoire et de tordre le cou à sa réputation d'interprète spécialisé dans le XXe siècle. Je lui avais également réclamé la *Deuxième Rhapsodie* de George Gershwin, parce que cela m'intéressait de voir un chef tenir la partie de soliste — ce qui n'est pas pareil qu'un interprète dirigeant depuis le piano. Et puis Gershwin permettait de traiter la question de l'artiste américain, d'un héritage musical qui se distingue de la bonne vieille Europe. En l'occurrence, le répertoire correspondait au propos même du film, il prolongeait ou annonçait le tournage dans le désert de Monument Valley…

*Tes propositions musicales se sont-elles parfois heurtées à des refus extérieurs ?*

Après avoir tourné les pièces de Bartók et d'Enesco avec Menuhin, je lui avais suggéré de jouer la *Music for Solo Violin* de Harry Somers et la *Sonate pour violon seul*, voire tout un concert Bartók lors de son prochain passage à la salle Pleyel. « Quelle merveilleuse idée, cela fait longtemps que je ne les ai pas jouées à Paris. » Yehudi a transmis ses instructions, et j'ai reçu peu après un coup de téléphone furibond de son agent : « De quoi vous mêlez-vous ? Voilà 13 % des recettes qui partent aux sociétés de droits d'auteur... » Yehudi a tenu bon.

Les chefs d'orchestre sont soumis à plus de contraintes encore que les solistes, ce qui fait parfois traîner des projets. Sans être opposé à mes films, un agent peut ne pas leur être favorable non plus, puisqu'ils ne s'intègrent pas à son plan média. Cela ne pousse pas à ouvrir le répertoire.

*Faut-il parfois forcer le sort et faire preuve d'audace ?*

Pour mon film sur Guennadi Rojdestvenski, *Profession chef d'orchestre* [*op.* 70, 2002], nous avons retenu des œuvres rejetées par le pouvoir et la vulgate soviétiques. En particulier *Zdravitsa*, cantate écrite par Prokofiev à la gloire de Staline, qui suscite aujourd'hui encore de violentes réactions. Elle correspondait parfaitement aux enjeux d'un film sur la relation entre les musiciens et le monde politique.

*Les qualités musicales d'une œuvre n'entrent donc pas toujours en compte dans tes choix ?*

Une pièce légère ou mineure peut devenir joyau. Imaginons un dilemme : l'intégrale de Chostakovitch ou bien une *Romance* de Vieuxtemps enregistrée par David Oïstrakh ? Je serais probablement enclin à sacrifier tout Chostakovitch, que par ailleurs je trouve aujourd'hui surévalué, plutôt que d'être à jamais privé du bonheur d'entendre Oïstrakh, même dans une pièce mineure. Une œuvre musicale importante peut être goûtée par la pensée sans recourir à un support sonore effectif, mais la sonorité d'Oïstrakh ne saurait se concevoir sans le phénomène tangible de l'écoute ou de l'image. Je serais prêt à aborder n'importe quelle œuvre, même une partition pour laquelle je n'éprouverais au fond qu'indifférence, dès lors que l'interprète choisi saurait l'animer un peu, la rendre charnelle.

*On touche là à une tension centrale à la musique. D'un côté elle se lit, se pense, c'est une abstraction cérébrale ; de l'autre, elle prend cet aspect sensuel qui permet à une romance de Vieuxtemps de te faire chavirer.*

Ce n'est pas la romance de Vieuxtemps qui me fait chavirer, mais le chant du violon d'Oïstrakh. C'est tout le péril d'« instruments » comme la voix ou le violon. Ils sont tellement beaux par eux-mêmes que l'on peut passer outre les considérations musicales. On peut aimer à la folie les roucoulades de Bellini, de la même manière que je réagis encore avec émotion au *Caprice basque* de Sarasate par le jeune Menuhin.

Mais cela concerne les instruments qui ont un charme en tant que tel. Le piano n'a pas cette dimension. Historiquement, les plus belles partitions ont été écrites pour cet instrument qui est suffisamment neutre, pas pour le chant ni le violon — hors quatuor à cordes, bien entendu. Le piano a été incroyablement bien traité par les compositeurs. C'est sa grandeur, mais aussi sa limite : à force d'être bien traité, il s'impose comme centre d'intérêt principal et devient tout bêtement pianistique. À ce moment-là, le piano perd de sa valeur.

*Comment tiens-tu les deux extrémités d'un projet : rigueur intellectuelle d'une part, sensibilité de l'autre ?*

Filmer les *Variations Goldberg* ou les *Diabelli* suppose de mener une analyse ambitieuse tout en donnant à voir le plaisir du son. L'analyse de l'œuvre ouvre pour un large public les portes de la jouissance musicale. C'est quelque chose d'assez subtil : il faut faire appel à la mémoire du spectateur de manière subreptice. On ne peut attaquer de face un monstre sacré, surtout avec un public dont la majorité ne sait pas, par exemple, en quoi consiste une fugue. Il n'est pas question de le lui expliquer, mais il faut en dégager quelques miettes significatives pour le mettre en appétit.

Par exemple, *Scènes de quatuor* [*op.* 64, 2001], le film sur le Quatuor Artemis et la *Grande Fugue* de Beethoven, n'est certes pas aussi complexe que l'œuvre en question, mais il est déjà passablement construit. Il est structuré de façon à conduire le spectateur vers la *Grande Fugue*, une des partitions les plus complexes qui aient jamais été écrites pour quatuor à cordes. Rien d'étonnant qu'elle reste difficile d'accès. À chaque fois que je rencontre quelqu'un affirmant ne rien comprendre à la musique du XX^e^ siècle, je lui rappelle la réaction de l'auditoire à la première de la *Grande Fugue* à Vienne en 1826 : accueil glacial, incompréhension totale, silence. Beethoven eut beau traiter les auditeurs d'ânes et de bœufs, c'était une partition inaudible à la première écoute ; et elle l'est restée.

Je souhaitais rendre accessible ce monument musical en répandant comme un venin divers ingrédients permettant à l'auditeur spectateur de mémoriser des points de repère. Tout cela était distribué à travers l'ensemble du film, au lieu de se trouver concentré en une seule séquence introductive ou pédagogique. Je crois qu'effectivement, devant l'énigme d'œuvres immensément complexes, nous avons besoin de balises peu à peu installées dans nos mémoires pour les rendre vraiment efficaces lorsqu'on entend la partition un peu plus tard dans son intégralité.

En cela, filmer, c'est bien plus qu'apporter un ensemble d'images ou faciliter une décomposition musicologique. Cela permet de visualiser l'œuvre sous forme sensible et presque affective. Avec *Scènes de quatuor*, j'ai en quelque sorte tenté une *Grande Fugue* à visage humain. Comment entrer sereinement dans cet entrelacs ? Grâce à une imbrication avec la vie quotidienne des quatre instrumentistes. J'ai écrit le film comme un contrepoint nourri par la vie de quatre personnes qui passent beaucoup de temps dans une redoutable promiscuité... et je l'ai appelé *Scènes de quatuor*, par référence aux scènes de ménage possibles. Paradoxalement, il me semble qu'on pénètre mieux dans l'émotion, dans la jouissance de cette architecture, en y ajoutant une strate plutôt qu'en la retirant...

*Arrive-t-il que l'artiste et la partition entrent en concurrence ?*

La justification ultime, ce n'est pas tant l'œuvre que l'interprète : l'œuvre peut bien se passer d'un film, comme elle l'a fait pendant des siècles. La plupart des partitions n'ont jamais été filmées. Je crois que c'est vraiment l'interprète qui est en jeu et, d'une certaine manière, le réalisateur, le ciné-interprète, puisque sa vision devient cruciale.

## LA CAMÉRA COMPLICE

*Au-delà du choix des œuvres filmées, quel rôle joue la complicité de l'interprète et du ciné-interprète lors des tournages ?*

Faire participer l'interprète à la construction du cadrage et lui demander de prendre telle ou telle position lui permet de saisir ce que mon approche a de musical. Paradoxalement, plus la préparation d'une scène est méticuleuse et la caméra présente, plus l'interprète l'oublie. Dans le même temps, expliciter son projet d'un bout à l'autre à ses acteurs est impossible. Il faut savoir remplacer les explications par la confiance réciproque, naviguer entre le trop et le pas assez.

Le travail sur une partition qui exige un réglage méticuleux des cadres, comme pour *La Jeune Fille et la mort* [*op.* 57, 1996], les *Variations Diabelli* [*op.* 63, 2000] ou les *Caprices* de Paganini [*op.* 38,

1989], peut éveiller l'intérêt des musiciens, contribuer à les libérer de considérations musicales, jusqu'à faire disparaître l'instrument et son jeu. Dans *La Jeune Fille et la mort*, on avait prévu un plan qui imposait d'installer le violoncelle sur une table pour activer les cordes de façon très précise. Ce très gros plan montrait jusqu'au relief torsadé des cordes et leurs vibrations. Pendant que je manipulais l'instrument, Valentin Erben, le violoncelliste, observait la scène amusé, curieux d'imaginer comment j'allais intégrer ce plan dans le film.

*Il t'est aussi arrivé de cacher la caméra.*

Oui, pour le film sur Richter, *L'Insoumis* [*op.* 58, 1995-1998[1]]. Il ne s'agissait pas de clandestinité mais d'éviter qu'il ne se sente envahi. Ce n'est pas qu'il refusait la caméra, il ne voulait simplement pas l'avoir dans son champ de vision. Il savait qu'on tournait mais en refusait les signes extérieurs. Toute lumière artificielle était exclue, nous ne pouvions filmer qu'en lumière naturelle. Mais le soleil changeait de position à mesure que le tournage avançait. Il nous fallait donc constamment adapter les horaires. Richter s'y prêtait avec une grande docilité.

En général, je fais tout pour ne pas être perceptible, parce qu'il est étonnant de voir à quel point chacun d'entre nous modifie insensiblement son comportement dès qu'un objectif surgit. Cette mise en scène de soi est déconcertante. Il y a des interprètes qui ne sont pas affectés par la présence de la caméra, qui ne jouent pas de rôle. La caméra révèle leur personnalité, leur réalité, parfois leur timidité, poussée jusqu'à la peur de se montrer tel qu'on est. D'autres cabotinent dès qu'elle apparaît : ils se sentent revivre, cela fait partie de leur existence. Sitôt la caméra disparue, ils redeviennent ternes. Et puis il y en a d'autres encore, comme Glenn Gould, qui était un très grand comédien tout en restant complètement lui-même. On sent alors le bonheur palpable de filmer quelqu'un sans interférence due à la présence de l'appareil.

*Mais la plupart du temps, la caméra est intrusive.*

Parfois d'une façon dont on n'a pas idée en regardant le résultat final. Il y a un abîme entre les mouvements de caméra imposés aux musiciens et la simplicité de ce qui apparaît au spectateur. J'ai

1. Sur la production de cet *opus*, voir le chapitre 6, « La fabrique du film », p. 208-209.

en tête un passage du finale de *La Jeune Fille et la mort*, dans lequel le second violon, puis le premier jouent successivement le même motif rythmique. Je voulais que les deux instrumentistes apparaissent dans le même plan : d'abord le second violon au premier plan, jouant ce dessin rythmique avec la silhouette floue du premier violon en arrière-plan. Puis, dès que le premier violon reprenait le motif, on faisait le point sur lui, le second devenant flou à son tour. Or la caméra ne parvenait pas à réaliser ce petit effet, faute d'une distance suffisante entre les deux instrumentistes. Il a fallu placer le premier violon à douze mètres du second pour réussir cet effet, tout en créant l'illusion qu'ils siégeaient côte à côte.

*De quelle manière les musiciens accueillent-ils ce genre d'impératifs ?*

Cela varie d'une génération à l'autre. Alexander Markov acceptait avec enthousiasme ; il était facile de lui expliquer les raisons de tel ou tel plan, il était partant pour tous les coups, prêt à grimper au haut d'une grue avec son violon s'il le fallait[2]. Günter Pichler, premier violon du Quatuor Alban Berg, un peu austère, était... disons plus retenu. Quant à Glenn, il s'est adapté sans mal au protocole des films que nous avons tournés sur Bach [*op.* 20-22, 1979-1981] : un homme et son piano, rien d'autre. L'image se contentait de témoigner, l'échange verbal prédominait alors.

On ne mobilise pas un orchestre au grand complet comme un soliste ou un quatuor. La routine établie d'un orchestre est tellement lourde ! Faire bouger la chaise d'un musicien devient un exploit. Dans ces conditions, filmer implique une débauche d'énergie et de moyens — pas facile de parvenir à la frugalité dans un tel contexte. Je t'ai déjà raconté ma découverte des « avantages de la pauvreté » dans les archives soviétiques[3] : plans longs, modestes, bien cadrés. Même si des raisons économiques expliquent cette esthétique de la frugalité, je suis parfois tenté de faire vœu de pauvreté... Mais il n'y a pas de règle : il faut s'adapter à chaque projet sans modèle préétabli.

*Tu prépares pourtant soigneusement tes tournages en amont.*

Toujours, mais j'ai parfois des surprises, qui me conduisent à revenir sur certaines options. Lorsque nous avons réussi à capter un récital

2. Sur ce tournage des *Caprices de Paganini*, voir le chapitre 8, « Questions musicales », p. 247-250.

3. Sur la sobriété de ces documents et leur influence, voir le chapitre 7, « Le travail des archives », p. 225.

de Grigori Sokolov en 2002 [*op.* 67, 2002], le programme comportait la *Septième Sonate* de Prokofiev dont le finale se prête a priori à un découpage rapide. Grigori aborde cette figure rythmique entêtante dans une nuance *piano* pour ménager, quatre minutes plus tard, un crescendo cataclysmique. On a l'impression de disparaître dans les entrailles de la terre. J'avais prévu cinq caméras tournant en continu et, dans mon découpage, je variais énormément les distances, les angles et les valeurs de plan. Je croyais que cela permettrait de restituer ce rythme effréné. Je me suis aperçu au montage que la succession de plans brefs et rapides fonctionnait moins bien qu'un simple plan-séquence soulignant l'accumulation d'une énergie vertigineuse. Comme quoi, la frugalité…

*Dans la note d'intention de ce récital, tu disais espérer « grâce au pouvoir évocateur d'une image qui suit au plus près la réalité d'une partition, créer chez l'auditeur spectateur le sentiment de participer, au-delà de l'interprétation, à la musique elle-même ».*

Sokolov relève d'un mode d'être à part, il y a chez lui une dimension pianistique sans équivalent. J'essaie de donner accès à son monde. La seule fois où il a accepté de mettre les pieds dans un studio d'enregistrement, il est arrivé en frac, chaussures vernies, nœud papillon…

Éprouve-t-il une lassitude après cinquante ans de récitals ? Il a choisi ce mode très particulier qui consiste à fixer un programme pour toute la saison, sans jamais revenir aux mêmes partitions les années suivantes. Comment parvient-il à créer une telle concentration soixante-dix fois par an ? La caméra pourrait nous faire entrer dans ce monde qui a sa logique propre, hors de l'histoire et hors du temps. J'espère un jour affronter cette intensité, qui lui permet de recréer sur scène une extraordinaire fraîcheur.

*Résiste-t-il encore à ta proposition de tourner un portrait ?*

Nous avons beau être assez proches, à chaque fois que j'essaie d'en poser les jalons, il objecte : « Quel intérêt ? Je donne des concerts, c'est tout ce que je sais faire. » Cela fait près de vingt ans que j'essaie de le convaincre. D'ailleurs, j'ai déjà une petite idée visuelle : lorsqu'il donne un récital, Grigori arrive au théâtre à 10 heures, répète d'arrache-pied et se lève régulièrement pour tourner autour de son piano, mains dans le dos. Au bout de quatre minutes montre en main, il se rassoit au clavier. J'ai filmé ces tours de piste et j'aimerais les utiliser en guise de leitmotiv accompagné d'une voix off, la sienne. Il suffirait de le faire parler sur des thèmes décidés ensemble et de découper ensuite cette parole comme de la dentelle par fragment de quatre minutes. Entre-temps, il interpréterait des œuvres de son répertoire ou certaines pièces qu'il joue parfois pour son plaisir. Je pourrais ainsi transformer cette habitude en principe cinématographique, et même théâtral : unité de lieu, de temps et d'action ; dépouillement visuel, économie de moyens.

Il faudra encore des années pour créer les conditions d'un projet commun. Il connaît très bien mes films, me les a longuement commentés, mais cela ne déclenche visiblement pas d'envie particulière chez lui. La puissance de sa résistance me conforte dans l'idée qu'il y a matière à un film formidable.

*Ces traits de personnalité rappellent l'ingénuité d'un Sviatoslav Richter à l'égard du film.*

Richter était lui aussi très éloigné des enjeux habituels du *star system*, débarrassé de tout ego. Il avait sollicité un portrait, mais restait réfractaire aux exigences et aux contingences de l'exercice. *L'Insoumis* est en un sens mon pire souvenir de réalisateur, parce que j'étais contraint à une improvisation totale : accord tacite jamais formulé, expédients au jour le jour, bricolage[4]...

Pour ce tournage, nous étions à Antibes avec cette malheureuse caméra utilisable à peine quelques heures par jour. Beaucoup de choses se succédaient hors-champ et m'échappaient, mais il n'était pas question de demander à Richter de les refaire pour la caméra. Un soir où il était en forme, il s'est trouvé saisi d'une frénésie de parole : « Est-ce que je vous ai raconté l'histoire de la *Neuvième Symphonie* de Chostakovitch ? » Il me l'avait partiellement racontée à Paris un an et demi plus tôt. Je lui ai proposé de garder l'anecdote pour le lendemain après-midi. Peine perdue, il avait commencé à me dépeindre le tableau : Chostakovitch qui le convoque chez lui pour déchiffrer à quatre mains sa *Neuvième Symphonie* à peine achevée, joue mal, accélère, abuse de la pédale. La lecture finie, il lui sert du cognac. Richter est bientôt complètement ivre et se retrouve dans la rue en plein mois de mars. Il tombe dans le caniveau jusqu'au petit matin.

Je ne lui avais jamais vu un tel humour ni un tel sens de la narration. J'étais bien décidé à lui en réclamer une nouvelle version devant l'objectif. Le lendemain, la caméra est prête et, avant de la

4. Sur le tournage difficile de cet *opus*, voir le chapitre 6, « La fabrique du film », p. 196-197.

lancer, je lui demande de répéter son récit. Il me regarde comme si j'étais l'idiot du village : « Mais je vous l'ai déjà raconté hier ! » Il était totalement indifférent à la présence de la caméra. Pas question de jouer un rôle. L'exact opposé de Fischer-Dieskau, avec lequel tout était préparé. Pour filmer Richter, il fallait improviser au jour le jour, ce qui n'est guère compatible avec la réalité d'un tournage. Mais c'est aussi cela qui explique le caractère détonnant et le ton assez unique de ce film.

*T'est-il arrivé de faire bénéficier d'autres réalisateurs de la confiance établie avec tel ou tel interprète réputé d'approche difficile ?*

J'ai croisé un jour une jeune réalisatrice, Dominique Pernoo, qui souhaitait impliquer Fischer-Dieskau dans un projet embrassant le Lied, Schumann, la nature, la poésie allemande… Elle l'avait rencontré sans succès et, avec notre productrice commune, Hélène Le Cœur, nous avons imaginé faire d'une pierre deux coups : résoudre les problèmes de financement de *Paroles ultimes* [*op.* 86, 2008-2013] et mettre les scènes à disposition de Dominique. J'avais à cœur de créer un cercle vertueux, grâce auquel la confiance accordée à l'un puisse bénéficier à l'autre. À la faveur d'un tournage serein, j'ai peu à peu orienté Dietrich vers le Lied, la poésie allemande et tout ce qui pouvait intéresser Dominique. J'avais apporté un disque, l'un de ses plus beaux enregistrements de Schumann, « Stirb, Lieb' und Freud' », pour qu'on l'écoute ensemble. J'ai songé à Dominique, au plaisir qu'elle aurait à le voir immergé dans la musique. Le visage de Dietrich réagissait à la moindre modulation : un sourcil qui se lève à peine, un rien. J'étais ravi de cette séquence, résultat d'un long compagnonnage, qui allait permettre à une collègue de monter son projet.

*Plusieurs de tes films semblent avoir pour programme ce partage d'un état de grâce : montrer la relation à la musique comme une forme de bonheur.*

La plupart de mes collaborations avec Yehudi entrent dans ce registre. C'était également le cas du portrait de Nicolas Rivenq [*op.* 43, 1990]. Nicolas portait déjà une euphorie continue, une sorte d'évidence du bonheur. Dans sa manière d'être, il assimile le chant à la joie, ce qui ne va pas de soi. D'autres incarnent plutôt une dimension tragique ou dramatique du chant, ou encore une forme de souffrance, d'exploit. Rien de tout cela avec Nicolas. Le film surlignait volontairement ce plaisir, en particulier dans sa façon de camper les rôles autant qu'il les chantait. Pour donner à voir son exubérance, je l'ai filmé au volant de sa voiture : il ne pouvait pas s'arrêter, il jouait les personnages, sautait de l'un à l'autre, modulant sa voix tout en conduisant. J'ai voulu montrer Nicolas incarnant le chant lui-même, le pur plaisir du son. C'est sans doute l'un des miracles de la musique : même tragique ou nostalgique, elle porte en elle un appétit du présent, le bonheur de faire et de partager.

## COUPS DE FOUDRE MUSICAUX

*Plus encore que la découverte d'un talent, nombre de tes films expriment aussi le plaisir d'un pari sur l'avenir.*

Le chef d'orchestre Bruno Walter disait qu'il aurait donné n'importe quoi pour réentendre la *Symphonie en sol mineur* de Mozart pour la première fois. La découverte d'un talent est aussi stimulante que celle d'une partition majeure. Il y a dans la première fois une forme d'excitation qu'on a du mal à retrouver par la suite.

*Comment surgissent ces découvertes ? Es-tu en état de veille permanente ?*

La grande règle en la matière, c'est précisément l'absence de règle. La rencontre peut se faire sur des années comme dans l'urgence, concerner un artiste renommé aussi bien qu'un inconnu total, surgir au moment le plus malcommode... On ne saisit qu'après coup ce qui s'est passé, comme dans les rencontres amicales. Parfois, le contact s'établit en dehors même de la musique, très loin de l'idée de faire un film ensemble.

Ce fut le cas avec David Fray. J'ai présenté *Glenn Gould, au-delà du temps* [*op.* 73, 2006] à la Cinémathèque de Montréal. Après la projection, une question des spectateurs m'a pris au dépourvu. Elle concernait la séquence tournée à Moscou, montrant le public écoutant Gould restitué par un petit enregistreur posé sur scène. Il y avait un piano, sans pianiste ni concert, juste l'écoute. La question était : « Est-ce Ingmar Bergman qui vous a inspiré cette séquence ? » Je n'y avais jamais pensé. La réponse immédiate était donc négative. Mais la question était loin d'être idiote, j'ai commencé à réfléchir à voix haute. Il était temps de sortir et, dans la cohue, le même spectateur m'a relancé sur une autre piste assez pointue qui m'a fait lui dire : « Vous êtes musicien ? » C'était David Fray. C'est sa culture cinématographique qui a amorcé une amitié devenue musicale et humaine, nous donnant l'envie de travailler de manière prolongée.

J'éprouve à chaque fois la conviction qu'il s'agit de talents qui ne me touchent pas moi seul. Ils sont suffisamment exceptionnels pour atteindre un public bien plus vaste. Et ils acceptent d'en prendre le risque. Surtout dans le cas d'un interprète qui n'a pas encore de carrière, comme Valeriy Sokolov : il ne s'agissait pas tant de faire un « film sur » qu'« avec » un étudiant [*op.* 72, 2004].

*En quoi l'artiste court-il un risque ?*

Certains films suscitent une forte hostilité, l'interprète peut se retrouver associé à une certaine « image de marque ». Mais le véritable risque, c'est d'accepter un film sur soi. J'ai mis du temps à réaliser à quel point il est dur d'accepter le regard qu'un autre porte sur nous. Ce que le film finit par montrer d'un artiste, c'est rarement sa personnalité telle qu'il la perçoit lui-même… Il peut être à la fois flatté et terrorisé à l'idée de ce regard étranger qui vient le sonder. C'était le cas de Piotr Anderszewski et c'est pour cette raison qu'avant de dresser son portrait, nous avons commencé par filmer des œuvres comme les *Variations Diabelli* ou des concertos de Mozart [*op.* 66, 2003].

*La prise de risque ne te concerne-t-elle pas aussi dans la mesure où il faut convaincre décideurs et financeurs avant de réaliser un film et, à plus forte raison, un film sur un jeune talent ?*

Quand on se lance dans une pareille histoire, on sait que cela va être extraordinairement coûteux en engagement et en ténacité. Faire un film, quel qu'il soit, quel que soit son sujet, son héros, consiste à éprouver une émotion forte ; et à lui donner un sens qui nous dépasse, d'ordre universel. Comment transmettre cette émotion si je n'y succombe pas en tout premier ? Pour ma part, j'ai besoin d'être littéralement subjugué, même si je cherche à comprendre les contraintes budgétaires et la logique des producteurs. Il faut remuer tant de tiédeur ! Les responsables de chaînes ont eux aussi besoin qu'on les émeuve. Je le fais de manière spontanée, sans chercher à exagérer le talent que je veux filmer. Dans un face-à-face personnel, j'arrive généralement à convaincre : le ton de la voix fait passer ce qui, sur le papier, peut sembler exagéré. Il est très difficile de doser l'enthousiasme dans l'écriture.

*Tu évoquais ta rencontre de Valeriy Sokolov. Ce fut vraiment une découverte, ce qu'on pourrait appeler un « événement » musical au sens de « ce qui advient », vous tombant dessus sans crier gare.*

C'était le 27 avril 2003, j'étais invité à l'École Menuhin. J'avais hésité à accepter cette invitation : retourner dans ce lieu magique où tout portait la marque de son fondateur, mais sans lui… J'étais donc arrivé ému, et sans doute passablement tendu. La journée avait été organisée autour d'une projection de *L'Art du violon* [*op.* 62, 2000], suivie d'une rencontre avec des élèves. Je me suis retrouvé à écouter un certain Valeriy Sokolov, dans une salle de l'école. Ce n'était pas au programme. Valeriy, à peine seize ans, venait du fin fond de l'Ukraine. Il m'a joué la *Troisième Sonate pour violon seul* d'Eugène Ysaÿe. Partition redoutable, mais qui n'est tout de même pas un Himalaya musical. Pourtant, ce que j'ai entendu est venu bouleverser mon existence. Je ne m'attendais pas à être à nouveau témoin de ce type d'expérience. Il y avait chez Valeriy une innocence et une grâce totalement dénuées de théâtralité. Pas la moindre contorsion, l'évidence du geste, du phrasé, de la tenue.

*À quel moment cette évidence musicale s'est-elle transformée en volonté de filmer ?*

Instantanément ! Il ne s'agissait pas de faire un film « sur » un enfant prodige ; je voulais l'accompagner, le saisir dans ce tout début de trajectoire, et l'urgence impliquait de tourner sans attendre. Cette rapidité faisait partie du projet, elle n'avait rien à voir avec de l'impatience : il fallait capter ce moment qui ne se reproduirait plus. C'était précisément cela qui était fascinant. Le tournage a commencé en septembre 2004. Dix-huit mois seulement pour mener à bien le projet éditorial, financier, logistique. Je ne sais même pas comment j'ai fait pour dégager la disponibilité nécessaire tout en menant de concert mes autres activités. Je me souviens quand même avoir, pour ce film, recouru au chantage.

*À l'égard de qui ?*

Depuis le Canada, où je me trouvais en repérage, j'ai envoyé un courriel à mes producteurs. Nous étions dans la dernière ligne droite de la préparation de *Glenn Gould, au-delà du temps* et je leur ai déclaré sans ambages : « N'oubliez pas que l'existence du *Gould* — qui était une évidence pour eux — est soumise à la réalisation du projet

Valeriy Sokolov. » D'emblée, ils avaient considéré que ce projet leur coûterait beaucoup d'énergie pour un résultat hypothétique. « Pas de Gould sans Sokolov », tel est le biais que j'avais imaginé pour leur insuffler l'énergie nécessaire...

De mon côté, je me suis démené, jusqu'à rencontrer Jérôme Clément, le président d'Arte pour souligner que ce projet devait aboutir à tout prix. Autant de démarches que je ne souhaite pas renouveler trop souvent, mais qui me semblaient la condition *sine qua non* de ce projet qui allait devenir *Le Violon dans l'âme* [*op.* 72, 2004].

*Tu m'as montré un jour le registre des concerts auxquels tu assistes. Le tiens-tu toujours ?*

Oui, mais il est moins nourri parce que je vais de moins en moins au concert. Dans les années 1970, je fréquentais assidûment les salles, c'était aussi une façon d'élargir ma culture musicale, de découvrir du répertoire. Désormais, j'ai une certaine suspicion envers l'institution-concert. De sorte que je vais surtout y écouter mes amis.

*Mais alors, comment surgissent les têtes nouvelles ? Ne risquerais-tu pas aujourd'hui de manquer un Alexander Markov, repéré par les hasards d'un concert new-yorkais*[5] *?*

J'aurais eu tort de rater Markov il y a plus de trente ans, mais je commettrais une erreur en m'y prenant de la même façon aujourd'hui. Un carnet d'adresses n'est pas indéfiniment extensible, pas plus qu'un réseau d'amitiés. Multiplier les contacts implique nécessairement que d'autres liens se distendent. Le concert ne me semble plus un moyen privilégié, sauf s'il s'agit d'une œuvre que je veux vraiment découvrir. Mais me rendre dans une salle pour un interprète inconnu, c'est rare. Et plus rare encore que cela débouche sur une relation artistique forte.

Mais tu as raison, et il y a un contre-exemple tout récent : Klaus Mäkelä. Rencontre exceptionnelle et féconde, née d'un hasard, et même d'un malentendu. En avril 2021, le *Concerto pour alto* de Bartók était programmé à la Philharmonie de Paris, joué par Antoine Tamestit. C'est une œuvre qui m'a toujours intrigué, j'y suis allé sans même avoir idée du nom du chef. Et là, miracle. Je n'ai

5. Sur cette rencontre, voir le chapitre 8, « Questions musicales », p. 247-248.

même plus regardé l'altiste tant je me suis trouvé saisi, dès les premières notes, par le chef : l'intimité qu'il manifestait avec l'orchestre, l'évidence de son imagination, sa capacité à proposer une lecture renouvelée... Le lendemain, plein d'enthousiasme, j'appelle mon producteur Pierre-Martin Juban, qui me répond : « Mais enfin, cela fait un an que je t'en parle ! »

*Comment s'est déroulée votre première rencontre ?*

Je me suis rendu au festival de Verbier l'été suivant, où le jeune Mäkelä dirigeait la *Deuxième Symphonie* de Schumann. J'ai assisté à la répétition et j'en suis sorti subjugué. Nous nous sommes rencontrés et j'ai tout de suite senti que le courant passait. Idéale Audience filmait le concert. J'ai demandé les rushes de la caméra fixée en continuité sur le chef. Je me suis adonné à ce petit exercice dont j'avais depuis longtemps très envie, et dont nous avons déjà parlé : imaginer une symphonie filmée avec la caméra intégralement dédiée au chef, et au chef seul[6].

Le lendemain, avant de repartir pour la Finlande, il m'a envoyé un petit mot. Il était clair que nous allions nous revoir, ce qui fut le cas lorsqu'il est revenu diriger l'Orchestre de Paris en septembre. Mais tant qu'on reste dans une ambiance de concert, que ce soit avant ou même après, l'artiste n'a pas la disponibilité nécessaire à l'émergence éventuelle d'un projet. Puis un beau jour, les calendriers se sont alignés, et je suis allé chez lui à Helsinki, accompagné de mon producteur.

*Était-ce une sorte de repérage des lieux ?*

Rencontrer un artiste dans son élément, découvrir l'appartement dans lequel il vit, l'univers dont il s'est entouré, c'est une sorte de preuve par neuf. En tout cas une confirmation de certaines intuitions, une validation des premières hypothèses. Son appartement au cœur d'Helsinki est très ouvert, lumineux, très ordonné, des tableaux scandinaves contemporains au mur ; lui-même élégant, précis, sans une once de vanité. Un artiste très libre, dans un appartement pas du tout classique.

Je lui ai fait part de mon envie de tourner un portrait *avec* lui, plutôt que *sur* lui. Il a répondu qu'il s'en doutait bien et que, pour

6. Sur ce prototype, voir le chapitre 1, « Mettre en images », p. 23-26.

cette raison, il avait jusque-là décliné toutes les propositions de film. Il m'attendait en quelque sorte, c'était sa façon de me dire oui par avance. Cela tient d'une histoire d'amour artistique. L'acceptation d'un portrait est parfois une étape douloureuse de la part de l'artiste. Là, ce fut instantané, alors qu'un an plus tôt je n'avais pas même entendu son nom.

*Pourquoi la présence de ton producteur à ce stade ?*

Elle a d'emblée permis de formuler l'ambiguïté de la situation : Klaus venait d'arriver à la tête de l'Orchestre de Paris, événement médiatique qui facilite habituellement le financement d'un projet. Or cette actualité ne m'intéresse pas — pire, elle me gêne. J'ai toujours cherché à éviter l'actualité. La situation pouvait donc créer un malentendu avec les financeurs : nous leur proposions d'accompagner l'événement parisien Mäkelä, tandis que nos intentions portaient sur le chef où qu'il soit, à Oslo comme à Amsterdam... Un autre point central justifiait à lui seul la présence de Pierre-Martin Juban à Helsinki : il fallait instaurer avec Mäkelä une collaboration qui permette de le suivre également sur scène.

*À la façon du couple Karajan-Clouzot ?*

L'avenir dira si la comparaison est pertinente. En tout cas, au-delà de sa réflexion sur la sonorité de l'orchestre, Karajan avait élaboré une vision parfaitement claire et personnelle du rôle des films, des rapports entre image et processus musical. Mi-artiste mi-homme d'affaires, il a développé une stratégie cohérente sur le long terme — avec plus ou moins de bonheur.

Klaus a tout de suite saisi l'enjeu de la « question du film ». Lui-même est né dans le numérique, il est passionné par les questions d'enregistrement, d'image et de montage. Et je sais également que je bénéficierai de sa complicité et de son entière collaboration. Cela me rappelle notre situation initiale avec Glenn Gould.

*Qu'ont donné vos entretiens ?*

Klaus va s'efforcer de mettre la main sur toutes les archives qui pourraient nous intéresser, parmi lesquelles des séances de travail avec son vieux maître, Jorma Panula. Ce pédagogue légendaire de quatre-vingt-treize ans a formé une pléiade de chefs scandinaves désormais en poste dans le monde entier. Il les faisait travailler avec un « orchestre de poche » renforcé par deux pianos, se postant dans un coin pour observer en silence. À l'apprenti de déchiffrer des indications sur le visage du maître.

*Tel le maître-archetier taciturne de Mirecourt que tu as dépeint dans* L'Archet des rois *[op. 10, 1976] ?*

À ceci près qu'ici, la « leçon » est filmée : aussitôt après la séance, étudiant et maître descendent dans les caves pour la visionner. Panula commence à expliquer ce qui ne va pas, ce qui aurait été possible... Il s'appuie exclusivement sur la partition, ne revendique ni théorie de la direction d'orchestre ni catalogue de gestes à respecter. Je pressens que ces archives se montreront très éclairantes lorsque nous aborderons avec Klaus sa méthode de direction. Le fait de recourir à l'image filmée pour analyser une gestuelle est évidemment intéressant pour un « ciné-interprète ». Mais à ce stade, je ne sais pas si je chercherai à rencontrer Panula — une intuition me dit que cela risquerait de me dévier du cœur du film.

*Prenons un autre exemple récent, le Quatuor Arod. Une fois n'est pas coutume, je te soumets cet extrait de nos entretiens qui remonte à l'été 2020, alors que tu venais de les découvrir.*

> *Tu les as déjà rencontrés ?*
>
> Jamais. J'ai écouté leur disque de Webern, Schoenberg et Zemlinsky : de tout premier plan. Il m'a donné envie d'en savoir plus et, pour une fois, j'ai fait ce que je ne fais jamais : un tour sur YouTube, où j'ai trouvé quelques enregistrements : un *Quatuor en sol majeur* de Haydn, un extrait du *Fa mineur* de Mendelssohn à couper le souffle. Une incroyable précision dans les changements instantanés de couleur et d'intensité dynamique... Leur jeu dégage une énergie, une imagination tout à fait hors du commun.
>
> *Je croyais que le Quatuor Ébène était ton coup de cœur du moment ?*
>
> L'un n'empêche pas l'autre. Depuis nos dernières conversations, je réfléchis à un projet avec le Quatuor Ébène : *Souvenir de Florence*, avec Aleksey Shadrine comme second violoncelle et Adrien La Marca comme second alto. Les Arod sont du même carat et ils seraient visiblement partants. Le

problème, c'est que pour ce type de projet, il faudrait qu'ils acceptent de se libérer totalement. Au-delà des obstacles de calendrier, on se heurte toujours à la même difficulté : le tournage d'un film est d'une exigence dont les artistes sont rarement conscients. Mais j'ai bien l'intention d'aller les écouter et de leur en parler.

*Moins de trois ans plus tard, en décembre 2022, avait lieu la première de* Ménage à quatre *[op. 98, 2022], le portrait du Quatuor Arod.*

Entre-temps, nous sommes passés par de longues périodes de confinement : pas un concert à l'horizon, impossible d'aller les écouter en public. Or le concert, plus qu'un lieu de découverte, joue souvent à mes yeux un rôle de confirmation. C'est une sorte d'« épreuve de vérité » pour personnalités musicales. Faute d'écouter les Arod en concert, je me suis résolu à leur adresser une lettre, démarche qui n'est guère dans mes habitudes. Ils m'ont aussitôt répondu, surpris et touchés de mon intérêt. Mais j'ai dû attendre presque deux ans pour que l'occasion d'une rencontre se présente, avec un concert Ravel-Debussy à Semur-en-Auxois en octobre 2021.

Peu après, comme les Arod sont toujours à la recherche de lieux de répétition, je leur ai proposé de travailler chez moi. Cinq heures de répétition, tous les jours sauf le week-end et les jours de concert. À chaque fois, trente à cinquante minutes de travail sur l'intonation pour commencer : trois mesures d'un mouvement lent de quatuor de Haydn. Concentration absolue, pas de vibrato, une écoute de tous les instants. Au début, je les écoutais depuis la mezzanine, où ils ne pouvaient pas me voir. Le lendemain, je suis descendu et ils m'ont peu à peu sollicité : c'est aussi par cette écoute au long cours que se crée une complicité musicale.

*Comment ces répétitions ont-elles abouti à un projet de film ?*

Le premier jour, ils travaillaient quelques mesures du *Fa mineur* de Mendelssohn, le lendemain le *Mi mineur* de Beethoven. Chacun connaissait parfaitement sa partie et ils travaillaient avec acharnement, jusqu'à s'enivrer de ces fragments joués et rejoués. Parfois l'un d'eux se levait pour écouter les autres, parfois ils s'enregistraient. C'est cet acharnement que j'ai voulu capter, ce travail de fourmi plus explicite encore en quatuor que pour des solistes.

Le projet tenait en deux idées-forces : l'histoire longue du quatuor, genre extraordinairement accompli, de Haydn à aujourd'hui ; et l'aventure humaine, quotidienne, de ces quatre musiciens qui se plient à une discipline de fer. J'ai eu envie d'emmener le spectateur au cœur même d'un quatuor : comment l'intéresser à une seule note, à cette recherche de la justesse absolue ? Comment l'amener à ce niveau de minutie sans l'ennuyer, lui faire sentir le bien-être lié au partage de la justesse ? Il n'est pas question de filmer dans la continuité un travail lassant pour le spectateur, mais de le faire entrer dans une exigence minutieuse, de lui donner une idée de ce degré exceptionnel de précision. Il n'y a qu'un film pour apporter cela.

*Pourquoi as-tu aussitôt songé au* Quatuor à cordes *de Debussy ?*

Il y a dans cette partition fourmillante quelque chose qui incarne l'essence du quatuor, en particulier à cause de son mouvement lent, qui met en valeur la complicité entre les quatre interprètes. Je voyais d'avance les échanges visuels qu'il faudrait capter, imprévisibles, presque imperceptibles. Or il se trouve que les Arod ont dû jouer Debussy une dizaine de fois en 2021. Au moment du tournage, ils en avaient la pleine maîtrise. Le fait d'avoir une œuvre au répertoire peut sembler un détail d'ordre logistique, mais c'est en réalité une difficulté majeure sur laquelle j'ai souvent buté. Qu'en sera-t-il dans cinq ans ? Peut-être qu'ils ne le joueront plus. Leur exigence est telle que, pour parvenir au niveau de perfection souhaité, une œuvre doit être inscrite à leur répertoire actif. Après quoi il faudrait un long travail pour retrouver la pratique de cette partition. Le film est donc tributaire des tournées organisées dans les mêmes années.

*Où avez-vous tourné les premières images du film ?*

À Budapest, lors d'une rencontre avec György Kurtág, compositeur que je connais depuis une quarantaine d'années et dont les Arod donnaient les *Microludes*. Ils lui ont joué le *Troisième Quatuor* de Bartók, tourné à cinq caméras pendant deux journées. Kurtág a formulé toute une série de remarques qui les ont marqués au point que, le lendemain, ils m'ont appelé de Montpellier où ils venaient de rejouer l'œuvre : leur interprétation était totalement modifiée à la suite de cette rencontre et des conseils de Kurtág ! Nous avons ensuite sélectionné une salle parisienne pour le concert filmé, la Fondation Singer-Polignac, et j'ai par ailleurs organisé des tournages dans des lieux correspondant à chaque musicien : en Bretagne ou devant un écran d'ordinateur...

Filmer un quatuor à cordes tous les vingt ans, c'est un bon rythme. La décision commune s'est prise en très peu de temps. Mais tout cela dépend aussi d'un paramètre imprévisible : l'équation personnelle de l'amitié.

*Et cette amitié en croise une autre pour déboucher sur un « ménage à cinq ».*

Tu fais allusion au *Quintette* de Schubert avec Mäkelä au second violoncelle [*op.* 99, 2023] ? Klaus place la musique de chambre au-dessus de tout et, lorsque j'ai évoqué la possibilité d'un épisode en quintette avec les Arod, il était ravi. Malgré leurs agendas surchargés, nous avons réussi à caler des dates au printemps 2023, en plein tournage du portrait de Klaus [*op.* 100, 2023]. C'est l'un des rares épisodes qui soit organisé pour le film et pour le plaisir, sans relever d'un projet de concert ni d'enregistrement.

Ces deux rencontres récentes ont donc convergé vers le mouvement lent du *Quintette à deux violoncelles*, un chef-d'œuvre que je n'avais encore jamais filmé. C'est une œuvre que les Arod connaissent par cœur pour l'avoir beaucoup donnée en concert et je leur avais suggéré de rencontrer Klaus pour jouer ce mouvement entre amis, espérant que cela donnerait lieu à une séquence réussie. Après deux prises complètes, ils l'ont rejoué en s'arrêtant ici et là, à la demande de Klaus, qui voulait comprendre tous les choix du Quatuor afin de mieux se fondre en quintette. Le résultat était au-delà de mes attentes, au point que j'ai obtenu de monter intégralement le mouvement pour en faire un petit film autonome. Tous sont sortis de cette après-midi aux anges, « messmérisés » selon le mot de Mäkelä. Erato voudrait maintenant qu'ils enregistrent le *Quintette* complet...

*Ta carrière semble jonchée de coups de foudre musicaux et amicaux...*

Tous mes films sont des coups de foudre. Gilles Apap, Nicolas Rivenq, Marie-Claire Alain... c'était à chaque fois une vraie rencontre. Simplement, une fois le film tourné, il n'y a pas toujours de raisons de poursuivre au-delà du contact amical. Les artistes tracent leur vie, construisent leur carrière, leur trajectoire ne croise pas nécessairement celle de nouveaux films. Il arrive aussi qu'un film soit tourné longtemps après... ou bien que le coup de foudre se prolonge indéfiniment : on peut considérer qu'avec Yehudi, nous avons vécu une histoire au long cours, un coup de foudre perpétuel.

## LA FIDÉLITÉ À TRAVERS LES FILMS

*Qu'est-ce qui fait que les projets se poursuivent avec certains interprètes, mais pas avec d'autres ?*

J'aurais aimé poursuivre la collaboration avec certains artistes, comme Michael Tilson Thomas. Mais un autre facteur entre en jeu : la finitude d'un personnage. Un film la fait toucher du doigt. Il n'y a pas suffisamment de matière pour prolonger le propos, la substance se trouve comme épuisée. Seuls quelques artistes ont une épaisseur qui peut nourrir des approches successives.

Dans d'autres cas, comme avec David Fray, imaginer de nouveaux films me manque. J'aimerais beaucoup tourner à nouveau avec lui mais, jusqu'à présent, j'ai refusé ses propositions, par exemple les concertos de Bach à deux, trois et quatre pianos. J'adorerais les filmer, mais seulement si les conditions étaient réunies, sûrement pas en captation directe. Différentes pistes m'intéresseraient avec David. Encore faudrait-il parvenir à transmettre un éventuel enthousiasme à mes producteurs. De même, j'aurais volontiers tourné d'autres œuvres avec les Artemis, mais ils se sont séparés. La question est donc réglée.

*En revanche, Piotr Anderszewski fait partie des interprètes avec lesquels tu travailles sur le long terme.*

En dix années de collaboration, nous sommes parvenus à faire naître trois projets d'ampleur : *Les Variations Diabelli*, le portrait du *Voyageur intranquille* [*op.* 78, 2009], le Livre II du *Clavier bien tempéré* [*op.* 94, 2021]. Nous avons conçu son portrait autour d'une voix qui ressemblerait à un examen de conscience. Il n'y avait pratiquement pas d'entretien traditionnel ; tout était très écrit, ciselé, même. Quant au *Clavier bien tempéré*, il mûrissait depuis fort longtemps et nous avons fini par en tourner une bonne part à Hambourg en 2021.

Nous nous voyons très régulièrement, même en dehors de nos projets communs. Je reste fasciné par son questionnement permanent. Chez lui, rien n'est jamais définitif. Je crois entrer moi aussi dans son cadre de pensée, en tant que forme d'activité possible dans la durée : nous nous nourrissons réciproquement.

*Pourquoi tourner plusieurs films avec un même artiste ?*

La plupart du temps, ce n'était pas une volonté initiale. Cela s'est trouvé peu à peu comme ça, d'abord pour Menuhin et Gould, mais aussi pour Anderszewski, Rojdestvenski, Postnikova, et peut-être un jour avec Mäkelä...

Avec Fischer-Dieskau, en revanche, cela s'est déroulé de manière tout à fait délibérée. Nos premiers contacts remontent à 1988-1989. Après quelques échanges de lettres, je me suis rendu chez lui pour lui présenter un projet qui allait au-delà du simple portrait et comportait l'enregistrement d'un disque : j'avais suggéré au producteur Daniel Toscan du Plantier de lui demander d'enregistrer pour Erato des pièces qui sortaient de son répertoire courant, en particulier les mélodies de Duparc, qui comportent quelques chefs-d'œuvre absolus. Dietrich m'a répondu : « En Allemagne, les critiques considèrent que je ne sais pas prononcer le français. » Or je connaissais ses disques de Debussy, Fauré, Ravel ou Poulenc, et je savais qu'on n'y discernait pas la moindre trace d'accent allemand. Il avait d'ailleurs ajouté qu'il adorerait enregistrer les Duparc. Lorsque je lui ai demandé pourquoi il ne l'avait pas encore fait, il a rétorqué : « J'attendais une sollicitation. »

Voilà un artiste hors pair qui avait chanté quelque trois mille Lieder en hébreu, en russe, en norvégien, en anglais, en italien, mais aucun directeur artistique ne l'avait jamais sollicité pour Duparc ! Il lui fallait une occasion, et l'occasion était venue avec moi. Il a aussitôt exprimé son souhait de trouver un accompagnateur français, un pianiste qui aurait été dépositaire de la tradition française, de l'enseignement provenant en ligne directe de Debussy. Son souci premier était de s'assurer qu'il reproduirait le son tel qu'il le faudrait, d'une façon juste qui provoquerait en lui une résonance émotionnelle. Hélas, le disque n'a pas vu le jour.

*Comment êtes-vous entrés dans un projet au long cours ?*

Je lui ai déclaré d'emblée que j'aimerais commencer par filmer des récitals, de telle sorte qu'on ait de quoi nourrir le portrait ultérieur. Il s'agissait en quelque sorte de produire nos propres archives, mais nous avons vite buté sur des problèmes de répertoire. Il était d'accord pour un récital Schumann, mais très réticent sur Schubert, dont il avait déjà enregistré l'intégrale. C'était devenu son image de marque et il considérait ce récital filmé comme une réplique inutile du passé. Il sous-estimait à mes yeux le saut du disque au film, mais enfin je n'avais guère prise sur lui.

Lors de mon deuxième ou troisième voyage, nous sommes revenus sur la question. Il avait un nouvel argument : « De toutes les façons, les Lieder de Schubert que je chanterai cette année lors de mes récitals ne t'intéresseront pas, ce ne sont pas les plus populaires... » J'ai sauté sur l'occasion : « C'est curieux, parce que j'ai moi-même apporté une liste de ce que j'aurais voulu te demander de chanter. » Il s'est levé pour prendre le programme de l'année à venir, j'ai sorti ma liste : sur vingt-cinq Lieder, vingt-trois étaient communs. J'avais son feu vert pour Schubert et nous avons filmé ces deux récitals. Le projet prévoyait également des masterclasses sur Schubert, Schumann et en partie sur Mozart. Professeur de Lied allemand à la Musikhochschule de Berlin, Dietrich mettait son point d'honneur à respecter l'intitulé de sa chaire ; mais il a accepté finalement de consacrer un cours aux *Noces de Figaro*.

Les masterclasses comportent toujours le risque de voir l'enseignant dominer l'étudiant et le processus pédagogique. Pour l'éviter, j'avais imaginé de lui faire travailler les œuvres que nous avions filmées lors de ses récitals. Cela me permettait de passer de l'enseignement à Fischer-Dieskau filmé en train de chanter, puis au concert, le tout en recourant parfois à des faux synchrones : on entend un son qui a une provenance, alors que l'image a une autre source. La variété visuelle stimule et enrichit la continuité sonore, l'attention du spectateur est attisée par ces sautes de contextes.

*Cela supposait de prévoir en amont toutes les possibilités de transition, d'articulation, de basculement entre récitals et masterclasses.*

Cela impose en effet un film très construit et une méthode de tournage adaptée. J'avais installé dans la petite salle du conservatoire deux caméras fixes et une troisième mobile, capable de faire des travellings à tout instant. La difficulté de ce genre de situation, c'est la part d'improvisation qui empêche de savoir à l'avance ce qui va se passer. À quel moment l'élève va-t-il chanter ? Et combien de temps : trois secondes, dix minutes ? Que va faire le pianiste ? La difficulté consiste à capter le rapport de l'enseignant avec le ou les étudiants, et avec le pianiste qui est aussi concerné. Installé dans la salle voisine, je pouvais diriger les cadreurs, anticiper ce qui allait se passer ; au montage, on éliminait les derniers temps morts. Le résultat est très fluide : il ne s'agit pas forcément de cadrer le visage de celui qui chante ou qui est en scène. Certains hors-champs fonctionnent très bien, le visage de celui qui écoute est parfois plus expressif que celui de l'interprète en plein effort.

Mine de rien, nous avions tourné en trois ans deux récitals avec Hartmut Höll [*op.* 46-47, 1991], trois masterclasses [*op.* 49-51, 1992] et le cycle complet de *La Belle Meunière* avec Christoph Eschenbach [*op.* 48, 1992]. Puis arrive le 31 décembre 1992. À la surprise générale, Dietrich Fischer-Dieskau annonce la fin irrévocable de sa carrière à l'issue d'un mémorable *Falstaff* donné à Munich. « Tout est joyeux ici-bas », déclame-t-il dans la scène finale. C'était l'occasion rêvée pour tirer sa révérence.

*Catastrophe. La fin de votre collaboration ?*

Au contraire ! Il m'a écrit dès le 1er janvier pour m'annoncer sa décision, concluant dans la foulée : « La place est libre pour un portrait. » La fin de sa carrière sonnait l'heure du bilan. Le tournage de *La Belle Meunière* nous avait donné l'occasion d'établir un rapport de confiance mutuelle. Après le visionnage du film, il m'a proposé de poursuivre notre collaboration avec un portrait qui nous a pris encore trois ans. On peut appeler cela un travail dans la durée : entre 1989 et 1995, nous avons érigé ensemble une sorte de monument Fischer-Dieskau.

*Peut-on risquer l'expression « vertus thérapeutiques du film » ?*

Sans doute. Chez Fischer-Dieskau, l'engagement dans les films s'est accompagné d'un certain soulagement émotionnel. Lorsque je suis allé lui montrer le prémontage chez lui, il m'a plusieurs fois pris la main. À la fin, il m'a serré dans ses bras, très ému. C'est sans doute présomptueux de ma part, mais je crois qu'il en a retiré un sentiment d'apaisement à un tournant difficile de sa vie.

## SANS L'INTERPRÈTE ?

*Parmi les nombreux films que tu as tournés, certains sont célèbres, récompensés, d'autres ont ta préférence. Parlons un peu de ceux qui sont moins réussis, à commencer par deux portraits de jeunesse : Murray Perahia [*op. 17, 1981*] et Paul Tortelier [*op. 3, 1972*]. Qu'est-ce que ces « films à bémols » révèlent de la relation entre le ciné-interprète et les musiciens qu'il filme ?*

Le portrait de Perahia est plutôt gracieux, mais nous restons l'un et l'autre animés par plus de curiosité que de complicité. Murray est un artiste qui ne se livre pas volontiers, mais qui m'émeut profondément. Son portrait exprime un certain équilibre entre reconnaissance et sagesse, calme et détermination. La répétition du *Concerto* de Mozart est plutôt bienvenue : on découvre un artiste qui a su établir avec l'orchestre une profonde connivence, concentré sur les choix musicaux qu'il entend mener jusqu'au bout. Le film capte bien, je crois, cette confiance et cette évidence. Et puis il y a ce moment magique dans un *Moment musical* de Schubert[7]. Je l'avais observé jouer encore et encore le même motif, et c'était bien plus qu'une répétition. On a l'impression d'entrer dans sa tête, dans son jeu, de participer à ses choix d'interprétation.

La relation filmeur/filmé ne me semble donc pas l'écueil principal. Tout au plus peut-on regretter une timidité réciproque — c'était pour nous deux un début de carrière —, mais cela n'a pas empêché les quelques jolis moments évoqués. En revanche, le scénario manque de force. Faute d'une véritable ligne directrice, c'est la structure qui est défaillante.

*Et le portrait de Paul Tortelier ?*

Là encore, j'y trouve des maladresses de jeunesse, dues en bonne partie à un scénario artificiel. Au lieu d'un portrait simple et solide, le film est construit sur l'idée des « quatre éléments ». Chercher à faire rentrer dans un petit flacon des musiques qui évoqueraient l'eau, le feu, l'air et la terre relève d'une forme de scoutisme qui me dérange. Cette manière d'envisager les choses m'était apparue correspondre au personnage, une sorte d'écologiste avant l'heure. En réalité, c'était littéraire. J'aurais mieux fait de me concentrer sur sa formidable dimension musicale.

Il y a pourtant des moments réussis, par exemple lorsqu'il entend défendre ses idées sur la musique contemporaine. Il n'est pas du tout dans le circuit. Il soutient une idéologie musicale foncièrement conservatrice et, comme je lui résiste et qu'il est très colérique, au bout d'un moment il explose. Paradoxalement, le film est bridé alors que le personnage ne l'était pas du tout : capable d'invectiver le monde entier, de s'installer plusieurs années dans un kibboutz en Israël, de se faire le porte-parole d'élucubrations maoïstes, démissionnant avec fracas du Conservatoire de Paris en Mai 68 pour aller s'enterrer au conservatoire d'Essen, tout en devenant la coqueluche de l'Angleterre... Il avait à la fois un côté instituteur et une dimension sacrificielle : il pouvait tout envoyer balader au nom de ses convictions, de sa foi musicale.

7. Sur cette scène, voir le chapitre 8, « Questions musicales », p. 254.

Dix ans après sa mort en 1990, j'ai d'ailleurs songé à lui consacrer une sorte de dessin animé, ou plutôt un film muet avec cartons. Il avait une manière très personnelle de formuler les choses, mais ses idées fulgurantes restaient un peu empesées et solennelles. J'avais donc envie, pour rendre hommage à ce fabuleux musicien, d'inventer une forme qui rendrait compte de la liberté et de la drôlerie du personnage. Je voulais lui mettre des « bulles dans la bouche », peut-être pour rattraper le film que nous n'avions pas totalement réussi à faire ensemble.

*Le film de 1972 est un peu étriqué, mais il est en quelque sorte sauvé par la générosité artistique de Tortelier.*

Oui, et d'ailleurs on le comprend en regardant un autre film de la même époque, consacré à Paul Badura-Skoda [*op.* 6, 1975]. Sans aucun doute un musicien honnête et savant, mais dont l'éventail expressif était plutôt court. Le résultat est assez viennois, avec un côté bonbon sucré, des plaisanteries qui ne sont pas abouties, un personnage un peu terne et bridé par la caméra...

*Tu ne peux pas en dire autant d'un autre Viennois : Friedrich Gulda, un pianiste qui n'a rien de sucré ! Son portrait,* Requiem pour un talent *[*op. *9, 1976], témoigne d'une relation avortée, voire d'une incompréhension programmée.*

C'est un projet que j'avais ardemment défendu. Le tournage était largement amorcé et les fonds investis, quand j'apprends que mon acteur principal me fait défaut. On était en 1975, le Service de la musique de l'ORTF ne risquait pas de faire faillite, mais quand même... De son côté, ce n'était pas le film qui posait un problème : Gulda avait simplement décidé d'arrêter toute activité, pour une période indéterminée et ce n'est même pas lui qui m'en a informé, mais son agent ! Mets-toi à ma place : j'avais trente et un ans, je ne savais pas comment me tirer de cette situation.

*On t'a connu plus compréhensif, par exemple lorsque Gould décide d'arrêter les concerts, voire le piano, ou qu'il abandonne le tournage du film alors que l'équipe est déjà en vol au-dessus de l'océan.*

Je ne mets pas en cause la décision de Gulda. J'ai au contraire le plus grand respect pour les artistes qui essaient de redéfinir leur attitude à l'égard du circuit musical, même au prix de quelques incohérences.

Friedrich Gulda est à coup sûr l'un des musiciens qui m'ont le plus impressionné. Je l'avais contacté après le choc d'un concert donné à Paris, où il avait joué l'opus 111 de Beethoven et douze préludes et fugues du *Clavier bien tempéré*. Il m'avait reçu chez lui, essayant d'emblée de me désarçonner avec son impossible patois viennois. Il avait ensuite approuvé mon esquisse de scénario et nous avions défini ensemble un programme musical. Il s'était montré un peu distant, mais nous avions bien ri — car il pouvait être très amusant tant que l'humour ne portait pas sur lui.

J'ai assisté peu après à l'une de ses provocations extravagantes, à Klagenfurt, fief de l'extrême droite autrichienne la plus rance qui soit. Il avait programmé l'intégrale du *Clavier bien tempéré* en deux soirées. Sa présence à l'affiche du festival avec un tel programme avait attiré 4 000 personnes dans un vaste champ ouvert. Sur l'estrade se trouvaient deux grands pianos de concert, un clavicorde et tout un attirail de tubulures métalliques et de clochettes. Il est entré sur scène à l'heure dite, accompagné de deux hippies. Ils ont commencé à sonner les cloches, à chanter, Gulda a sorti son pipeau, ils ont multiplié les clowneries. Pourquoi pas ? Mais toute cette foule était venue pour entendre *Le Clavier bien tempéré*... Comme la sauce ne prenait pas, il en a rajouté, se disant sans doute : « Je vais provoquer ces sales bourgeois. » Après une heure d'attente et de pipeau, immanquablement quelqu'un a crié : « *Bach, bitte schön !* » (Bach, s'il vous plaît !). C'est là qu'il s'est déchaîné. Il s'est mis à haranguer la foule en traitant les auditeurs de fascistes. Il y avait les pour, les contre, des bagarres et des coups. La police a fait évacuer les lieux. Gulda était aux anges ! Sur le coup de minuit, alors qu'il restait une trentaine de personnes, nous avons soudain entendu le son du clavicorde. Gulda s'y était subrepticement installé : il a joué dans la nuit l'intégrale des vingt-quatre préludes et fugues du Livre I. C'était un envoûtement : il était totalement concentré, rien du barouf qui avait précédé ne subsistait dans la miraculeuse beauté de son jeu. Voilà le personnage.

Lorsqu'il a soudainement arrêté ses activités, nous laissant en plan avec ce film inachevé sur les bras, j'ai considéré que c'était une autre de ses provocations. J'ai cherché à savoir si c'était un canular, mais je n'ai pas réussi à renouer le contact avec lui. Je me suis résolu à terminer le film, à tout prix, même sans lui.

*Mais au lieu d'en faire matière à réflexion, tu tournes un film réquisitoire qui s'appelle* Requiem pour un talent *: on a l'impression d'assister à une mise à mort.*

Je ne pense pas avoir tué Gulda, il a très bien survécu à mon petit film. J'ai simplement changé de sujet. Ce n'était plus un portrait de Gulda. Il s'échappait, en tout cas il m'échappait. Ce qui se jouait, c'était la question de l'autonomie du film : peut-on tourner un film dont l'objet serait un film ? Faute de matériau et faute de sujet à portraiturer, je m'en suis tiré en racontant l'histoire du tournage. En le concluant pour faire bonne mesure par une archive : le finale de *L'Empereur*, le concerto pour piano de Beethoven dirigé par George Szell. Il fallait bien que je termine.

Je me trouvais dans une impasse. Nous n'avions rien tourné que des babioles, quelques jolies séquences où il faisait avec ses mains magnifiques du vibrato sur son clavicorde ; quelques notes aussi, arrachées à un mauvais piano désaccordé, parce qu'il s'en fichait complètement. Par ce titre, je voulais montrer qu'il avait fait le deuil de son talent, je ne cherchais pas le moins du monde à me venger. Ce qui m'intéressait initialement, c'était sa vision, qui révolutionnait complètement la manière de présenter la musique. Il contestait le formalisme du concert et les catégories rigides dans lesquelles on enfermait la musique. Gulda a laissé dans le domaine de la musique classique une empreinte considérable. Il espérait ouvrir une frontière côté jazz et free music, mais je ne crois pas qu'il y soit parvenu.

*Est-ce un jugement de supériorité du classique sur le jazz ?*

Sans être moi-même expert en jazz, Gulda ne me semble pas en avoir complètement assimilé la langue. Il avait concocté quelques passades amusantes de pop en patois autrichien, jouant sur sa sonorité ou celle du bas-allemand. C'est fascinant, mais cela reste anecdotique.

*Quelles conséquences en as-tu tiré pour les films suivants, sur la manière de nouer une relation ?*

Qu'il fallait passer davantage de temps à les mijoter ! Cela implique des années de collaboration, on ne peut rien faire à brûle-pourpoint. J'avais eu un coup de cœur pour Gulda, mais cela ne suffisait pas. Il faut une complicité musicale et humaine. La première est en un sens la plus facile à établir, dès lors que je peux offrir des gages de connaissance du répertoire et du travail des musiciens. La complicité humaine est plus délicate : impossible d'attirer dans les rets d'un film quelqu'un qui ne s'y abandonne pas. Il faut créer une confiance totale, et éventuellement sans antécédent. Aujourd'hui, beaucoup de musiciens connaissent mes films et peuvent donc se faire une idée de mon travail. Ce n'était pas le cas il y a vingt-cinq ans ; il fallait pouvoir les convaincre. Cela ne pouvait passer que par une grande proximité.

*Est-ce la raison qui explique ton absence de collaboration avec Elisabeth Schwarzkopf ?*

En un sens, oui. Je l'avais souvent rencontrée, à Paris ou à Tours, et je suis allé un beau jour chez elle à Zurich avec l'idée de lui consacrer un film. Étais-je trop impressionné ? Je pense avoir instinctivement senti qu'il me faudrait « entrer » dans ce personnage, trop imposant pour moi : elle était charmante, mais assez inaccessible, et nous n'avons rien conclu.

Au fond, il aurait fallu opérer comme je l'ai fait plus tard pour Fischer-Dieskau : commencer non par un portrait, mais par des récitals et des masterclasses qui m'auraient permis de créer une complicité sur le long terme. On ne saurait aborder un monument comme Schwarzkopf sans se donner le temps de l'apprivoiser ou de se laisser apprivoiser. Des calendriers divergents ont rendu l'aventure impossible. Mon producteur a quand même lancé un portrait, où elle a refusé d'apparaître filmée : on l'entend, mais sa présence à l'image se réduit à des archives.

*Comment aurais-tu abordé le personnage ?*

Il est difficile d'imaginer un autre film dès lors que les archives ont été abondamment exploitées. Et puis, j'aurais dû inéluctablement affronter sa position durant le nazisme. D'une certaine manière, ce sont des questions plus simples à traiter de manière posthume. Ou encore par le biais de la fiction. En tout cas, l'absence de ce film reste un regret majeur vu la place qu'occupe Elisabeth Schwarzkopf dans ma galerie de héros. Je n'ai pas su le mettre en chantier suffisamment tôt, je n'ai pas créé les conditions de la proximité qui aurait permis d'inventer le portrait de vaste envergure qu'elle méritait.

*Cette double complicité, musicale et humaine, doit donc déboucher sur un troisième élément : la complicité cinématographique ?*

L'interprète doit manifester un brin d'appétit pour la chose filmique, même s'il n'en saisit pas les tenants et aboutissants.

*Est-ce cette confusion qui a marqué le petit film tourné avec Mstislav Rostropovitch [op. 30, 1986] : moins une absence de relation humaine que le malentendu sur ce qu'un film supposait d'investissement ?*

Oui, ce n'était pas notre relation qui était en cause, mais le film, qui n'était pas pris au sérieux. Ou plutôt, qui était réduit à son aspect le plus trivial d'élément promotionnel. C'est l'exemple même du non-film qui révèle de sérieux malentendus en amont. Rostropovitch venait d'enregistrer le concerto de Dvořák et les *Variations rococo* de Tchaïkovski. Daniel Toscan du Plantier m'avait proposé de tourner un « clip promotionnel » pour le compte d'Erato. Tout était en germe dans cette appellation. J'ai posé quelques conditions : puisque le film ne devait pas dépasser cinq minutes, on traiterait deux variations seulement ; mais j'aurais besoin de la présence active de Rostropovitch pendant douze heures d'affilée, et il me faudrait également une journée entière de studio avant son arrivée, pour régler les lumières, préparer les plans, etc.

Rostropovitch, que je connaissais relativement peu, m'avait dit : « D'accord, d'accord. » Nous devions filmer de 6 heures du soir jusqu'à 6 heures du matin et Toscan, grand mondain devant l'Éternel, m'avait fait inviter le matin même à la radio à coups de slogans : « Le plus grand violoncelliste du monde, tourné par Bruno Monsaingeon », etc. J'ai refusé de faire le clown, absorbé par la préparation de ces quatre minutes de musique en play-back. J'avais peur que Rostropovitch ne s'impatiente, car il était probablement peu habitué à jouer des heures pour quelques secondes de musique. J'entendais donc tout contrôler avec minutie.

Slava est arrivé à l'heure dite, hélas accompagné d'une nuée de journalistes, caisses de champagne et de vodka à l'appui : il avait pris ce tournage pour une partie de plaisir ! De mon côté, j'avais déjà passé du temps la veille avec l'opérateur, préparé chacun des plans, répété avec un jeune violoncelliste recruté comme doublure lumière. Pensant que ce serait une bonne entrée en matière, j'ai décidé de tourner d'abord les deux variations dans leur continuité, en plan fixe. C'était une façon de nous poser avant de commencer le travail proprement dit. Sauf que Slava a aussitôt considéré qu'il avait rempli son contrat : il avait joué les deux variations convenues, c'était donc terminé. Il s'est mis à remplir les verres et à plaisanter avec les journalistes. J'ai protesté que nous n'avions même pas encore commencé le travail et obtenu qu'il s'y remette malgré ses supplications. Sur le coup de minuit, ayant atteint à peine la moitié de mes objectifs, j'ai fini par libérer tout le monde dans l'euphorie générale, sauf la mienne.

*C'est donc un tournage qui n'a pas eu lieu ?*

C'est en tout cas un film qui n'a pas pris la forme que j'avais imaginée, faute d'un contact suffisamment honnête avec le musicien. Tout nous faisait courir à la catastrophe : on m'avait demandé un clip ; j'avais souhaité en faire un film bref, mais chargé d'expression et, du côté de Rostropovitch, une confusion régnait entre le moment plaisant du jeu et la réalité d'un travail fastidieux. Il avait commencé par se plier de bonne grâce à mes indications, comme lorsqu'il lance un regard à un hautboïste imaginaire pour lui donner le départ[8], mais je ne pense pas qu'il ait jamais eu le moindre intérêt pour l'image.

J'avais aussi prévu des plans plus raffinés, qui auraient exigé une collaboration autrement plus poussée. Pour cadrer sa main gauche dans les gammes vertigineuses qui le font galoper de haut en bas de la touche, il aurait fallu mener à bien un travail d'orfèvre avec le cadreur, qui devait avoir la conscience précise à la fois de la distance parcourue par la main et de la vitesse du resserrement que je lui demandais d'effectuer dans la valeur du plan. Ce type d'effet visuel exige une sorte de duo entre le musicien et le cadreur : les mouvements de caméra doivent être aussi rigoureux que le jeu de l'instrumentiste. Cela implique, comme pour l'interprète, des répétitions, donc du temps. C'est à cette condition que l'image contribue vraiment à l'émotion musicale. Je dirais que le résultat est regardable — d'autant que, bien cadré, Rostropovitch a une présence visuelle d'une force prodigieuse —, mais le film reste intuitif et assez sommaire.

*On en arrive à un autre rendez-vous manqué, plus récent : ton film avec Maurizio Pollini [op. 87, 2013].*

Tu veux dire mon film « sans » Pollini... Sa quasi-absence était symptomatique d'une posture de réserve. À aucun moment je ne suis parvenu à le faire rentrer dans « mon » projet, d'ailleurs pas totalement mien. J'avais conditionné mon accord à la recherche de

8. Sur la mise en scène de ce regard, voir le chapitre 8, « Questions musicales », p. 254-255.

documents qui permettraient de reconnecter le personnage avec les années de plomb en Italie, et d'illustrer le combat qu'il avait mené pour faire entrer la musique contemporaine dans le paysage culturel. À un seul moment, j'ai réussi à créer une petite dramaturgie de montage, lorsqu'on évoque la situation du Parti communiste italien avec des images de manifestations, de tension. Mais cela reste très modeste...

*Comment l'affaire s'est-elle aussi mal engagée ?*

Maurizio Pollini m'a écrit en janvier 2009 ; il s'estimait prêt à se confier à la caméra. J'ai répondu qu'un film ne consistait pas qu'à recueillir des propos. Nous nous sommes rencontrés malgré tout, chez lui à Milan. L'accueil fut plaisant mais la conversation assez négative : rien de ce que je suggérais ne lui convenait. À ses yeux, il me suffirait de le suivre dans ses activités de concertiste, point final. Nouvelle rencontre en octobre. Et là, surprise : le personnage était réservé mais très à l'aise dans l'expression de sa pensée, évidemment pénétrante pour tout ce qui concernait son art.

*La verbalisation n'est donc pas cruciale ?*

En tout cas pas suffisante. L'enjeu est de construire quelque chose qui, même avec peu de matériau, soit viable au plan dramaturgique. En l'occurrence, Pollini tolérait la présence de caméras pour certains concerts, mais il n'était pas question de discuter des œuvres à mettre au programme, encore moins de rejouer ou de filmer des répétitions. En réalité, je ne comprenais pas ce qu'il voulait. Toutes mes suggestions se heurtaient à un refus catégorique, qu'il s'agisse d'une littérature pianistique ou d'une séquence tournée avec Pierre Boulez, qui m'avait donné son accord.

Mais le film était déjà financé et mon renoncement aurait mis en péril la maison de production, Idéale Audience. J'ai toutefois alerté mes producteurs, Pierre-Olivier Bardet et Hélène Le Cœur, en leur adressant un mémo de mise en garde contre le danger d'une « émission musicale » dans le style des années 1960. Un brin de causette, suivi d'un brin de musique, à nouveau un brin de causette, et cela *ad infinitum*. Pas la moindre dramaturgie cinématographique, rien de cette émotion qui, jaillie de la musique, la dépasse pour atteindre le spectateur non spécialisé au plus profond. Pierre-Olivier m'a répondu très habilement : « Pollini est un grand artiste à sa manière et son relatif mutisme dans les médias donnera à un entretien filmé une valeur, un poids, au-delà du film même qui l'inclura. La modestie de la réalisation s'effacera devant la qualité de la conversation : rien ni personne ne pourra remplacer la qualité d'interlocution que tu sauras offrir à Pollini. » J'étais coincé.

Nous avons réussi à faire un film de montage respectable à partir d'un seul entretien filmé, de quelques images tournées depuis le toit du Duomo de Milan, un peu de Beethoven et de Stockhausen en concert, et de documents d'archives. C'est maigre ! En fin de compte, mon seul titre de fierté est d'être parvenu à mener notre entretien en italien.

*C'est un film que tu renies ?*

Pollini a fini par m'envoyer un mot dicté à sa secrétaire : « *Carissimo* Bruno, je vous écris un peu tard pour vous remercier de votre magnifique documentaire qui m'a profondément plu. » En y regardant de plus près, j'ai vu qu'il n'avait pas écrit « *piaciuto* » (plu) mais « *spiaciuto* » (déplu). C'était un beau lapsus. Pollini a tellement peu compris qu'il s'agissait d'un film banal que, quelques années plus tard, il m'a déclaré souhaiter faire avec moi un film sur la musique contemporaine. Il acceptait de se mettre au piano — tout ce que je lui avais réclamé en vain. La relation de l'artiste à celui que tu appelles le ciné-interprète est aussi affaire de tempo. Il faut arriver au moment juste, savoir saisir et parfois forcer l'occasion.

# RENCONTRES : GOULD

## L'APPÉTIT DU JEU

*Tu affirmes parfois, de façon un peu provocatrice, avoir rencontré Glenn Gould à Moscou.*

À l'été 1966, je me trouvais en effet dans un foyer d'étudiants à Moscou. Glenn n'y était pas, bien sûr, en tout cas pas en chair et en os, mais sous la forme d'un petit disque de 25 cm, déniché dans l'une des rares boutiques de vinyles de la ville. J'avais tout de suite remarqué sur une pochette l'étiquette « Glenn Gould en concert », censé avoir été donné à Moscou en 1957. En réalité, cette version des *Inventions à trois voix* de Bach avait été enregistrée en direct à Vienne, mais je ne l'ai appris que des années plus tard. Sur mon petit 33 tours se trouvaient non pas les quinze *Inventions à trois voix*, mais bizarrement quatorze : il manquait la première.

Je connaissais le nom de Gould, mais rien de plus, ce qui en dit long sur son statut en Europe occidentale à l'époque. Je n'avais jamais entendu une seule note jouée par lui et j'en savais seulement ce qu'on en disait : que c'était un pianiste assez mystérieux qui avait cessé de donner des concerts, et entretenait avec la musique une relation bizarre, voilà tout. J'ai négligemment placé le disque sur le tourne-disque de fortune du foyer et là, le choc. J'ai eu ce déclenchement fulgurant d'une émotion très particulière, pas simplement sentimentale ou liée à la beauté de la musique. J'ai vraiment eu l'impression de quelqu'un qui me parlait directement. C'était comme une voix qui m'appelait et qui m'aurait dit « Viens et suis-moi ».

*Tes grandes rencontres ont-elles commencé plutôt avec la personne ou avec la musique ?*

Elles ont toujours été liées à une interprétation musicale mais, la plupart du temps, c'était quand même lors d'un concert, ou lié à une présence physique. Dans le cas de Gould, comme pour Menuhin lorsque j'étais enfant, ce sont des disques qui ont tout déclenché.

Rentré à Paris, j'ai commencé à chercher d'autres enregistrements, mais aucun n'était disponible en France. C'était une époque où j'allais aux Puces de Saint-Ouen, j'y ai chiné pas mal de disques de Gould curieusement publiés sous le label Philips au lieu de CBS : les trois dernières sonates de Beethoven, les *Variations Goldberg* et les *Partitas*, probablement édités à la fin des années 1950. Et j'ai amassé ces raretés au compte-gouttes dans les années qui ont suivi.

*Tu n'en savais pas plus lorsque tu lui as écrit ?*

Pas vraiment. Je travaillais alors pour l'ORTF[1], sans trop réaliser que je visais plus haut et plus loin. Je sortais de *La Rose des vents* et j'avais envie de faire quelque chose dans ce domaine de la musique filmée. Le souvenir de ses *Inventions* de Bach et la curiosité qu'il avait déclenchée m'ont fait songer à un projet avec lui. Je me disais que derrière un tel enregistrement devait se trouver un cerveau extraordinaire, et je me suis lancé. J'ai envoyé cette lettre à New York « aux bons soins de CBS » en octobre 1971, comme une bouteille à la mer.

Quatre mois plus tard, j'ai reçu une lettre-fleuve en retour, qui m'a tout de suite impressionné par sa qualité littéraire et dont la substance était : « Vos idées m'intriguent », je crois que c'était le mot qu'il utilisait. « Venez donc me voir à Toronto. » Il m'avait laissé son numéro, je lui ai donné le mien, et on a commencé à s'appeler de plus en plus. En général, il appelait. Lorsque c'était moi, je tombais toujours sur le répondeur téléphonique qu'il avait installé comme barrière. Il me rappelait dans les minutes qui suivaient, ce qui m'arrangeait bien : les appels transatlantiques étaient onéreux à

1. Sur ces années formatrices, voir le chapitre 2, « Formation et sensibilités », p. 51-55.

cette époque, et les conversations avec lui étaient extraordinairement longues, plusieurs heures. On s'est bien amusés au téléphone !

*Connaissais-tu ses écrits ?*

Rien, pas un seul texte, sauf celui pour le disque des *Variations Goldberg*. C'était assez mal traduit, d'ailleurs ; je n'avais même pas l'original. Aucune idée, donc, du fait qu'il pouvait être un penseur, quelqu'un qui avait vraiment réfléchi à la musique et à sa transmission. En fait, je n'avais pas la moindre idée de lui, à part une vague photo sur le disque Philips : il était en chemise blanche, le regard assez étrange, installé au piano et visiblement en train de parler à quelqu'un.

Nous avons fini par prendre rendez-vous à Toronto, le 30 ou le 31 juillet 1972. Mon arrivée avait été précédée d'un séjour chez Menuhin en Californie. C'était la première fois que je parlais de Gould avec quelqu'un. Il m'a raconté leur rencontre pour l'enregistrement d'une émission de télévision comportant Bach, Beethoven et surtout la *Fantaisie* de Schoenberg, que Yehudi avait apprise pour l'occasion. Ce n'était pas une musique qui lui parlait de manière spontanée, et il m'a parlé du travail avec Gould comme d'une révélation, me prévenant que j'allais probablement vivre des moments d'une extraordinaire intensité.

Le lendemain, lorsque j'ai rencontré Gould, Menuhin est devenu tout naturellement une manière de briser la glace. Glenn m'a raconté sa terreur de devoir jouer cette *Fantaisie* avec Yehudi, qui ne l'avait manifestement pas assimilée. Durant la répétition, ils avaient donc mis de côté Bach et Beethoven pour consacrer tout leur temps à Schoenberg. Lui aussi a évoqué « une révélation » parce que, grâce à cette rencontre, il avait découvert la dimension poétique de l'œuvre. À vingt-quatre heures de distance, j'ai donc recueilli deux versions d'un même moment de révélation partagée.

*Comment s'est déroulée ta rencontre avec le personnage de chair et d'os ?*

Il m'avait réservé une chambre sur Yonge Street, l'équivalent de la Cinquième Avenue. Notre rencontre était d'emblée placée sous le signe des hôtels. Il habitait lui-même à l'hôtel, alors qu'il possédait un appartement en ville. Il est passé me prendre vers 3 heures de l'après-midi. J'étais dans ma chambre à travailler mon violon lorsqu'on a frappé. J'ai vu apparaître un fantôme emmitouflé dans une pelisse, plusieurs écharpes, une casquette et des snowboots incroyables. Il faisait horriblement chaud à Toronto à ce moment-là, peut-être 32 °C. Sa première poignée de main a consisté à établir un contact avec l'extrémité d'un doigt, le retirant aussitôt d'un geste brusque. Cette réserve physique contrastait avec la disponibilité totale qu'il accordait aux interlocuteurs qu'il avait choisis.

Notre première rencontre s'est achevée vers 6 heures du matin, sans même que l'idée de se restaurer ou se rafraîchir ne vienne nous interrompre. Sitôt passée l'entrée en matière autour de Menuhin, notre conversation a porté sur les raisons de cette entrevue : dessiner les contours d'un travail commun. Tout cela agrémenté de digressions sur Schoenberg et sur mes goûts musicaux, sans oublier un « test des couleurs » auquel il m'a soumis très rapidement. Si je n'avais pas répondu correctement, ç'aurait été un motif de rupture avant même de se connaître. Il était extrêmement organisé, consultait le questionnaire qu'il avait lui-même élaboré et notait chacune de mes réponses sur des fiches. Cela a duré peut-être trois quarts d'heure, et puis à la fin il m'a simplement dit : « *You passed the test, Sir.* »

*Était-ce sérieux ?*

Et comment ! C'était très important à ses yeux. Mais cela relevait aussi bien d'un immense appétit de jeu. Il avait un rapport au monde très ludique et joyeux, c'était un personnage facétieux. Durant ce séjour, alors que nous roulions dans sa voiture, il a voulu vérifier que j'avais bien l'oreille absolue. Il m'a demandé de lui chanter quelque chose, n'importe quoi. J'ai choisi l'*Invention en ré mineur* de Bach. Au bout de quelques mesures, il m'interrompt : « *OK, you passed the test* », une fois encore. C'était sa façon à lui de vérifier que j'étais capable de mémoriser une œuvre et de la restituer dans la bonne tonalité. De petites épreuves, mais sur le registre du jeu permanent, qui étaient aussi des façons de comprendre à qui il avait à faire.

Un autre jour, il m'a longuement entretenu sur *Hänsel und Gretel*, de Humperdinck. C'était son opéra préféré, une œuvre fin XIX^e^ créée par Richard Strauss. Il m'a enjoint d'en prendre connaissance d'un ton impérieux. Lorsque je suis revenu à Toronto quatre mois plus tard, il m'a demandé de passer à son hôtel, l'Inn on the Park. C'était un immense bâtiment de grand luxe, doté de centaines de chambres. Je me suis retrouvé à errer en pleine nuit dans les couloirs, jusqu'à ce que j'entende de la musique. Je me suis laissé guider par le son jusqu'au seuil d'une porte ouverte.

*On croirait le joueur de flûte de Hamelin.*

Il y a un peu de cela, à ceci près que Glenn cherchait à m'orienter dans le labyrinthe plutôt qu'à m'égarer. Et ce n'était pas lui qui jouait, mais un enregistrement. Chose extraordinaire, il avait laissé la porte de sa suite ouverte, lui qui avait la hantise des contacts et des étrangers. J'ai frappé puis, faute de réponse, je suis entré. Glenn était dans un état d'écoute extatique ; je me suis assis et nous avons écouté sans mot dire pendant une bonne demi-heure. À la fin, il m'a salué en me demandant si j'avais reconnu l'œuvre et, comme je séchais, il m'a regardé d'un air gourmand : « *You haven't done your homework* » (Vous n'avez pas fait vos devoirs). C'était tout lui : espiègle, une incroyable mémoire, une exigence à la fois désarçonnante et malicieuse...

*Combien de temps cet état de grâce a-t-il duré ?*

Nous avons passé trois jours ensemble lors de ce premier séjour, et nous avons immédiatement compris qu'on allait faire ces films. Glenn m'a montré une série de studios possibles dans lesquels tourner, voulant s'assurer qu'ils pourraient me convenir. J'en étais tout excité et presque gêné : à l'époque, j'étais sans le moindre soutien. J'avais pris l'avion pour Toronto à mes frais et je ne savais absolument pas si je pourrais faire aboutir un projet quelconque. Il m'avait réservé ces trois jours et, une fois qu'on entrait dans son monde, Glenn donnait le sentiment d'une totale disponibilité. Ni avion à prendre le lendemain ni concert à préparer. Il se fixait lui-même ses échéances pour ses enregistrements, ses disques, ses écrits. Il était en permanence occupé. Son activité était débordante, mais il en contrôlait manifestement les paramètres et les échéances.

Dans les mois qui ont suivi, j'ai écrit un scénario qu'il a peu à peu validé. On s'est beaucoup téléphoné, écrit, je l'ai revu : il a fallu du temps avant d'arriver à quelque chose qui nous convenait à tous les deux. Il devenait en quelque sorte le héros du film, qui n'était pourtant pas du tout envisagé comme un portrait. Le thème principal était la transmission de la musique, Glenn intervenait comme une sorte de contre-sujet. Puisque je n'avais pas de producteur, c'est avec lui que j'ai discuté le programme musical, mais aussi le format et la durée, les plans de travail, les décors, les studios, bref, tout ce qu'on appelle « production ».

## ARTISTE ET PRODUCTEUR

*D'un côté, l'absence d'une structure de production ; de l'autre, toi qui n'avais aucune expérience de cette phase de fabrication d'un film.*

Moi non, mais Glenn l'avait. J'ai encore pas mal de documents qui le montrent : il posait systématiquement les questions pertinentes en matière d'organisation ou de logistique. Il m'envoyait des lettres soulignant le besoin de tel et tel appareil, le type de microphone souhaitable, enfin tout ce qui aurait relevé normalement des discussions avec le directeur de la photo, l'ingénieur du son, l'opérateur, les décorateurs, au cours des différentes réunions de production.

Outre mon inexpérience, un obstacle majeur était la méconnaissance totale de Gould en France, à commencer par le responsable de la musique à l'ORTF, qui ignorait jusqu'à son nom. Gould ne prenait pas l'avion. Il ne quittait ni le territoire canadien ni le continent nord-américain : si on tournait ensemble, il faudrait le faire à ses conditions, c'est-à-dire sur place. Comment envoyer une équipe de film au Canada, alors que personne ne savait qui était Gould ? Pas de coproduction en vue non plus, alors que la CBC aurait probablement accepté. Mon combat semblait voué à l'échec, mais j'étais habité par notre rencontre, par tous ces textes qu'il m'avait donnés, par l'écoute de ses programmes radiophoniques. Et puis, miracle, mon projet a quand même été accepté. Pendant un an et demi, j'avais remué ciel et terre, tapant sur les nerfs de pas mal de monde. Et à partir de là, tout s'est enchaîné...

*Es-tu parvenu à t'orienter dans les méandres de l'administration ?*

J'avais plusieurs interlocuteurs, mais il fallait à chaque fois remonter toute la filière de l'ORTF, qui était vraiment très complexe. J'essayais bien entendu de relayer au Service de la musique les questions et informations transmises par Glenn, mais je me heurtais à une organisation administrative qui n'était tout simplement pas faite pour cela.

Et surtout, mon rôle n'était pas bien défini. J'ai dû commencer par choisir la personne qui réaliserait, puisque je n'avais pas le droit de signer, mais il n'était pas question d'abandonner quoi que ce soit dans ce domaine-là. D'où un dosage assez subtil : il fallait conserver les responsabilités décisives au point de vue de la conception, tout en acceptant qu'un autre porte une étiquette — et tant qu'à faire, je préférais un réalisateur qui puisse apporter une vision extérieure des choses.

J'ai multiplié les repérages au Canada, je discutais avec les directeurs des studios, je rencontrais les décorateurs sans mandat. C'était ahurissant : un mois de tournage outre-Atlantique, mais aucune liaison, pas de représentant français pour administrer quoi que ce soit. Du côté canadien, on avait fixé un plan de travail très précis, avec un tournage prévu pour septembre 1973.

*Comment s'est-il déroulé ?*

Je suis parti pour Toronto quelques jours à l'avance. En débarquant de l'avion, j'apprends que Glenn vient d'annuler à cause d'une douleur à l'épaule, contrit de me prévenir si tard. Dieu merci, l'équipe n'était pas en chemin. Je pense que cela aurait tout simplement tué le projet. Le défaut d'administration était tel que les studios étaient réservés mais sans contrat, tout comme moi qui travaillais sans filet ; ce qui fait que l'ORTF ne devait rien.

Nous avons finalement tourné du 6 janvier au 12 février 1974, pas mieux préparés que la première fois. Les décalages horaires, l'hystérie régnant au Service de la musique, le téléphone nettement moins facile qu'aujourd'hui... Je me suis retrouvé devant un décorateur qui avait déjà programmé son travail sans le moindre contact avec l'ORTF, pas de contrat, aucun signe de vie ! *Idem* pour les studios. Quand j'essayais de communiquer avec Paris au petit matin, j'entendais des hurlements et des accusations en tous sens. Gould a proposé d'avancer lui-même des fonds. Je l'en ai dissuadé, sachant qu'il ne les récupérerait jamais.

*Un étonnant contraste entre la certitude absolue de la substance, d'une part, et l'incertitude permanente des modalités, d'autre part.*

C'était le choc de deux mondes : la cohérence de l'artiste, les aléas d'une bureaucratie. Il faut garder à l'esprit que Glenn avait choisi de se retirer du monde pour mener à bien ses projets : il lui fallait une assise financière importante. Il m'a dit un jour en riant : « Encore une mauvaise semaine comme celle-ci à Wall Street et je serai obligé d'enregistrer les concertos de Tchaïkovski et de Grieg. »

*Quelle place accordait-il à l'argent dans ses choix ?*

Il avait le souci d'assurer ses arrières pour conserver sa liberté. J'ai vu le contrat qu'il a signé avec l'ORTF, les sommes étaient ridicules, très loin des tarifs qu'il pouvait pratiquer. Il m'avait dit : « Cela n'a pas d'importance, j'ai envie de faire ces films et c'est tout. » De mémoire, il a touché 6 000 dollars pour la totalité des films qu'on a tournés. Même en 1974, ce n'était rien par rapport aux cachets auxquels il pouvait prétendre.

En revanche, il était intraitable sur les droits ultérieurs. Il entendait contrôler la diffusion sur certains territoires, imposer des horaires, maîtriser les jaquettes et leurs visuels, s'assurer qu'aucune séquence ne serait utilisée sans son autorisation… L'ORTF avait l'habitude de contrats types archaïques rédigés sur papier bleu, aux clauses prédéfinies, sans la moindre souplesse. Aujourd'hui encore, lorsqu'on veut réexploiter des films de l'ORTF, on s'aperçoit qu'il n'y avait rien de solide au point de vue juridique, en particulier concernant les droits des différents artistes et des réalisateurs. La France était alors dans une situation semblable à celle que j'allais découvrir quelques années plus tard en U.R.S.S. Quant à moi, je n'ai jamais eu une seule discussion artistique avec qui que ce soit à l'ORTF.

*Cette absence n'était-elle pas aussi une carte blanche ?*

La présence d'un producteur m'aurait sans doute permis d'éviter des faux pas, d'aller plus vite. Avancer seul sans soutien artistique ni intellectuel demande une énergie décuplée. Cette absence était compensée par la présence enthousiaste de Glenn pendant cette année et demie. D'un jour à l'autre, j'ai développé une collaboration inouïe avec un artiste que je ne connaissais pas quelques mois plus tôt. Entre nous, chaque élément a été discuté, chaque choix était évalué dans toutes ses conséquences… Lui-même m'a écrit quelques mois après notre premier tournage, pour me dire qu'il venait de vivre l'une des périodes les plus heureuses de sa vie professionnelle. C'est son soutien extraordinairement puissant qui m'a maintenu à flot.

*Tu avais affaire non seulement à un écrivain-interprète-producteur-monteur, mais aussi à un incroyable acteur. Tout était écrit au millimètre ?*

Glenn avait déjà montré son talent d'acteur dans des émissions enregistrées pour la télévision canadienne, où tout était écrit parce qu'il était seul à parler : c'était un autre registre. Dans mon film, les lignes générales de nos entretiens étaient bien définies, mais les textes eux-mêmes étaient improvisés. Tout préparer ensemble de manière très précise n'empêchait pas que ses paroles soient parfaitement spontanées. Nous avons tourné de multiples versions pour chaque scène, avec à chaque fois des variantes.

Les premières images montrent une silhouette qui entre dans un studio et jette un paquet au sol. Le décor avec les spots suffisait à suggérer qu'il s'agissait d'un tournage. Je rentrais alors dans le champ, lui demandant : « Qu'est-ce que c'est que cet objet-là ? » et avec un accent français assez drôle, il se mettait à parler de son compagnon le plus proche, la chaise sur laquelle il s'apprêtait à jouer du Bach. Je crois qu'on a tourné la scène vingt-six fois. On avait d'emblée affaire à un personnage énigmatique et enjoué. Cela donne une vision assez inédite de Gould, lui qui joue souvent un rôle avec un texte très contrôlé.

*Une spontanéité, mais également un immense contrôle de soi.*

À un point difficilement imaginable. Le deuxième épisode était totalement scénarisé. L'enregistrement de la « Bourrée » de la *Première Suite anglaise* de Bach était une séance mise en scène : il fallait trouver une logique interne qui justifie les multiples prises. Je lui ai demandé de faire une fausse note, en laissant un doigt glisser d'un *sol* dièse à un *la*. Mais la fausse note devait être exactement la même à chaque prise, afin qu'on puisse faire des raccords. On a dû tourner la scène au moins une vingtaine de fois, et il s'est prêté de bonne grâce à produire cette note douteuse. Même dans la fausse note, il était d'une rigueur absolue ! Il avait accepté parce qu'il y voyait une logique interne. Il n'aurait pas été question de tourner une scène de simple coquetterie. En ce sens, c'est un acteur exceptionnel, habité, bien plus que de coutume, par une vision globale du film.

*Est-il intervenu au montage ?*

On a monté à Paris, donc sans lui, entre fin février et novembre 1974. Si j'avais dit à l'ORTF qu'on allait faire le montage au Canada, on m'aurait instantanément interné. Mais j'ai continué à le tenir informé par lettre ou par téléphone, y compris des conflits qui ne manquaient pas de surgir. Il regrettait bien sûr de ne pouvoir être présent pour l'opération la plus excitante d'un film.

*Que sont devenus les rushes ?*

La politique de l'ORTF était de les conserver. Les négatifs doivent encore exister, sans doute à l'INA, mais moi je n'ai rien, hélas. Comme il s'agissait d'un montage pellicule, il n'était pas question d'avoir des copies vidéo chez soi.

*La diffusion du premier épisode a suscité un certain écho...*

C'est le genre d'occasion qui ne se présente qu'une fois dans une vie. La diffusion des films devait commencer le samedi 30 novembre 1974 pour s'achever quatre semaines plus tard, le samedi étant consacré aux variétés en direct. Or, ce jour-là, les trois chaînes publiques de la télévision française étaient en grève. Le programme minimum prévoyait qu'il fallait diffuser quelque chose pour ne pas laisser l'écran noir, et l'ORTF s'est rabattu sur mon film. Prévu à l'origine vers 23 heures ou minuit, il a été diffusé en début de soirée, sur les trois chaînes, devant un public captif.

Malgré le caractère étrange de ce musicien qui parlait à sa chaise, ou peut-être à cause de cette étrangeté, une bonne partie des spectateurs ont été sidérés. Le retentissement fut énorme et immédiat : du jour au lendemain, Gould est devenu une célébrité. Son jeu si reconnaissable, ses réflexions pas toujours abordables, son allure physique, tout convergeait. Un certain nombre de personnes qui comptent dans l'opinion française ont découvert Gould et en ont fait une figure publique.

Son aura s'est développée par la grâce d'un médium de masse qui en soi l'intéressait, l'image télévisée. Je l'ai bien sûr appelé pour le lui raconter, cela l'a beaucoup amusé. Je n'ai jamais plus observé l'impact immédiat d'une diffusion télévisée, sinon dans une moindre mesure et nettement plus tard, avec David Fray. En fin de compte, l'audience de Gould en France s'est établie comme il le préconisait : inutile de faire acte de présence. C'est la force de la rencontre entre l'image et le son.

## GOULD JOUE BACH

*Fin 1974, on imagine que Gould est extrêmement satisfait.*

Oui et non, c'est un peu compliqué. Il était, je crois, très satisfait des films, mais ne comprenait pas qu'ils circulent aussi peu. Leur statut n'était pas le même que celui de ses émissions pour la CBC. Il avait tout à fait conscience d'être sorti du registre « série télévisée » et il s'attendait donc à une large diffusion. Or celle-ci avait précédé de peu le démantèlement de l'ORTF, début 1975, et ces films sont tombés dans l'escarcelle de l'INA, qui n'avait pas la moindre structure administrative à l'époque.

Ils ont en effet obtenu un certain écho au-delà des frontières françaises : ils ont été primés au Festival international de Prague, il y a eu des demandes d'achat par des chaînes suédoises ou allemandes, des manifestations d'intérêt. Rien de tout cela n'a abouti, aucune réponse aux sollicitations. Ces films ne sont parus en DVD que vingt-huit ans plus tard, conséquence indirecte de l'incurie administrative de l'ORTF, puis de l'INA. Mais paradoxalement, le fait qu'ils n'aient pas été distribués a peut-être été l'étincelle qui a permis d'en faire d'autres. L'un de leurs acheteurs potentiels, Herbert Kloiber, sans réponse de l'ORTF, m'a contacté directement pour voir s'il serait envisageable de faire d'autres films avec Gould.

*Kloiber vous a-t-il permis de poursuivre votre collaboration ?*

De 1972 à la mort de Gould en 1982, il n'y a pas eu d'année sans qu'on se voie et, dès 1976, nous nous sommes attelés à un nouveau projet autour de Bach [*op.* 20-22, 1979-1981] : un ensemble qui comportait à l'origine cinq épisodes, ramenés à trois à la suite du décès de Glenn. Les premiers épisodes concernaient Glenn seul : il suffisait d'un camion-vidéo. Les suivants impliquant musique de chambre et orchestre, ils auraient sûrement posé bien des problèmes logistiques. Mais Gould jouissait désormais d'une telle aura et les films de 1974 avaient eu un tel impact qu'on ne se posait aucune question sur la faisabilité de ce projet.

Kloiber avait négocié une coproduction avec le Canada. Il m'avait suggéré de « faire quelque chose du côté de la télévision française ». La Première chaîne avait aussitôt accepté. Je n'avais pas de contrat, mais en compensation j'étais délivré des préoccupations de production ou de financement qui occupent tellement lors des projets plus classiques. J'allais voir Gould autant que je voulais, on y passait le temps qu'il fallait.

*Comment Gould a-t-il abordé cette deuxième série de films ?*

Kloiber m'a dit n'avoir jamais rencontré un artiste aussi peu intéressé par les clauses financières d'un contrat. Aux yeux de Glenn, l'essentiel était de pouvoir se concentrer sur la conception dans ses moindres détails. Tout ce travail l'a d'ailleurs aidé à surmonter la crise profonde qu'il traversait à la même époque dans sa relation au piano.

*Ton contrat a-t-il fini par arriver ?*

Quand on a commencé à filmer, à l'automne 1979, cela faisait trois ans que j'y travaillais. Un contrat m'a alors été proposé, et j'ai bien compris que je n'aurais aucun contrôle sur la vie ultérieure de ce projet. Mais j'étais ferré, j'aurais fait n'importe quoi pour tourner ce film qui était devenu ma raison de vivre. Et, en effet, je n'ai jamais reçu le moindre compte d'exploitation ni eu le moindre mot à dire sur leur éventuelle publication. Seules les *Goldberg* sont sorties en DVD, les deux autres sont indisponibles, sauf dans un énorme coffret, et rien de tout cela n'est disponible en ligne. Pour tourner *Au-delà du temps* [*op.* 73, 2006], je n'ai pu utiliser que 3 minutes et 25 secondes de mes propres films et quelques rushes. Le fait de n'avoir aucun droit sur eux m'attriste et freine leur circulation active.

*En quoi consistait ce projet Bach ?*

Les trois épisodes avaient à l'origine des titres plus ou moins littéraires, qui ont vite été abandonnés — « Musique du jour », « Musique de la nuit »... — au profit d'une idée toute simple : *Glenn Gould joue Bach*, qui se décline en trois épisodes, *La Question de l'instrument, Un art de la fugue, Les Variations Goldberg*. À partir de là, nous avons défini un répertoire correspondant aux thématiques développées dans nos conversations.

De fait, nous avons peu à peu adopté l'option du dialogue par opposition à l'entretien. C'est la raison de ma présence à l'image[2], même s'il était clair que le texte serait inégalement réparti entre nous. Glenn a finalement fait commander deux fauteuils, un pour chacun de nous. Il y a des conversations un peu envahissantes, notamment dans *Un art de la fugue* [*op.* 21, 1980], où nous évoquons la nature profondément contrapuntique de la musique. Nous avons pourtant cherché à insérer plus d'exemples musicaux pour opérer un rééquilibrage, mais Glenn avait tant à dire... Et des choses tellement provocantes, au sens où elles stimulaient l'intelligence du

2. Voir le chapitre 9, « Réponses filmiques », p. 293.

spectateur. Nous avons eu du mal à entrer dans le format 58 minutes mais, finalement, cela fonctionne plutôt bien.

*Retrouvait-on dans cette deuxième série la spontanéité des films précédents ?*

Cette fois-ci tout était rédigé, et les musiques choisies avec la plus grande précision. Pour montrer ce qu'est une fugue réussie, par exemple, nous avions décidé de la démonter comme un Meccano. Cela voulait dire : commencer par la jouer, la démonter par l'analyse, puis la rejouer. Glenn m'avait proposé trois interprétations différentes pour cette dernière fugue au programme. J'avais choisi la version lente, qui correspondait à la fois au rythme du film et au contenu discuté à ce moment précis. Tout était donc prêt, on peaufinait le texte depuis deux ans.

Quelques mois avant le tournage, nous nous sommes retrouvés à l'hôtel de Glenn, sans piano ni personne, pour répéter la version définitive. Nous nous chantions les exemples musicaux prévus, on enchaînait avec nos discussions et Glenn chronométrait le tout. 1 heure et 6 minutes : rien à faire, c'était trop long. La mort dans l'âme, Glenn a envisagé de supprimer quelques exemples musicaux. Je n'étais pas d'accord, cela me semblait une grave erreur qui risquait de corrompre l'équilibre délicat entre musique et texte.

*Il vous arrivait donc d'être en désaccord !*

Cela n'a pas duré très longtemps. J'ai proposé de régler le problème en nous appuyant sur le propos même de notre dialogue, le contrepoint, et de supprimer la première exposition pour mêler directement son exécution d'une fugue particulièrement complexe avec un commentaire parlé. Pas l'ombre d'une hésitation : « Quelle merveilleuse idée de rajouter un élément contrapuntique ! » Le tour était joué, nous avions grignoté nos précieuses minutes. Et puis aussitôt, il remarque : « Il va falloir penser sérieusement au problème de micro. » Il avait bien raison : cela ne va pas de soi d'équilibrer deux voix humaines, plus les voix musicales... Quelle maîtrise il avait de la production et de ses problèmes techniques !

*Ne craignais-tu pas que ce dispositif soit trop dense ?*

À l'image, Glenn est d'une décontraction totale, et même assez drôle. À aucun moment son débit n'est affecté par le fait qu'il est en train de jouer, pas plus que le rythme de son jeu n'est affecté par le fait qu'il est en train de parler. Certains pourront trouver tout cela trop intellectuel. À mes yeux, c'est extraordinairement fluide et émouvant, même si le sujet est aride. C'est le type de scène qui n'a pas besoin d'être intégralement comprise. L'émotion découle naturellement de ce personnage qui domine son sujet avec évidence. Combien de spectateurs saisissent tous les détails évoqués ? Peu importe, il faut tabler sur l'enthousiasme communicatif, sur l'intelligence qui se laisse porter.

*Quel est le lien entre l'enregistrement des* Variations Goldberg *pour le disque et cette idée de film [*op. 22, 1981*] ?*

Glenn avait depuis longtemps en tête de regraver les *Goldberg* un jour ou l'autre. De notre côté, nous avions décidé d'y consacrer le troisième épisode de notre nouveau cycle. L'idée nous est venue de faire d'une pierre deux coups : le décor du film pourrait être celui d'un studio au moment de l'enregistrement, et le résultat pourrait être publié sur disque. En réalité, faire un film et un disque en même temps n'est pas si simple.

*La bande-son du film ne coïncide-t-elle pas avec le disque ?*

Non, pas exactement, et pour plusieurs motifs. Glenn a estimé, à raison je crois, que l'image pouvait rendre acceptables un certain nombre d'éléments qui lui auraient semblé inacceptables pour le disque. Il a donc corrigé la version audio, sur des points qu'on a laissés dans la version vidéo. Il se peut aussi que l'urgence ait joué : l'équipe de tournage n'était réservée que jusqu'en juin 1981 et nous n'avions plus guère de temps.

Cela concernait essentiellement l'« Aria da capo » : il a souhaité en refaire la deuxième partie, tranquillement, sans personne autour de lui. Mais il n'était pas non plus satisfait de la vingt-cinquième *Variation* : il trouvait que, dans le motif *ré-do-ré-la-ré* à la basse, le dernier *ré* n'était pas équilibré[3]. Plus qu'une simple question de volume qu'on aurait pu remixer, c'était vraiment la dynamique qui le perturbait. La force de l'image montrant sa réaction de la main droite nous a convaincus de laisser ce très léger déséquilibre sonore : on n'aurait plus compris la surprise de Glenn avec un montage son

3. Sur ce geste, voir également le chapitre 8, « Questions musicales », p. 261-262.

parfait. Pour le disque au contraire, il a rejoué ce *ré*, inséré dans une prise plus équilibrée. L'image et le fait d'avoir saisi ce mouvement régulateur de la main droite ont bel et bien joué un rôle sur la bande-son.

*Était-ce enregistré en play-back ?*

Non, à une exception près, cette fameuse « Aria da capo ». Le film montrait Gould enregistrant les *Variations* dans l'ordre chronologique, comme lorsqu'on les joue en concert. Le plan d'ouverture nous faisait passer de la régie vers le piano. Sur la fin, j'ai souhaité revenir sur le micro. Si la bande-son restait strictement conforme à la partition, l'image disait au spectateur : « Rappelez-vous qu'on est en train d'enregistrer. ».

Cette vue du micro devait se prolonger vers le visage de Gould. Pour réaliser ce mouvement de caméra, je lui ai demandé de jouer en play-back sur ce qu'il venait d'enregistrer, seulement quelques mesures. Pourtant, on a tout de suite senti l'artifice : il avait une telle vie dans sa manière de jouer du piano que le synchronisme ne fonctionnait pas bien. On n'a pas l'impression qu'il se contente d'articuler les doigts et de placer telle ou telle note ; on ressent comme une vie interne à la main, qui reflète le rythme de la musique, sa variété de phrasés. Tout cela s'exprime dans ses doigts, dans les mouvements de son corps. Cela rend le recours au play-back très délicat, avec le risque de « sonner faux ». Il a fallu refaire la prise un nombre incalculable de fois, jusqu'au moment où cela devenait à peu près plausible.

*Avait-il déjà expérimenté le play-back ?*

Il avait évoqué sa difficulté d'être synchrone avec son propre jeu pour son disque consacré à Wagner, dans la fin de l'ouverture des *Maîtres chanteurs*. Sa transcription était si complexe qu'il s'était équipé d'un casque audio pour réenregistrer sur son propre enregistrement les fragments qui recouraient à une troisième main. C'est en effet étonnant de la part d'un interprète qui avait un tel contrôle du temps, des structures et de la teneur émotionnelle des œuvres. On pouvait lui demander d'interpréter n'importe quelle mesure de n'importe quelle partition, il la jouait instantanément, replacée dans la totalité de sa vision de l'œuvre. Il avait une incroyable maîtrise du tempo, indispensable pour enregistrer les disques comme il l'entendait, avec de multiples points de montage entre des prises différentes. Pourtant, l'équivalent visuel qu'est le play-back restait un procédé étranger à son monde.

*Avez-vous eu l'occasion de reparler du play-back ?*

Dès 1974, je lui avais soumis l'idée de travailler à un film sur *Le Clavier bien tempéré*, qu'il avait déjà gravé, lui montrant un prototype de la *Fugue en ut dièse mineur* que j'avais réalisé avec Zoltán Kocsis : des fragments isolés de quelques mesures, filmés en play-back et remontés ensuite sur la continuité sonore. Il a été fasciné par Zoltán, au point de souhaiter l'inviter dans le film sur *L'Art de la fugue*. Nous avons ensuite regardé le découpage très précis de ce travail antérieur sur le storyboard que j'avais apporté. Je voulais simplement savoir si cela l'intéressait sur le principe, sans entrer dans le détail des implications esthétiques, techniques ou logistiques. Il a accepté de tourner au moins le premier des deux livres du *Clavier*, mais le projet n'a pas abouti, faute de diffuseurs.

Quelques années plus tard, Pierre Cavassilas m'a contacté parce qu'il voulait concevoir un « *Clavier bien tempéré* vidéographique ». Je lui ai suggéré de choisir le pianiste Pascal Rogé, et le projet a vu le jour en 1988. Cavassilas est désigné au générique comme « vidéaste », et tous deux ont affronté le Livre I, dans un studio très dépouillé, tantôt très noir, tantôt d'un blanc éclatant. Par contraste, l'écran est souvent fragmenté, encombré de claviers horizontaux, verticaux ou obliques découpant les voix et les entrées. Le réalisateur s'est bien amusé avec des moyens vidéo qui avaient fait de grands progrès. Si nous avions mené à bien notre projet avec Glenn, nous serions sans doute revenus à une manière plus conventionnelle.

## PORTRAIT EN TRENTE *VARIATIONS*

*Comment se présentait le tournage des* Goldberg, *dernier épisode de la série ?*

Bien mieux en tout cas que le film précédent, *Un art de la fugue*, qui avait entraîné la rupture entre CBC et Gould. Comme dans n'importe quelle télévision publique, on nous avait attribué des équipes de tournage selon leurs disponibilités plutôt qu'en fonction de leurs compétences ou de leur intérêt. Pendant le tournage, certains membres de l'équipe disparaissaient pendant qu'on travaillait sur tel ou tel problème. C'est une difficulté classique des tournages : chaque corps de métier attend que l'autre ait fini son réglage et on passe son temps à patienter. C'est l'une des choses les plus éreintantes pour le réalisateur, sans arrêt sollicité par des questions techniques partielles : il doit à la fois savoir s'éparpiller en répondant aux problèmes divers et donner une cohérence à ces multiples détails.

En l'occurrence, sur *Un art de la fugue*, il y avait un manque de discipline manifeste. Tout le monde attendait tout le monde. Cela avait entraîné des moments d'extrême tension. Comme Gould ne manifestait jamais cette tension de manière ouverte, il avait l'estomac noué et traitait cela comme d'habitude à coup de valium. Autant dire que des épisodes pareils renforçaient sa hantise des contacts avec le monde extérieur. Après le tournage, Glenn a demandé un rendez-vous à la CBC. Il n'avait pas l'habitude d'aller rencontrer les gens, mais nous nous sommes retrouvés dans le bureau du responsable de la musique, qui nous a accueillis avec les mots suivants : « Nous ne sommes pas en mesure de satisfaire votre méticulosité. » En sortant, Glenn m'a déclaré : « CBC et moi, c'est terminé. »

*Comment avais-tu prévu ce tournage des* Goldberg *?*

Le plan de travail enchaînait les prises de vue de façon non chronologique, conditionnant l'ordre des *Variations* en fonction des types de plan : pour le coup, l'image commandait. Cela demandait à Gould un exercice acrobatique pour s'y adapter, tout en conservant à l'esprit une vision parfaitement claire des progressions ou des contrastes dans l'enchaînement des *Variations* telles qu'on les écouterait. Entre deux prises, il retournait de bonne grâce dans son fauteuil ou dans sa loge.

*Ne restait-il pas au clavier ?*

Non. D'abord, il nous aurait dérangés. Mais surtout, il n'était pas question pour lui de travailler l'instrument ; il ne s'y mettait que pour jouer et faire une prise. J'ai d'ailleurs retrouvé dans les rushes une séquence magnifique et assez longue : Glenn touche deux fois une note, puis bat la mesure. On sent bien qu'il s'est détaché du piano, il pense à la prise qu'il va faire, sans relation avec l'instrument.

J'ai eu l'occasion de vivre en direct cette drôle de relation la seule fois où j'ai mis les pieds dans son appartement. Je venais de débarquer de l'avion, quand il m'a demandé d'attendre quelques heures avant de le retrouver comme à notre habitude et s'en est excusé : « Je dois pratiquer mon piano. ». Surprise totale de ma part. Je l'ai interrogé sur sa santé et il m'a répondu : « Tout va bien. Je viens seulement de faire une erreur psychologique majeure : je dois enregistrer la semaine prochaine le *Konzert* de Webern pour piano et neuf instruments, et je l'ai étudié comme toujours sur partition. J'ai commis l'erreur de vouloir tester différents éléments au piano… et je me suis aperçu que je jouais toutes les parties à la fois. Je n'arrive plus à isoler la partie de piano des autres. » Il était devenu la partition elle-même, et devait désapprendre au piano les parties des neuf autres instruments.

Lorsque je suis arrivé, il m'a prévenu que j'étais la première personne à entrer chez lui depuis Emil Gilels, une vingtaine d'années plus tôt. Aucun accordeur n'y avait accès, et ses pianos, un petit Chickering qui n'était pas en état de marche et un Steinway quart de queue passablement désaccordé, n'étaient manifestement pas utilisés. Cela ne l'a pas empêché de me jouer deux versions du *Konzert* : la partie de piano solo, puis la partition complète.

*Après avoir abordé* La Question de l'instrument *dans le premier épisode et souligné le caractère peu instrumental de Bach, quel piano Gould a-t-il choisi pour ce tournage des* Goldberg *?*

Il faut remonter au deuxième épisode, *Un art de la fugue*. C'était l'époque où Glenn était très malheureux avec son piano, le fameux Steinway 318 qu'il utilisait depuis des années de façon exclusive. Sa mécanique était idéale, mais d'après Glenn l'instrument était en train de mourir faute d'avoir une projection sonore telle que lui la recherchait.

Durant cette année 1980, il était donc à la recherche d'un autre instrument. Un beau jour, il m'a appelé pour me dire qu'il venait de trouver un Steinway absolument extraordinaire. Il l'avait fait importer à grands frais, affrontant toute sorte de difficultés douanières, surexcité à l'idée de tourner cet épisode avec. Par précaution, il avait quand même fait livrer le 318 dans le studio où nous allions enregistrer.

Sitôt abordée la *Fugue en mi majeur*, il a perdu toute illusion : « Comment ai-je pu m'intéresser à cet animal ? Sa mécanique ne donne même pas la satisfaction du 318. Pire encore, je ne pourrai jamais obtenir la sonorité liturgique qui convient à cette fugue. » Nous avons donc tourné sur deux pianos différents : exposition sur le nouveau, retour sur le 318 avant la conclusion sur le premier. Personne ne peut s'en apercevoir, mais ce fut pour lui une désillusion terrible. Il avait cru trouver une solution à ce problème qui le rongeait depuis des années. L'année suivante, pour le tournage des *Goldberg*, il jouait sur un nouveau piano, le Yamaha qu'il avait trouvé à New York.

*Gould entretenait une autre drôle de relation avec... sa voiture.*

J'ai passé beaucoup de temps à bord de Longfellow avec Gould. Lorsqu'il me raccompagnait à mon hôtel, on restait des heures à bavarder dans la voiture. Il était là dans son élément. D'ailleurs, il ne choisissait pas ses voitures selon leur marque ou leurs caractéristiques techniques : il essayait les fauteuils et se décidait en fonction de leur qualité. Énorme et noire, Longfellow était un lieu de vie : comme il ne prenait jamais l'avion, et le train qu'avec réticence, il se déplaçait en voiture lorsqu'il se rendait dans le Nord ou qu'il partait enregistrer à New York. Elle était bien plus qu'un moyen de locomotion : un lieu de discussions et un poste d'observation de la vie extérieure, sans qu'il soit nécessaire de descendre sur le trottoir ni de se mêler à la foule qui aurait pu le toucher. Longfellow ayant été vendue après sa mort, j'ai dû retrouver son équivalent à Toronto pour *Glenn Gould, au-delà du temps* ; une voiture de collection qu'on a fait livrer par camion sur les lieux du tournage dans le Grand Nord.

*Le tournage des* Goldberg *était-il en vidéo ?*

Oui, c'était les débuts du montage numérique. Je conservais une copie des différentes prises sur VHS. C'est comme cela que j'ai retrouvé pas mal de séquences. Le problème, c'est qu'on arrête souvent de tourner dès qu'une prise est faite. Je regrette beaucoup qu'on n'ait pas filmé ce qui se passait entre, nos discussions sur les raisons de recommencer. Si un jour les passionnés pouvaient accéder aux rushes, ils verraient le nombre de fois où une prise était interrompue à la moindre « note douteuse ». Dans l'esprit de Gould, elle ne pouvait provenir que d'un clavier déréglé. Il appelait alors son accordeur — à vrai dire, c'était plus qu'un accordeur, c'était quelqu'un qui avait une connaissance intime de ce piano-là. Il sortait ses chartes d'étalonnage, vérifiait le poids de la touche, le plombage, à la façon d'un médecin prenant la tension d'un patient. Chaque valeur devait correspondre aux souhaits de Glenn afin d'éviter toute note douteuse. Le moindre déréglage aurait rendu toute nouvelle prise inutile.

*Ce n'était pas trop monotone ?*

Pas du tout, il y avait toujours de l'inattendu. Pendant toutes ces semaines, le tournage commençait en fin d'après-midi et, à la nuit, il y avait une pause dîner pour l'équipe. Je restais avec Glenn, c'était le moment idéal pour bavarder. Un jour, je suis allé partager une pizza avec l'équipe. Un accessoiriste m'a siffloté un air en me demandant si je connaissais : c'était la *Polonaise en la majeur* op. 40. « Et Gould ? » Je lui ai expliqué que Chopin ne faisait pas vraiment partie de ses compositeurs fétiches, ajoutant : « Vous devriez lui demander. »

De retour au studio, une fois préparé le plan suivant, je me suis rendu en régie. Derrière la vitre, j'ai aperçu l'accessoiriste qui s'approchait d'un Glenn prêt à tourner, déjà installé au piano. Et tout à coup, Glenn s'est lancé dans la *Polonaise*, amorçant le thème pour s'embarquer dans une vaste improvisation de vingt minutes qui a pris les allures d'une œuvre wagnérienne ou brahmsienne, avec des harmonies qui n'avaient plus rien de Chopin. À la fin, Glenn m'a dit : « *Bruno, I hope you filmed that* » (Bruno, j'espère que tu as filmé ça). Non, j'avais loupé l'occasion, saisi par ce que j'entendais… Comme je l'ai regretté ! Il aurait suffi de dire : « Moteur ! »

*Avez-vous monté le film ensemble cette fois ?*

À la différence de « L'alchimiste » [*op.* 2, 1974], tourné sur film, Gould repartait avec son jeu de VHS pour Toronto après chaque session, et moi avec les miens pour Paris. Cela nous permettait d'échanger nos impressions et nos idées par téléphone. Le dérushage était en quelque sorte transatlantique, et cette proximité téléphonique nous a permis de poursuivre notre collaboration jusqu'au montage.

Puis, pendant cinq à six semaines, on s'est enfermés dans le studio de montage tous les jours jusqu'à 6 heures du matin. Glenn venait me chercher en début d'après-midi et on partait à une trentaine de kilomètres de Toronto. Nous faisions nos premières armes en matière de montage numérique. Le rythme était intense et on travaillait sans compter nos heures… Mais les machines tombaient souvent en panne : on essuyait les plâtres. Comme nous étions interrompus sans arrêt par leur maintenance, Glenn a suggéré de nous lancer dans des séances de chant à trois voix avec Karen, mon assistante, qui savait lire la musique. Nous chantions les *Goldberg* comme des dératés. Glenn n'avait pas besoin de partition, bien entendu. Il restait allongé sur un sofa et chantait la voix qu'on lui attribuait, ténor, soprano ou basse. Un soir, il a annoncé : « Nous devons faire nos débuts sur scène. J'ai un nom pour notre trio : les KGB, pour Karen, Glenn et Bruno… »

*Dommage, là encore, que les micros ne soient pas restés ouverts…*

Cette période heureuse et intense de montage s'est terminée de manière assez émouvante : nous sommes sortis de ce studio souterrain un petit matin du mois de juin 1981, épuisés comme des combattants émergeant de leur bunker. Nous avions le sentiment d'avoir apporté quelque chose dans ce domaine de l'enregistrement et du film. Sur le parking, dans une aube grise à peine rosée, je me suis trouvé face à Glenn, très proche, et j'ai remarqué ses yeux enfoncés de fatigue. Il m'a dit qu'il n'était pas question pour moi de repartir pour Paris, il fallait que je reste encore un jour à Toronto : « Jusque-là, nous avons agi en artisans. Il faut maintenant que nous regardions ce film en spectateurs, ce qui va bien nous prendre une nuit entière. »

Il voulait se placer dans une autre perspective, ce qui laissait entendre que, de son côté comme du mien, nous n'avions pas tenu compte de cet élément pendant le tournage ni le montage. Bien sûr, il était trop tard pour reprendre quoi que ce soit, et il le savait bien. Mais peut-être y avait-il là des leçons à tirer pour un projet ultérieur. Il m'a semblé que vouloir regarder « en spectateurs » avait du sens. Je suis resté un jour, ou plutôt une nuit de plus. On a regardé le film cinq fois…

*Est-ce compatible avec son combat contre la répétition infinie, dans la routine du concert, comme dans l'étude de l'instrument ?*

Une des raisons de son renoncement au concert était, en effet, le refus de la routine qui s'installe, ce qui explique son attitude qui peut paraître fantasque vis-à-vis du piano : absence de répétitions, rejet de l'entraînement répétitif et des reprises trop nombreuses dans ses enregistrements. Il estimait que les compositeurs marquaient le signe de reprise par convention, de façon quasi automatique, sans songer toujours à lui donner un sens structurel. Dans les gigues des *Partitas* de Bach, par exemple, il pensait que l'effet cumulatif était affaibli par le simple fait de recommencer. Cette conception de la redite contre-productive ne l'a pas empêché de regarder cinq fois notre film des *Goldberg* — sans parler des films de Kurosawa ou d'autres, qu'il a vus quarante ou cinquante fois. Il ne faisait pas de différence entre films et musique.

*Sa vision de l'auditeur tranchait donc avec sa conception de l'interprète ?*

C'est curieux : il avait une mémoire phénoménale, emmagasinait un film ou une partition dès la première écoute. Ses visionnages ultérieurs n'ajoutaient pas grand-chose en matière de compréhension analytique. Pourtant, il m'a fait écouter des dizaines de fois la *Symphonie alpestre* de Strauss, et surtout les *Métamorphoses* dirigées par Karajan. C'était pour lui le comble de la beauté. Il écoutait la *Symphonie alpestre* en extase, jusqu'à s'en intoxiquer ! Il pouvait écouter ou regarder en boucle les mêmes images ou les mêmes sons des mois entiers sans se lasser. Il en éprouvait un immense plaisir, semblait s'imprégner, comme si le simple fait d'inverser les rôles d'interprète et d'auditeur changeait la donne.

En tant qu'interprète, il s'agissait de construire la vision qu'il avait en tête ; le travail de montage qui conduit à jouer des bribes de partition des centaines de fois ne relève pas de la jouissance, il vise l'unité d'une interprétation cohérente. À l'inverse, son plaisir d'auditeur grandissait à l'écoute répétée de la même interprétation dès lors qu'elle donnait accès à l'œuvre. Cela disait aussi à quoi nous aspirions de la part du spectateur de nos *Goldberg* : accepter de ne pas avoir fait le tour de l'œuvre en un seul visionnage, chercher à s'en imprégner... C'est une expérience que la plupart d'entre nous éprouvons souvent : le plaisir d'écouter une œuvre que l'on connaît déjà, même ou surtout si c'est le même disque ou la même interprétation.

## UNE CONFIANCE PROFONDE

*Quel bilan dresses-tu de cet enregistrement ?*

Gould est de loin l'interprète avec lequel j'ai développé la collaboration la plus intense. Il n'était pas seulement « plus impliqué », il était là tout le temps. C'était son projet autant que le mien, même si, pendant le tournage, il n'émettait pas le moindre avis sur la structure visuelle du film. Lors du montage, au contraire, il a formulé bien des remarques... Mais Glenn avait une merveilleuse qualité : autant il se montrait intransigeant, autant il savait exprimer sa satisfaction profonde. Son enthousiasme était alors indescriptible, c'était vraiment une explosion de joie. Rien à voir avec l'être froid, critique et insatisfait que croient certains ; c'était au contraire quelqu'un de solaire, d'une extraordinaire gaîté. Il manifestait très fortement le fait que, pour le moment du moins, on avait atteint ce qu'il voulait dire et que cela allait fonctionner. Il avait dompté les événements.

Le jour où nous avons fini le tournage des *Goldberg*, il m'a raccompagné à l'hôtel en voiture et j'ai eu droit à la manifestation de l'effusion physique la plus extrême de sa part : il m'a serré la main. Enfin, n'exagérons rien... cela s'est limité au contact des extrémités des doigts. Mais le contact a bien duré cinq secondes.

*Aviez-vous en tête l'idée d'un après-*Goldberg *?*

Nous avions prévu cinq films sur Bach. Il restait donc deux épisodes, l'un consacré à la musique de chambre, avec des séquences d'improvisation, et le dernier aux *Cantates* et à la musique liturgique. Le nouveau tournage était programmé à partir de juin 1982. Entre-temps, il avait enregistré et autoproduit ses débuts de chef d'orchestre dans *Siegfried Idyll*, qu'il n'a pas eu le temps de monter lui-même. Il avait adoré se trouver aux prises avec Wagner. J'ai écouté les rushes d'une séquence de répétition d'une incroyable intensité. On l'entend dire aux musiciens, qu'il avait lui-même choisis au sein de l'Orchestre symphonique de Toronto : « Mesdames, Messieurs, c'était la plus exaltante séance de répétition de ma vie... Au fait, vous recevrez vos chèques sous 48 heures. » C'est du Glenn tout craché.

Ce qu'il souhaitait le plus à ce moment précis, c'était enregistrer un certain nombre d'œuvres comme chef d'orchestre, avec une maîtrise totale des circonstances, en devenant son propre producteur. Il faut dire que le projet Bach était tellement organique qu'il en avait perdu son urgence : nous savions, Glenn et moi, qu'un jour ou l'autre il se ferait. Les deux épisodes restants étaient rédigés et le répertoire choisi. Cela aurait impliqué moins de dialogues entre nous, mais bien plus de collaborateurs et d'artistes. Il y aurait eu une *Sonate pour flûte en ut majeur* avec Jean-Pierre Rampal. J'avais choisi moi-même cette sonate parce que l'écriture de la basse continue laisse la part belle à l'improvisation. Pour aborder l'improvisation chez Bach, nous voulions une sonate pour viole de gambe et clavier, et on avait envisagé Rostropovitch.

Outre *Le Clavier bien tempéré* évoqué, nous avions aussi discuté d'un projet testamentaire : un récital de piano dans un Carnegie Hall vide, rassemblant les œuvres qui avaient le plus compté à ses yeux — sonates de Haydn, Mendelssohn, Bach, sans doute des pièces de Schoenberg, Brahms... Ainsi qu'un film sur la *Messe en si mineur* pour 1985, tricentenaire de la naissance de Bach. Mais Bach était mort avec trois ans de retard, parce que Glenn avait envisagé d'arrêter son activité musicale à cinquante ans, soit en 1982. Et son envie initiale a été respectée, puisqu'il a été victime d'un AVC le jour de ses cinquante ans.

*Comment as-tu appris sa mort ?*

Le 24 septembre 1982, je rentrais d'un tournage en Chine avec Yehudi et Glenn m'a appelé pour fixer la date de mon prochain séjour à Toronto — nous avons retenu le 15 octobre. Le lendemain, jour de son cinquantième anniversaire, son assistant Ray Roberts m'a informé de son attaque. Glenn m'avait dit la veille avoir un rhume assez sévère, ce qui s'était comme toujours manifesté par une gorge qui enflait comme celle d'un pélican. Il en riait mais, en même temps, cela le terrorisait, comme le moindre virus ou la moindre bactérie. Et de fait, il en est mort. Je me suis rendu à Toronto le 15 octobre, comme prévu, mais cette fois c'était pour les obsèques. Cela sonnait le glas de tous les projets engagés.

*J'aimerais que tu t'arraches à ta position d'interlocuteur de Gould. Peux-tu nous aider à comprendre ce qui s'est passé pour que votre rencontre ait été aussi immédiatement jubilatoire ?*

Je me suis toujours posé la question. J'étais un gamin à cette époque, ou disons un jeune homme inexpérimenté. Il a dû sentir que j'aspirais à accorder la musique avec l'invention d'une forme liée à l'image, et y adhérer. Nous nous retrouvions dans la volonté de scénariser la musique, d'arriver à en faire quelque chose qui aurait une signification plus large que celle d'une simple « émission télé », à la fois au point de vue formel et dans une perspective patrimoniale. Nous voulions aller au-delà de la simple consommation. Notre rencontre tombait à point, même si, sur le moment, j'étais incapable d'analyser tout cela en ces termes. On pouvait, en tout cas, discuter à fond de musique, et on ne s'en privait pas. Mes goûts pouvaient différer des siens, mais nous avions vraiment un échange fécond et amical.

*Voilà qui brise sa réputation de solitaire absolu...*

Glenn était un être solitaire, mais son exigence en matière de logique dramaturgique était telle qu'elle appelait la constitution d'une équipe. On en avait réuni une petite, française pour l'essentiel, en dehors des accessoiristes qui étaient canadiens. Il y avait aussi quelques « acteurs », comme l'ingénieur du son que l'on voit à l'image, et qui était bel et bien son ingénieur son.

J'ai vu se réaliser sous mes yeux l'idée qu'il abordait longuement dans ses écrits : le travail devenait le résultat d'une *corporate decision*. L'interprète n'était plus le seul auteur d'un disque, il y avait une forme d'anonymat ou de collectif qui s'installait. C'était lié à ce qu'il appelait « *the video cartridges* », l'hypothèse qu'un jour, tout cela serait disponible sous forme de « briques » ou d'éléments à assembler. Accessibilité, disponibilité et combinaison : c'était une sorte de préfiguration d'Internet, qu'il avait largement décrit à l'avance, plutôt qu'une réflexion à l'européenne sur la disparition de l'auteur.

*Le statut de l'auteur l'intéressait-il ?*

Oui, il développait cette conception d'un auteur forcément divisé, qui devait être lié à une forme de pérennité. Je pense que cette recherche de stabilité explique en partie notre relation forte et durable. Je crois que cela aurait pu continuer des années, qui sait. Son souci d'indépendance était tel que ses rapports avec autrui en étaient parfois fragilisés, à commencer par ses directeurs artistiques : leurs relations se sont toujours terminées par une rupture brutale.

*On aurait imaginé le contraire : besoin de stabilité, neutralisation des problèmes…*

Glenn ne voulait absolument pas de conflits, cela lui était insupportable. Mais lorsqu'il avait un projet en tête, il entendait le développer d'une façon autonome, sans perdre d'énergie à convaincre des décideurs. Quand il est entré en désaccord — un désaccord d'ordre philosophique — avec son directeur artistique, cela s'est terminé… terminé, point, même s'ils travaillaient ensemble depuis des années. Ni adieu ni préalable, ce fut très brutal. Le conflit était latent, parce que Gould avait l'intention de produire ses disques lui-même. Il ne voulait plus aucune ingérence, de la même manière qu'avec CBC, il a fini par acheter la totalité de l'équipement technique nécessaire pour pouvoir travailler à son rythme. Si un programme radio d'1 heure nécessitait six mois de montage, il fallait qu'il les obtienne, sans négociation.

Même chose pour les disques — il les vivait avec une telle intensité que cela devenait financièrement impossible pour des entreprises qui ont une logique commerciale. Ou lorsqu'il a commencé à pratiquer la direction d'orchestre — comme il ne voulait pas avoir affaire à des syndicats, il a réuni des musiciens à Hamilton, à 150 km de Toronto, pour pouvoir faire ses armes avec eux en dirigeant la musique à son rythme. S'il fallait jouer de nuit, c'était de nuit, un point c'est tout.

Mais il savait aussi recueillir des avis et saisir des occasions. Le fait qu'on ait pris tant de temps lors de notre première série de films, avec ces mois et ces années de travail, montre qu'il était réceptif à ce qui provenait de l'extérieur et pouvait nourrir le projet. Dans la série ultérieure, cela a été très différent, puisque l'accumulation des années a plutôt résulté de ses problèmes d'épaule, qui l'ont contraint de nouveau à annuler le tournage. Comme j'allais à Toronto tous les mois, nous avons pu peaufiner le contenu de nos conversations, polissant nos textes en l'absence de toute échéance, sans anxiété par rapport au temps qui passait.

*Sa collaboration antérieure avec la CBC l'avait-elle préparé à votre travail filmique ?*

Durant sa carrière de concertiste, il avait en effet participé à une série d'émissions pour la télévision canadienne. Il s'était beaucoup amusé à concevoir ces dizaines d'heures de programmes et à en rédiger les textes, même si leur forme était souvent déficiente. On lui avait laissé une liberté aujourd'hui difficile à imaginer. À la même époque, Leonard Bernstein animait ses célèbres *Young People's Concerts* avec le New York Philharmonic Orchestra. C'étaient deux conceptions très différentes de la musique pour des chaînes grand public. Bernstein avait une fibre pédagogique qui manquait à Glenn, lequel lui reprochait son « goût douteux » : l'absence d'ambiguïté, tout surligner, mâcher le travail de l'auditeur spectateur. Gould laisse subsister une part obscure des œuvres, c'est à l'auditeur de poursuivre le travail.

À ses yeux, Bernstein n'avait pas suffisamment pensé la place de l'image. Il s'en servait de façon promotionnelle, utilisant ces concerts pour asseoir sa popularité. Cette attitude profondément américaine était complètement étrangère à la mentalité de Glenn. Il avait tiré de toute cette expérience la confirmation de son exigence, une posture non médiatique et la volonté de dessiner un spectateur actif.

*On a l'impression que tu es arrivé au bon moment, que tu as été le déclencheur que Gould attendait. Était-il mûr ?*

Sous l'angle de la forme cinématographique, tout à fait. À d'autres égards, j'arrivais un peu tard, par exemple pour le plaisir de se grimer, d'incarner des personnalités différentes. Lorsque l'idée d'une série Bach s'est profilée, j'ai suggéré une séquence « Bach à la maison », un peu du type Glenn au coin du feu. Il aurait été costumé en Bach, on aurait reconstitué un âtre, une maison de Leipzig et il aurait improvisé. Il m'a regardé d'un air amusé : « Tu entres dans ta période Ken Russell, alors que j'en sors. » Il faisait allusion aux excès esthétiques de *La Symphonie pathétique* (1971) et de *Mahler* (1974), biographies musicales en costume, chatoyantes, jubilatoires mais boursouflées. Glenn avait eu sa période costume et voix déguisée, qui l'avait conduit à inventer des personnages radiophoniques, comme Sir Nigel Twitt-Thornwaite ou Karlheinz Klopweisser. Quand je l'ai rencontré, il aspirait à une forme d'humour moins débridée.

*Sa réflexion sur le statut de l'image découle-t-elle de sa critique de la scène et de son basculement exclusif vers l'enregistrement ?*

Au contraire. Comme concertiste, les reproches adressés à Gould reposaient sur des arguments essentiellement visuels. Il avait créé son jeu à l'écart des scènes et des normes du concert, y développant une gestuelle de chef d'orchestre que certains appelaient « simagrées ». Lui-même affirmait n'avoir pas du tout réfléchi à la question lors de ses années de formation, parce qu'il se consacrait à la cohérence de sa conception musicale sans souci de sa mise en œuvre physique, voire plastique. Sa brève carrière scénique l'a obligé à en prendre conscience, sans forcément se plier, d'ailleurs. Mais il a d'abord vécu cette dimension visuelle comme une contrainte extramusicale.

*Et une contrainte puissante !*

On connaît les critiques de Glenn contre le concert conçu comme scène théâtrale : le public comme obstacle, le côté jeux du cirque, l'exploit, la facilité… Il parlait parfois de « dressage de chevaux » et craignait une distorsion presque obligée de l'interprète prenant la pose, devenant séducteur de son public et prisonnier de son « image ». J'utilise ce mot au sens banalisé aujourd'hui, un peu fourre-tout : icône figée, surmoi ou réputation, en tout cas construction arbitraire et fort réductrice d'une star condamnée à rester dans la cage de son image.

Sa critique de la gesticulation ou de l'extase sur commande n'était pas du tout une dévaluation de l'image au sens le plus rigoureux :

dimension visuelle de l'interprète au travail. Pour Glenn, les films constituaient au contraire l'occasion rêvée de faire converger image et son. Le bon cadrage, le bon rythme visuel, l'insert surprise, le mouvement d'une main suspendue au-dessus du clavier constituent un arsenal susceptible d'aider le « regardeur » à devenir un auditeur plus attentif.

*N'as-tu pas craint que l'« image » de Gould, sa force iconique, n'écrase celles de tes films ?*

C'était un risque à prendre. J'ai joué avec cette hyper-personnalisation, comme avec ses talents d'acteur, pensant que cela nous gagnerait des spectateurs autrement rebutés par des considérations sur la fugue et la vanité du concert. Gould a lui-même adressé ce reproche à des interprètes comme Wanda Landowska ou Pablo Casals. Il ne leur déniait pas de grandes qualités d'interprètes, mais considérait que leur personnalité prenait trop de place. Le charisme d'un personnage peut en effet rester extérieur à l'œuvre et prendre le pas sur l'acte interprétatif. Tout compte fait, je crois que nous avons évité le côté anecdotique d'un interprète qui resterait prisonnier de son image.

*Le cinéma rejoignait-il sa réflexion sur l'invention de nouvelles formes musicales ?*

Toute sa réflexion sur la transmission de la musique était fondée sur la critique du caractère éphémère du concert. Le film lui offrait une réponse à l'un de ses griefs contre le concert : la volatilité du son, sa dispersion non contrôlée qui change radicalement selon qu'on est assis au premier rang ou au poulailler. C'est encore pire pour la vision qui s'éparpille, même dans les meilleures salles de concert. Le micro et la caméra rapprochent tout le monde. Glenn avait le souci de parvenir à une forme de pérennité par des voies différentes : l'enregistrement, bien sûr, mais également le film. En 1971, il avait consacré dix semaines à choisir, interpréter et enregistrer la musique d'*Abattoir 5* (1972), tourné par George Roy Hill. Il lui arrivait surtout de regarder un film des dizaines de fois pour en maîtriser la structure, comme *La Femme des sables* (1964) de Hiroshi Teshigahara, dont il avait étudié chaque plan.

La reconnaissance de l'importance du montage au cinéma était un argument qu'il avançait souvent, transposant sa nécessité à l'enregistrement musical — tout comme ce montage de mots qu'on appelle littérature… La proximité de deux séquences visuelles au cinéma ne peut évidemment rien avoir d'improvisé, c'est le laborieux travail de sélection et de réglage de ces images qui produit du récit et de l'émotion. Au-delà de la continuité cinéma-musique, il y avait là une reconnaissance évidente du pouvoir des images dans ce qu'il a de plus positif : non plus la dispersion, l'anecdote ou le beau visage qui séduit, mais au contraire la saisie d'un geste ou d'une présence qui attise l'écoute.

*Aurais-tu un exemple d'image qui aide à écouter ?*

Nous avions décidé de commencer les *Goldberg* par une réflexion de Glenn sur les raisons qui l'avaient conduit à réenregistrer cette œuvre vingt-cinq ans après la première version. Il conclut son explication par un simple : « Nous y voilà. » À ce moment, on quitte l'image de Glenn installé dans son canapé pour passer à une vue de la console en régie. La caméra se relève doucement, panote vers la gauche. Le thème des *Goldberg* a déjà commencé, mais on ne voit rien : l'image est encore suspendue entre intérieur et extérieur de la régie.

On découvre alors un petit personnage perdu derrière la vitre : c'est Glenn, tout au fond du studio, et un long zoom conduit assez classiquement vers lui. Plutôt que de dire : « Attention, chef-d'œuvre ! », je crois que ce simple mouvement guide le regard du spectateur. Au lieu d'installer l'artiste sur une estrade, avec caméra frontale, rideaux rouges et tout le tralala, on ouvre sur une image incomplète. Le spectateur prend en quelque sorte le train en route, il a envie qu'image et son coïncident. L'instant d'avant, on suivait un raisonnement très analytique. Il y a comme un flottement, voire un moment d'incompréhension. En réalité, la mélodie a pris le dessus, elle vient saisir le spectateur et l'image converge aussitôt pour renforcer son attention.

On pourrait multiplier les exemples, parler de la façon de montrer un silence : au lieu de souligner l'attaque d'un accord, la caméra montre les mains qui se retirent subitement du clavier pour couper net le son d'un accord. L'image attise le silence, elle souligne qu'il s'agit bien plus que d'une simple absence.

*Vous est-il arrivé d'avoir des désaccords sur une image ?*

Glenn n'est jamais intervenu dans les questions de cadrage. Il m'avait accordé sa confiance et savait que mes choix d'image n'iraient jamais contre l'œuvre ou contre notre propos commun. Cela ne l'empêchait pas de formuler des remarques après coup. J'ai parfois été étonné par sa réaction. Je pense à la séquence finale d'*Un art de la fugue*. Arrive le moment de la fin, ou plutôt de l'absence de fin : la partition est inachevée, ce qui correspond au moment très émouvant de la mort de Bach. Il se trouve que Glenn finissait sur cet accord, dans un grand geste. J'ai souhaité arrêter l'image sur cette posture pour laisser le générique de fin se dérouler avant de reprendre l'exposé du thème qui a donné naissance à cette incroyable aventure qu'est *L'Art de la fugue*.

Glenn a apprécié mais, en même temps, cette image arrêtée le terrorisait. Superstition ? Pour la version anglophone, celle qu'il aurait toutes les chances de voir, il m'a demandé de maintenir le mouvement et d'enchaîner sur le thème de la fugue. Là-dessus, on lançait le générique. Il existe donc deux versions très légèrement différentes, et j'avoue ma préférence pour la fin francophone. Sa réaction était assez saisissante. Ce n'était pas une question strictement esthétique, puisqu'il n'avait rien contre une image gelée. Mais l'idée de superposer la fin de son propre mouvement à la mort du compositeur le mettait mal à l'aise. Cela dit assez bien la force des images, bien au-delà de leur caractère descriptif : leur puissance affective.

# LA FABRIQUE DU FILM

## LA FIGURE DU PRODUCTEUR

*Entre tes débuts en demi-teinte à l'ORTF*[1] *et ta collaboration avec Idéale Audience aujourd'hui, quelle a été ta première expérience de travail avec un véritable producteur ?*

Jacques Dercourt a incarné pour moi la société de production Télécip de 1976 à 1982. Son président, élégant, velléitaire et frivole, totalement irresponsable, venait faire un tour de temps à autre. Ce système me rappelait ce que j'avais observé en Union soviétique : quel que soit le domaine, cirque ou chirurgie, on retrouvait un chef de service incompétent, membre du Parti, qui signait les documents et avait accès au Comité central. Venait en second son assistant qui, lui, était un vrai professionnel. Dercourt avait ce sérieux, il savait écouter. C'était un producteur au vrai sens du terme. Il souhaitait que je fasse des films sur la musique, parce qu'il considérait qu'il y avait quelque chose à trouver dans ce domaine : ce fut la série *Premier Mouvement* [*op.* 13-19, 1977-1982], qui rassemblait des portraits d'artistes appelés, selon moi, à faire une grande carrière, comme Zoltán Kocsis et Dezső Ránki [*op.* 13, 1977].

Avec lui, j'ai découvert la culture du projet et le professionnalisme dans la recherche d'un financement. Mais je me suis aussi

1. Voir le chapitre 2, « Formation et sensibilités », p. 51-54.

heurté à une dure réalité : la domination des présentateurs, dont l'exemple type était Ève Ruggieri, qui menait sa grille et ses émissions de « téloche ». Devant l'ampleur du projet multiforme qui se dessinait avec Dietrich Fischer-Dieskau, Idéale Audience était allée frapper à sa porte. Elle a rétorqué : « Vous ne voulez tout de même pas que j'endorme mon public avec Fischer-Dieskau ! » Le service public était donc bloqué côté musique, comme il pouvait l'être en littérature, puisque le succès d'un Bernard Pivot, devenu maître à penser des lettres françaises, empêchait la production de véritables films sur la littérature. C'est le phénomène *Thalassa* : une grille, un label, un visage.

*T'est-il arrivé d'être envoyé en mission auprès de coproducteurs potentiels ?*

Oui, on m'a souvent fait donner du clairon. J'ai souvenir d'un projet de film sur la vie musicale en U.R.S.S., dont la réalisation supposait qu'on parvienne à faire fonctionner une coproduction avec les États-Unis et l'Angleterre. J'ai dû rencontrer à Cannes un producteur américain caricatural, auprès duquel j'ai défendu mon projet dans des termes qui ne correspondaient pas à sa réalité, en accentuant le côté noir et blanc, alors qu'au fond je cherchais à montrer ce que l'exemple soviétique portait d'universel. Le développement du film a duré plusieurs années, jusqu'au jour où, lors d'un rendez-vous à Moscou, mon interlocuteur m'a montré le projet, entre-temps rebaptisé *Les Esclaves de Staline* par les Américains ! Le procédé m'a exaspéré, j'ai tout plaqué.

Beaucoup de diffuseurs coproducteurs n'examinent pas les projets dans le détail. J'ai appris à les convaincre en des termes suffisamment peu compromettants pour qu'aucun mot n'ait d'incidence sur la suite. Ma parole consistait à les anesthésier tout en distillant une petite dose d'enthousiasme. Tant que cela restait une joute verbale sans grand retentissement sur le projet lui-même, cela me semblait acceptable.

*Comment s'est achevée l'aventure Télécip ?*

Mal. Télécip a été rachetée successivement par PathéCinéma, puis AB Productions et mes films se sont égarés dans l'histoire. Les labos n'ont trouvé trace ni des masters ni des négatifs. L'INA en avait conservé les versions françaises sous-titrées, donc inadaptées au marché international, et sur des supports obsolètes. Je devrais me battre pour ramener à la vie au moins trois de ces six films, mais cela suppose tout un arsenal juridique. Je suis réalisateur de films, je n'ai pas le loisir de m'occuper de tout cela.

La fin de Télécip a coïncidé avec la mort de Glenn Gould. J'ai décidé de rassembler son héritage audiovisuel pour une diffusion télévisuelle, éventuellement une publication vidéo. Revcom Télévision, constitué en partie de transfuges de Télécip, m'avait donné un accord de principe, mais sans s'engager davantage. Après trois ans d'efforts, sans contrat, à multiplier les voyages au Canada dans les archives de la CBC[2], j'étais à deux doigts d'abandonner lorsque j'ai croisé Yves Jaigu par hasard dans les couloirs de la Maison de la radio. Yves était à l'époque directeur des programmes de la Troisième chaîne. Je lui ai exposé mon projet d'une série de vingt-trois épisodes d'une trentaine de minutes [*op.* 29, 1985-1988]. Coup de théâtre : « N'en parlez à personne, je prends. »

*Comment s'est passée ta collaboration avec Revcom ?*

Hormis Rolande Zuratas, chargée de production avec laquelle je m'entendais à merveille, personne chez Revcom ne s'est intéressé au projet ni à son contenu. On m'a annoncé un beau jour que, pour le vendre à la BBC, il fallait trouver une star d'Hollywood ou une célébrité britannique pour dire le texte à ma place ! J'ai contacté Paul Newman, le sachant fanatique de Gould. Il m'a réveillé un matin au téléphone pour me dire que le projet l'amusait et que si j'avais la patience d'attendre deux ans, il le ferait très volontiers. Revcom m'a alors imposé Edward Heath, ancien premier ministre britannique, chef d'orchestre amateur, qui n'avait aucune idée de qui était ce « Mr. Gold ». Il appartenait à cet *establishment* britannique viscéralement réfractaire à tout ce que Gould représentait : une véritable originalité, bien plus qu'un simple vernis d'excentricité.

Revcom m'avait surtout imposé un format absolu, qui fragilisait la remise à flot de tout le patrimoine auquel Gould avait consacré des années : 26 minutes 59 secondes, pas une de plus. Jamais FR3 ni Yves Jaigu ne m'auraient demandé cela. Pour respecter le format de la « case » choisie, j'ai dû supprimer quelques reprises effectuées dans certains mouvements par les interprètes, obéissant aux volontés du compositeur. Cette limitation était la négation même de toute perspective à long terme, puisque mon travail éditorial reposait

2. Sur ces recherches préparatoires, voir le chapitre 7, « Le travail des archives », p. 229-232.

désormais sur une base tronquée. Je leur en ai voulu lorsqu'ils ont vendu la série en vrac, alors que j'en avais trouvé le financement.

*Au fond, vous n'aviez pas la même conception du terme « producteur ».*

La situation n'était pas si éloignée de mon expérience à l'ORTF : j'avais cherché des professionnels capables de construire dans la cohérence, je me retrouvais face à des interlocuteurs préoccupés de faire des coups à très court terme. Sans compter que, là encore, les masters ont disparu après le rachat de Revcom par TF1 International. Lorsqu'on a fini par en retrouver trace dans un laboratoire, les experts ont déclaré qu'ils présentaient des défauts techniques et que le format « 1 pouce » était désormais obsolète.

*C'est l'époque où entre en piste le label Erato ?*

Daniel Toscan du Plantier avait en effet créé une structure cinématographique au sein de la maison de disques Erato, avec Frédéric Sichler qui venait des orchestres de la radio. Notre collaboration a donné entre autres l'expérience mi-figue mi-raisin[3] des *Variations rococo* jouées par Rostropovitch [*op.* 30, 1986]. Mais enfin, j'avais accès aux deux responsables directs.

De telle sorte que le jour où Menuhin m'a annoncé qu'il était enfin bienvenu sur le territoire soviétique, j'ai proposé à Toscan et Sichler *Retour aux sources* [*op.* 35, 1988], écrit depuis longtemps. Pour tourner cette série en U.R.S.S., ils ont engagé un producteur exécutif qui allait devenir quelqu'un d'important pour moi. Nous étions en 1987, Pierre-Olivier Bardet venait d'apparaître à l'horizon. Pour la première fois, j'avais affaire à un vrai professionnel, pas toujours facile mais capable de formuler un avis, d'évaluer les tenants et aboutissants d'un projet. Dans les années qui ont suivi, Erato a demandé à Pierre-Olivier de suivre exclusivement mes films. Rien n'était plus pareil, je pouvais le consulter sans mettre de gants, sans la moindre réticence.

*Comment se passe votre collaboration ?*

Nous avons conçu ensemble chez Erato non seulement *Retour aux sources*, mais aussi *Orgues, Toccatas et Fantaisies* avec Marie-Claire

3. Sur cette expérience, voir le chapitre 4, « Le ciné-interprète », p. 136-137.

Alain [*op.* 42, 1990], le portrait d'Andreï Chesnokov [*op.* 40, 1988-1989] et les *Caprices* de Paganini par Alexander Markov [*op.* 38, 1989]. Le temps a donné à notre collaboration l'épaisseur d'une amitié : on ne repart jamais de zéro, nous nous connaissons désormais très bien, inutile de se disperser en effervescence démesurée pour faire aboutir les projets.

Même s'il ne pratique pas la musique, Pierre-Olivier en possède une compréhension intime. Il a un incroyable sens de l'image dans sa composition, son cadrage, sa pertinence par rapport au propos. Passé par tous les métiers du cinéma, il s'est imposé comme producteur, avec à son palmarès *Madame Butterfly* (1995) de Frédéric Mitterrand, aussi bien que les films de Frederick Wiseman, Alexandre Sokourov et aujourd'hui Albert Serra. Sa très forte ambition éditoriale, qui allie exigence intellectuelle et rigueur artistique, est incroyablement stimulante. Comment un producteur parvient-il à comprendre si bien les auteurs sans être lui-même créateur ; à s'impliquer pour réunir des équipes, faire face aux difficultés liées à la mise en œuvre d'un projet, tout en conservant une telle capacité d'enthousiasme ? Ce sont des questions qui continuent de m'intriguer.

*Dans quel contexte s'est déroulée la création de sa propre structure, Idéale Audience ?*

C'était une décision prise d'un commun accord avec Erato : Pierre-Olivier fondait sa maison de production avec la garantie de produire mes films, ce qui assurait les premiers pas d'Idéale Audience. Mais il entendait développer à terme une vision éditoriale dépassant le cadre de la musique ou de mes films.

Et puis il y eut le coup de tonnerre : la traîtrise de Toscan qui a vendu Erato à Warner, avec tout son catalogue de disques et de films. Peut-être s'agit-il d'une pratique courante chez les producteurs de cinéma. Toujours est-il que Toscan nous a laissés en plan du jour au lendemain, au beau milieu du tournage du projet « Dietrich Fischer-Dieskau ». Ce fut terrible, d'abord pour Pierre-Olivier, car Warner ne reprenait aucun des engagements d'Erato. Pour ma part, je perdais tout contrôle sur mes films une fois de plus, comme le portrait de Yehudi Menuhin, *Le Temps d'un silence* [*op.* 12, 1976], que je revois de temps à autre à l'occasion d'une projection. Il faudrait que je m'en occupe un jour, mais cela impliquerait de lancer des avocats contre Warner.

*Quelles qualités attends-tu d'un producteur ?*

L'écoute est la qualité numéro un. Un producteur doit être, en tout cas pour moi, constamment sur la brèche, prêt à entendre mes dernières élucubrations. Dans la disponibilité, mais aussi dans l'intelligence : il lui arrive de me faire accoucher de mes propres idées, à la façon dont un éditeur accompagne ses auteurs. Il les aide à écrire leur livre, ce livre-là, à le dégager d'autres projets possibles, des précédents comme des suivants. Il faut être attentif, savoir écouter la petite musique propre au projet en cours. C'est parfois affaire de suggestions par petites touches.

Tout n'est pas rose pour autant. Il faut qu'un projet soit commercialement viable, une maison de production a ses exigences de survie. Par rapport au dilettantisme de Télécip, Idéale Audience est parfois un peu austère. Le clinquant avait son charme, mais il se payait d'un évident manque de crédibilité.

*As-tu un exemple ?*

On venait d'achever le film sur Richter, *L'Insoumis* [*op.* 58, 1995-1998], épouvantablement difficile à financer comme à produire. Le hasard fait que je passe une soirée avec Piotr Anderszewski, qui me joue la *Missa solemnis* de Beethoven au piano. Intégralement, et de mémoire. J'en reste bouche bée. Elle ne m'est pas particulièrement proche, mais il parle admirablement de cette œuvre qu'il tient pour cruciale et souhaite diriger un jour, considérant qu'elle n'a jamais été proprement interprétée.

Le lendemain matin, alors que Pierre-Olivier est en réunion, je déboule dans son bureau : « Je voudrais faire un film sur la *Missa solemnis* avec Piotr Anderszewski. » Il me répond : « Tu n'as pas un autre projet à deux millions de dollars ? » Idéale Audience n'était pas en mesure de rempiler après *L'Insoumis*. Pierre-Olivier m'a écouté quand même, et cela nous a conduits à tourner un peu plus tard *Les Variations Diabelli* avec Piotr [*op.* 63, 2000].

*La phase d'écriture est-elle décisive ?*

Comme le processus d'écriture est chez moi plutôt long et pénible, je veux voir une étincelle s'allumer dans les yeux de mon producteur avant de rédiger quoi que ce soit. Inutile de s'embarquer dans une telle aventure si mon idée ne suscite pas de réaction. Mais une autre qualité absolument indispensable du producteur, c'est son soutien dans la durée. Un bon producteur ne laisse jamais tomber son réalisateur, il aide l'auteur à trouver ce qui lui reste d'énergie devant les obstacles.

Puis, lorsqu'on approche d'une forme achevée, j'ai besoin de le consulter pour entendre un avis donné avec la bonne distance. Même sur des films dont il n'a pas la responsabilité directe, je l'invite toujours en salle de montage. En général, nous regardons le film deux fois, éventuellement à un jour de distance, sans en avoir reparlé entre nous. Entre-temps, il a pris des notes. Il ne s'agit pas simplement de critiquer tel ou tel point, mais de le resituer dans une démarche d'ensemble. Ses remarques sont à la fois précises et nourries d'une vision globale du projet. La vraie qualité d'un Pierre-Olivier Bardet, c'est d'être un spectateur participant.

*Il ne peut pas suivre tous tes projets dans le détail.*

Hélène Le Cœur, cofondatrice d'Idéale Audience, puis Pierre-Martin Juban s'en sont chargé à sa suite, accompagnant les projets de bout en bout jusqu'à leur postproduction. Hélène, qui a depuis pris sa retraite, était très attentive, obstinée, capable tour à tour d'un extraordinaire charme et d'une dureté qui faisait partie de son travail. Il faut être sacrément organisé et avoir un cœur solide pour jongler sur le fil, encaisser des hauts et des bas financiers. Hélène est devenue une amie, la première confidente de tous mes projets — et nous en avons monté une bonne trentaine ensemble.

Avec Pierre-Martin, notre collaboration a pris son envol à l'occasion de *Mstislav Rostropovitch, l'archet indomptable* [*op.* 93, 2017]. Il avait été mon assistant sur le tournage du film en hommage à Yehudi Menuhin [*op.* 61, 1999], où j'avais pu apprécier ses compétences techniques, son efficacité et sa formidable mémoire. Il est vite devenu producteur, en particulier pour le festival de Verbier. Ses vastes connaissances musicales, en particulier du répertoire pour piano, lui assurent un excellent contact avec les artistes. Même s'il nous arrive d'être ponctuellement en désaccord — production oblige — nous avons noué une relation d'extrême confiance.

*Les formats imposés par les diffuseurs ont-ils des conséquences ?*

On bénéficie d'une certaine souplesse pour raccourcir ; ce n'est pas le cas dans l'autre sens. Je suis presque toujours tenu contractuellement de fournir aussi une version courte, ce qui est une vraie torture pour moi. La longueur d'un plan est souvent dictée par l'écriture, par une période ou une courbe mélodique qu'on ne peut contracter à volonté[4]. À cela s'ajoute la nécessité de donner un tempo à chaque film, de restituer par le rythme du montage quelque chose de l'énergie d'un interprète. La musique et la bande-son commandent l'image, elles structurent la continuité maîtresse.

En ce sens, le portrait de Rostropovitch reste à mes yeux un exemple de format insatisfaisant. Ses 80 minutes posent un problème de rythme : on manque de musique dans la dernière partie, les extraits sont trop brefs, le spectateur reste sur sa faim. Mais pour *David Oïstrakh, artiste du peuple ?* [*op.* 54, 1994], qui était prévu pour une durée d'1 heure, j'ai été conduit chemin faisant à un montage d'1 heure 15, ces 15 minutes se révélant indispensables à l'équilibre d'ensemble. Dans ces cas-là, le format n'est pas seul à être modifié, le budget s'en trouve considérablement augmenté.

À plusieurs reprises, Pierre-Olivier a bataillé pour arracher aux diffuseurs une modification de la durée. Dans le cas de Richter, le projet était si exceptionnel qu'il est parvenu à imposer un format absolument inouï : 2 heures 40 minutes. Cela ne rentrait dans aucune case ! Il sait entendre des exigences artistiques et ne se bute pas sur le respect aveugle de contraintes extramusicales absurdes, les yeux rivés sur les seules dépenses. Il négocie avec tout ce monde-là et obtient parfois des accords inespérés.

*Est-il parvenu à faire sortir certains de tes films en salle ?*

Non, et il n'y est pour rien. C'est lié à l'organisation du système audiovisuel. La question s'est posée pour *Richter, l'insoumis*, *Glenn Gould, au-delà du temps* [*op.* 73, 2006] et, d'une certaine manière, *Piotr Anderszewski, voyageur intranquille* [*op.* 78, 2009]. Je garde un mauvais souvenir de cette confrontation avec l'univers du cinéma. Si le financement n'est pas assuré dès le départ dans une logique cinématographique, cela devient impossible. Pour le Gould, j'avais tout de suite insisté auprès des producteurs canadiens, et d'Idéale Audience. Mais ils avaient déjà signé des contrats avec des chaînes de télévision, ce qui impliquait des échéances et une antériorité télévisuelle empêchant la sortie cinéma. Sans compter que les droits pour le cinéma auraient probablement décuplé le coût d'achat des archives. Certains de mes films ont beau être fictionnels et adaptés au grand écran, rien n'y fait.

---

4. Sur la durée, voir le chapitre 8, « Questions musicales », p. 265-266.

## LA FORCE DES LIEUX

*Tu attaches beaucoup d'importance aux lieux. N'est-il pas étonnant de s'attarder sur la phase de repérages pour des films documentaires ?*

L'espace a une force d'évocation qui rivalise parfois avec celle de la musique. Je le revendique comme un élément essentiel de mes films. Et puisque mon propos est lié à la relation intime entre un interprète et les musiques qui l'habitent, les lieux sont souvent des ingrédients indispensables, des révélateurs au sens presque photographique du terme. Il ne s'agit pas seulement de montrer aux spectateurs un simple contexte personnel. Comme en justice, il arrive que le tribunal « se transporte », parce que ce déplacement, ce changement de site est essentiel à l'émergence de la vérité. Avec certains interprètes, le fait de se rendre sur les lieux nous rapproche et nous met dans une situation qui rend leur parole possible. Il y a des sites libérateurs. D'autres fois, c'est pour le spectateur seul, à l'écran, que tel ou tel site produit un effet cinématographique. C'est une alchimie visuelle qui échappe à l'interprète…

*Passes-tu beaucoup de temps en repérages ?*

Derrière ce terme technique se cachent des réalités très différentes. Il y a d'abord un travail d'enquête, une sorte d'investigation préliminaire très factuelle qui vise à rendre les choses moins coûteuses. Dans d'autres domaines, on appellerait cela une étude de faisabilité.

À Varsovie avec Piotr pour le *Voyageur intranquille*, nous avons dû résoudre une foule de considérations techniques dès lors que nous avions arrêté notre parti de situer le film à bord d'un train : il fallait y aménager un salon, abattre des cloisons, y faire entrer un piano. Et que se passerait-il si ce train circulant à 100 ou 120 km/h s'arrêtait brusquement ? Le piano allait-il défoncer le wagon ? Comment le fixer assez solidement pour qu'il supporte un freinage brutal ?

*N'est-ce pas la fonction d'un directeur de production ?*

Pour les étapes finales. Mais auparavant, il m'arrive de repérer seul ou avec le chef opérateur, en particulier pour les extérieurs. En Pologne, la directrice de production m'a accompagné pendant plusieurs semaines dans ma recherche d'un pont ferroviaire situé dans un désert neigeux, une vaste étendue dégageant une perspective de plusieurs kilomètres de part et d'autre du pont[5]. Au-delà du paysage, j'avais en tête des préoccupations de tempo, de durée et de rythme musical dictées par le *Requiem* de Mozart.

*Les sites retenus deviennent-ils des personnages à part entière ?*

C'est le projet qui doit donner leur sens aux lieux. Le portrait d'Andreï Chesnokov, mon seul film non musical, a posé des problèmes de repérages liés à la nature même de la compétition sportive, mais aussi au régime politique, à une forme de silence obligé qu'un site bien choisi a permis de surmonter. Un joueur de tennis n'a pas de planning, on ne peut pas tourner de scènes en extérieur pendant qu'il dispute un tournoi. Rien à voir avec des concerts donnés à une date fixée longtemps à l'avance. Ce qui nous a forcés à étaler le tournage sur de nombreux mois, et la fédération soviétique de tennis ajoutait son grain de sel afin de décourager notre projet.

J'ai peu à peu réalisé que nous aurions beaucoup de mal à libérer sa parole, alors que je voulais l'amener à révéler un visage qu'on ne lui connaissait pas sur la place publique. Andreï était réservé, de par son éducation soviétique, mais aussi parce que nous tournions avec une équipe soviétique : opérateur, preneur de son... Tout ce qu'il dirait pouvait faire l'objet d'un rapport. Il nous fallait quitter Moscou, fuir le poids du pays. L'idée de la mer Noire a surgi, car il y avait là-bas des courts de tennis disponibles pour s'entraîner, alors que tout le pays connaissait une pénurie. Je me suis rendu sur place avec Pierre-Olivier Bardet pour dénicher un endroit calme et nous sommes tombés sur un ponton, un bel endroit, qui ne correspondait à aucun élément biographique ni souvenir d'Andreï. Ce ponton tourné vers l'horizon, légèrement nostalgique, créait la sérénité nécessaire, il permettait de le libérer de la pression du passé et du présent : le lieu accoucherait sa parole.

*Aux antipodes d'un lieu qui libère du silence, le portrait de Gilles Apap [op. 52, 1993] a pour décor la côte Ouest des États-Unis, qui semble incarner sa parole volubile.*

Il s'agissait de dresser le portrait d'un musicien qui refusait de se plier aux mœurs habituelles du concert, aux catégories dans lesquelles on voulait l'enfermer. Santa Barbara était l'incarnation de

5. Sur cette ouverture, voir les chapitres 8, « Questions musicales », p. 266, et 9, « Réponses filmiques », p. 271.

son anticonformisme, l'alchimie de son génie malicieux. Le lieu s'est imposé d'abord parce qu'il avait choisi d'y vivre, mais c'était aussi un appel à l'inconscient du téléspectateur, qui en l'occurrence n'était pas du tout le mien. J'avais demandé à Gilles de jouer le thème musical de *Santa Barbara* — que tout le monde connaissait, paraît-il, sauf moi — pour l'enregistrer sur son répondeur téléphonique.

*Comment as-tu procédé dans un monde qui t'était à ce point étranger ?*

J'avais affaire à un interprète classique capable de se travestir, ou plutôt de s'identifier aussi bien à un violoniste tsigane qu'à un musicien arabe, un violoniste de rue, etc. Nous avons erré ensemble dans la ville, afin de collecter le plus grand nombre de lieux possibles. Ce n'était pas seulement des repérages ; les lieux servaient à établir un scénario, à dessiner la teneur psychologique et émotionnelle du film. En l'occurrence, c'était un film sur la dérision et c'était cela qui allait nous servir de pivot. Nous serions ainsi en mesure de surligner la tonalité de tel sarcasme ou, au contraire, d'attribuer une couleur à la satisfaction d'être dans un endroit éloigné des carcans habituels, mais je cherchais surtout à faire accepter par Gilles le principe même d'un film.

Le titre *L'Inconnu de Santa Barbara* était plutôt bien trouvé : localement, tout le monde connaissait ce personnage étonnant qui vivait dans une hutte et jouait sans contraintes dans les bars, mais il était en réalité inconnu et craignait qu'en cas de succès du film, on se mette à parler de lui. Or il tenait à cet anonymat. Il se moquait complètement de « faire carrière » et il a réagi comme si j'allais le piéger, l'attirer dans un début de carrière qu'il refusait de toutes ses fibres. Elle a eu lieu depuis, et il en est rétrospectivement ravi, mais il avait à l'époque d'énormes réticences.

*Il ne s'agissait donc pas tant de resserrer les liens déjà existants avec Apap ?*

Une façon de le rassurer a consisté à tourner un deuxième film, *Gilles Apap and Friends* [*op.* 53, 1993], qui était bien plus qu'un simple concert. On passait d'un lieu à l'autre, entouré de ses trois frères, altiste, bassoniste et corniste. À ce moment-là, Gilles ne jouait pas encore de musique chinoise ou indienne, mais j'ai rencontré le pianiste qui lui apprenait le jazz, ainsi qu'un guitariste, avec lequel je voulais le montrer dans une pièce de Sarasate pour deux violons et guitare. Le repérage des lieux est devenu casting de musiciens et de personnalités. Pour donner un éventail le plus large possible de ses talents, j'ai passé du temps avec Gilles et ses proches. À un moment donné, je les ai vus à trois, installés comme des acrobates sur une contrebasse : le contrebassiste tenait l'instrument, le deuxième faisait la main gauche au-dessus de sa tête et Gilles jouait de l'archet sur la pique. Une autre fois, j'ai découvert les deux frères occupés à jouer le *Concerto* de Mendelssohn à deux sur un violon !

Choisir des lieux, c'est aussi construire une expérience partagée qui permette de sentir, d'imaginer ensemble. Il faut passer beaucoup de temps avec un interprète pour le connaître, puis créer une complicité et une relation de confiance[6]. Comme chez Proust, ce qui ressemble à du « temps perdu » est en réalité la clé même de l'émotion. De ce terreau commun surgissent à la fois des idées de détail, comme la séquence à deux sur un violon, et la tonalité générale d'un projet. C'est également vrai pour les autres « jeunes » interprètes que j'ai pu traiter : il nous fallait rattraper les années que nous n'avions pas passées ensemble, d'une certaine manière. La force d'un lieu peut aider à cette concentration commune.

*D'autres repérages relèvent de la très longue durée — je pense, par exemple, à Menuhin ou à Gould, à ces relations qui sont l'affaire d'une vie.*

Pour *Au-delà du temps*, après la mort de Glenn, je souhaitais utiliser ces paysages canadiens dont j'étais familier surtout pour en avoir parlé avec lui. Il m'avait raconté qu'il se retirait dans un petit motel sur la rive nord du lac Supérieur, où il s'enfermait des semaines d'affilée pour écrire et méditer. Il m'avait proposé de venir y passer un hiver dans la quasi-obscurité du Grand Nord, mais j'avais dû décliner faute de pouvoir me libérer. J'ai eu la chance de retrouver cet endroit précis.

La recherche des lieux ressemble un peu à celle d'archives : on a l'intuition que tel ou tel endroit existe en fonction des images aperçues dans tel ou tel programme. Il y a des intuitions qui fonctionnent, mais elles demandent de passer du temps dans des conditions parfois difficiles. J'avais, par exemple, vu une émission de la CBC dans laquelle Glenn se tenait au bord d'une cascade. J'ignorais où elle se trouvait, et l'imaginais non loin de la ville de Wawa. Des

6. Sur la complicité nécessaire avec les interprètes, voir le chapitre 4, « Le ciné-interprète », p. 111-117 et 134-135.

années plus tard, me voilà donc parti avec mon assistante sur le lac Supérieur, à la recherche de sites où installer mes personnages de fiction. En guise d'indications géographiques, je gardais nos conversations à l'esprit, doublées d'une bonne connaissance de ses écrits. Nous avons parcouru huit cents kilomètres en une semaine le long de la rive nord, nous arrêtant dans les moindres recoins, une caméra amateur à la main pour garder trace et me décider après coup. Je me suis déplacé dans les paysages canadiens comme je l'avais fait dans les archives de Gould.

*Il t'arrive de recourir à des lieux incertains ou effacés, comme les Vosges de ton enfance. La mémoire conduit-elle parfois à des repérages aux antipodes de leur forme habituelle, volontaire et efficace ?*

*L'Archet des rois* [*op.* 10, 1976], mon film sur les archetiers français, se déroule à Mirecourt. J'y présente un personnage : le maître-archetier taiseux et enseignant redoutable, Monsieur Ouchard. Ses étudiants évoquaient des leçons intégralement muettes. Il se tenait devant son établi, les élèves lui apportaient en tremblant le bois sur lequel ils travaillaient. Lui scrutait la baguette de haut en bas, et c'était tout. Ses seuls commentaires étaient à déchiffrer dans ses yeux. Les étudiants comprenaient tout de suite ce qui n'allait pas : le regard qui s'arrête à un moment donné, un petit signe de tête, cela leur suffisait. De mon côté, c'est tout juste si je suis parvenu à lui soutirer trois mots. Lorsqu'il quittait l'atelier, il traversait la rue, allait tout droit à la brasserie, commandait une bière, et son existence reprenait de la même façon le lendemain matin.

J'ai tenté de capter un peu de cette atmosphère, en tournant près de Vaucouleurs un grand travelling qui évoquait la fameuse ligne bleue des Vosges. Et puis je t'ai raconté la très forte impression reçue du documentaire *Les Cavaliers de Lunéville*[7], chronique d'un monde disparu qui parvenait à évoquer en quelques plans le charme de cette ville pourtant grise et lugubre. En 1976, Mirecourt était elle aussi appauvrie et dépourvue d'intérêt plastique. Quelques ruelles évoquaient une ville de métiers, une Lorraine sinistrée. Après avoir filmé quelques névés esseulés, j'ai trouvé une venelle mélancolique. Elle semblait avoir été conçue tout exprès pour s'associer au formidable mouvement lent du *Concerto pour alto* de Bartók.

7. Sur la découverte de ce film, voir le chapitre 2, « Formation et sensibilités », p. 65.

*Dans le premier épisode de* Retour aux sources, *le portrait de Viktoria Postnikova recourt aussi à cette force d'évocation.*

J'ai cherché à instaurer un climat, moins un lieu précis qu'un paysage à la fois visuel et sonore. D'où le recours aux cloches, qui nous ramènent à un monde rural et religieux. Il y a quelque chose de primitif dans le son des cloches, un côté presque « mémoire involontaire ». Et si l'on parvient à leur donner une allure plastique, avec des formes en mouvement, ce qui pourrait n'être qu'une image de transition devient un moment à part entière.

Je me suis souvenu de cela dans le portrait de Richter, au moment des obsèques de Staline ; un événement qui allait avoir des répercussions sur la vie de millions de personnes, y compris les plus grands solistes soviétiques. L'ellipse sarcastique de Richter, « En 1953, Staline, *auf Wiedersehen* », me servait naturellement pour lancer la séquence, mais je ne voulais pas enchaîner aussitôt sur les funérailles, même si nous avions des archives très riches. Un repérage « inconscient », qui remontait à une bonne dizaine d'années, a alors refait surface. Un ami moscovite, Leonid Rochal, m'avait embarqué dans un étonnant périple à Rostov Velikiy, Rostov-la-Grande, qui était bien entendu inaccessible aux étrangers. Au bord d'un lac magnifique, peuplé d'églises et de cathédrales, la ville délaissée était jonchée d'ivrognes que les gens appelaient « cadavres ». La scène m'est revenue à l'esprit en septembre 1997, alors que je cherchais comment basculer de la mort de Staline à son enterrement. J'en ai tiré la scène des cloches : des silhouettes de moines en robe noire se découpent et dansent en activant les sonnailles. Les accords qui ouvrent le début du *Deuxième Concerto* de Rachmaninov sonnent comme un véritable glas que j'ai fondu dans un concert de cloches, introduisant ainsi les obsèques du « petit Père des peuples » : exactement ce que je cherchais.

*Ta passion pour la Russie n'est-elle pas un gigantesque repérage, la constitution d'une banque d'images parfois très contrôlées, parfois subliminales ?*

Oui, avec cette particularité d'amasser sans le vouloir des souvenirs mixtes, à la fois visuels, linguistiques et sonores. Et ce terreau a nourri une kyrielle de films consacrés à des artistes russes : Postnikova, Rojdestvenski, Richter, Rostropovitch, Oïstrakh...

*Un cas radicalement opposé est illustré par l'un de tes films les plus inattendus:* Francesco Piemontesi, Les Années de pèlerinage de Liszt *[op. 93 bis, 2017], caractérisé par ses nombreux paysages.*

Il s'agit d'un projet qui ne vient pas de moi. Après avoir sympathisé lors d'un jury du Concours Busoni, Francesco m'a un jour appelé pour évoquer son futur enregistrement des *Années de pèlerinage*. Il m'a demandé à l'improviste si cela m'intéresserait d'en faire un film. Je me suis entendu lui répondre: « Pourquoi pas? », alors que de toute la production de Liszt, les *Années de pèlerinage* constituent sans doute l'une des pièces qui m'intéressent le moins.

Francesco souhaitait enregistrer le premier livre, consacré à la Suisse. J'ai vite compris que cette œuvre impliquait de transformer la captation en documentaire. Liszt s'était inspiré de nombreux écrivains, parmi lesquels Byron, Dante, Pétrarque... J'ai voulu recueillir les échos visuels des paysages évoqués par les textes comme par la musique: la « Vallée d'Obermann », « Les cloches de Genève », la « Chapelle de Guillaume Tell ». J'ai également exprimé une forme de poésie avec des sons d'instruments folkloriques: le bugle, le carillon, la trombe...

*Ne craignais-tu pas d'éclipser la musique par des images de carte postale?*

Je ne cherchais pas à donner dans le touristique, mais à restituer ce qui avait été pensé par Liszt comme des correspondances. Un peu comme dans *Les Quatre Saisons* [*op.* 23, 1979], où j'avais arraché un standard à la banalité de notre écoute pour lui restituer une force dramatique originelle grâce aux paroles de Vivaldi. Ici, il s'agissait par exemple de monter des images de montagnes ou un carillon sur la pièce des « Cloches de Genève ». Le projet jouait sur le contraste entre les images « internes » du pianiste et de ses mains, et les images « externes » figuratives. Ces vues tournées sur place n'interviennent d'ailleurs qu'en rapport aux textes expressément mentionnés par Liszt en exergue de chaque pièce.

*Tu as en quelque sorte détourné une quasi-commande?*

Le film n'avait de sens qu'en se libérant de la seule exécution musicale: bien plus qu'un portrait de l'interprète, c'est une enquête sur les textes sources et les intentions de Liszt qui m'a conduit à ce film-paysage.

*Le portrait de Marie-Claire Alain [op. 42, 1990] présente encore un autre cas de figure : tu t'es retrouvé propulsé dans le monde de l'organologie et de l'Allemagne de l'Est dont tu ignorais tout.*

C'est également un film de commande, ou disons un projet dont je n'ai pas eu l'initiative. Après avoir tourné plusieurs films avec Erato, je sentais bien qu'ils souhaitaient me voir tourner avec un artiste de leur écurie. J'avais décliné quelques suggestions, pour la bonne raison que je ne saurais traiter un sujet sans rapport direct avec mes passions. En revanche, je connaissais la discographie de Marie-Claire Alain et c'était manifestement une très grande organiste. Lorsque je l'ai rencontrée, j'ai été saisi par le charme de cette virtuose, dotée à la fois d'une prodigieuse maîtrise et d'une grande simplicité.

Les organistes ont quelque chose de très spécial : ce sont des virtuoses jamais exposés au public, qui restent tapis derrière le buffet de l'orgue, cachés par la tribune. Est-ce cela qui explique leur humilité ? Ou bien leur modestie initiale les conduit-elle à choisir l'orgue ? En tout cas, l'image prend ici toute sa place, puisqu'elle permet de donner à voir ce qui est habituellement caché. On passe de l'autre côté du miroir, on met des images sur ces cohortes de sons qui tournoient sous les coupoles. Plus prosaïquement, on montre ce qui n'apparaît jamais dans la musique : les jambes, la dextérité du jeu de pédalier. Ces petits souliers vernis qui cavalent sur des lames de bois produisent des sons à faire trembler une cathédrale. La caméra peut rendre visible et tactile cet impensé pédestre. Contre le danger des modes et des profils trop étudiés, elle redonne en quelque sorte une égale dignité à un thème fugué, qu'il soit traité à la main droite ou au pied gauche. Filmée, la *Toccata et fugue en ré mineur* n'est plus seulement le rêve sonore absolu d'un Dieu ou d'un maître du monde, il redevient l'expression démesurée d'un petit corps agile incroyablement mesuré et coordonné.

*Cela ne donne pas forcément des images très séduisantes...*

Disons que Bach est plus monumental que proprement séduisant — encore que... L'intégrale de son œuvre pour orgue couvre dix-sept ou dix-huit disques, c'est colossal. Marie-Claire Alain possédait une extraordinaire volonté, doublée d'une patience à toute épreuve qui s'est avérée très précieuse.

Dans les six minutes de la *Toccata en fa majeur* qui ouvrent le film, il y a un épisode qui revient systématiquement dans différentes tonalités ; j'ai voulu réaliser toujours le même type de plan avec le même mouvement de caméra à chacun de ces passages. On y a passé une nuit entière et Marie-Claire s'est prêtée sans la moindre récrimination au tournage de cent-trente prises, ce qui nous a finalement permis d'obtenir l'exact mouvement requis sur les cinq ou six secondes du motif en question.

*Avez-vous cherché à vous libérer de l'image pesante de l'orgue enraciné, inamovible ?*

Notre idée consistait à retrouver les orgues de Gottfried Silbermann sur lesquels Bach avait joué. Je savais qu'il s'était rendu à Leipzig et à Dresde, mais où ? Marie-Claire m'a fait profiter de sa science et j'ai passé des semaines entières, seul, à visiter les églises depuis le nord du pays jusqu'à Dresde. C'était un repérage particulièrement long, du fait des distances à parcourir et de mon absence de familiarité avec l'organologie. En outre, mon enquête était d'abord instrumentale avant d'être géographique. J'examinais les orgues : le pédalier est-il suffisamment vaste pour jouer telle ou telle fantaisie, quelles sont les dimensions du ou des claviers ? Le nord, plus riche, conservait des orgues propres à jouer tout le répertoire. Ce n'était pas le cas dans la petite ville de Rötha, à dix kilomètres de Leipzig : trois orgues de Silbermann s'y trouvaient encore, accordés au même diapason depuis le XVIIIe siècle... mais chacun le sien, avec des écarts de plus d'un ton et demi.

*Comment as-tu tiré parti de cette géographie des orgues à travers le territoire ?*

J'ai demandé à Marie-Claire de jouer successivement sur trois instruments différents les trois sections qui s'enchaînent dans la *Fantaisie en sol majeur* : un prélude suivi d'un choral majestueux, puis une espèce de fantaisie complètement débridée. C'était une façon de rendre hommage à ce territoire resté si riche, parce qu'à l'écart de l'histoire. La *Fantaisie* devenait ainsi un concentré géographique.

Mais ce n'est pas un hasard s'il existe peu de films tournés à l'intérieur d'un orgue. Vues depuis la nef, certaines sont très imposantes.

Elles donnent l'impression d'un immeuble de six ou sept étages, mais l'intérieur des consoles est toujours exigu. L'absence d'espace devient alors un obstacle presque insurmontable si l'on veut éclairer, capter un son propre, installer de quoi filmer convenablement. Le film et son découpage musical dépendent donc très directement du lieu de tournage et de l'espace environnant, qu'ils soient ouverts ou, au contraire, contraints et repliés.

## L'ÉPREUVE DU TOURNAGE

*Dans l'imaginaire collectif, la production d'un film est souvent réduite à sa seule phase de tournage, qui prend des allures mythologiques. Le tournage est-il un moment heureux ?*

Rarement. Les tournages sont surtout très lourds. Ils ne deviennent heureux qu'a posteriori. C'est plutôt la fin d'une journée de tournage réussie qui comporte quelque chose de jouissif. Mais il reste toujours une foule de choses à préparer pour le lendemain, et lorsque j'ai un moment, je dîne avec les artistes. Pour moi, « tournage » signifie d'abord « voyages inconfortables » et « absence de sommeil »...

Le plus pénible, c'est l'attente, combinée à un harcèlement permanent : d'un côté acteurs et artistes qu'il faut rassurer ou conditionner, de l'autre une équipe et ses innombrables sollicitations techniques, sans oublier le producteur. C'est un moment d'intense concentration, et il est malheureusement difficile d'anticiper tous les imprévus qui surgiront. Le plus satisfaisant est encore un tournage en extérieur, qui requiert de la mobilité, éventuellement en équipe très réduite s'il s'agit par exemple d'un tournage en hélicoptère. Là, on peut maîtriser les choses dans la rapidité.

*Les imprévus sont-ils du même ordre que ceux qui caractérisent les productions de fiction ?*

Je n'ai pas l'expérience de ces grosses machines, mais sans doute. Lorsque nous tournions le film sur Viktoria Postnikova, *Une femme dans son pays* [*op.* 18, 1982], j'ai profité d'un accident de laboratoire pour me permettre de tourner un petit récital à quatre mains avec son mari, Guennadi Rojdestvenski, et même à six mains avec Alfred Schnittke ; un supplément qu'il était difficile de faire accepter à nos partenaires soviétiques. Viktoria et Guennadi n'étaient pas en odeur de sainteté et la mort de Brejnev venait de plonger le pays en pleine confusion. J'avais joué la carte du nationalisme le plus éculé en garantissant un film de musique russe à cent pour cent — ce qui ne m'avait pas évité des ennuis pour avoir tourné de la musique russe mais religieuse dans un monastère à Zagorsk.

Nous avancions tant bien que mal, jusqu'à ce que mon assistant de production, Georges Peters, m'alerte tout à coup sur le comportement de notre « aide » soviétique — en réalité, un agent chargé de surveiller le tournage : « Bruno, Sergei est en train de s'agiter, il proteste contre ce film dans lequel on joue Brahms et Schubert ! Il m'affirme qu'avec des noms pareils, ils ne sont pas russes. » J'étais débordé et je lui ai demandé de régler le problème comme il le pouvait. Un peu plus tard, j'entends Georges passer un savon à Sergei en russe : « Comment ? Tu représentes l'Union soviétique devant Bruno et tu ne sais même pas que Schubert était le petit-neveu de Chostakovitch, et Brahms le filleul de Prokofiev ! Honte à toi ! » Georges, qui n'avait jamais entendu parler ni de Schubert ni de Brahms, était parvenu à faire gober le poisson, mais le tournage avait eu chaud... Voilà le type d'urgence auquel on est soumis, fiction ou pas, musique ou pas.

*Dans quelle mesure l'interprète doit-il être informé dès le tournage du résultat final ?*

Question délicate : est-il un acteur jouant son propre rôle ? Doit-il rester lui-même ? Certains musiciens supportent mal de devenir l'objet d'une interprétation. Le tournage, c'est d'abord le regard d'un autre sur soi, un autre qui est forcément en partie étranger. Or la relation avec l'artiste est le cœur du dispositif. Il faut le protéger de toute cette technique et de ces personnes qui soulèvent chaque jour de nouvelles questions, risquant de noyer le projet artistique sous une foule de contingences logistiques.

*As-tu connu des cas de résistance particulière ?*

Si l'on écarte les cas déjà évoqués de Pollini et de Rostropovitch[8], me revient à l'esprit le film signé par Pierre Cavassilas, que j'avais consacré au *Chant grégorien à Solesmes* [*op.* 8, 1975]. Comme aucun moine ne devait apparaître à l'image pour protéger la communauté,

8. Sur ces portraits, voir le chapitre 4, « Le ciné-interprète », p. 136-139.

on m'avait donné en pâture Dom Jean-Claire, le chef de chœur de l'abbaye. Mais il s'agissait d'un mécanisme de protection institutionnelle plus que d'une résistance d'interprètes.

*Et puis il y a les tournages hors normes, comme celui de* Richter, l'insoumis, *puisqu'il t'a fallu dépenser beaucoup d'énergie à camoufler la caméra, l'équipe, le film...*

Sans oublier que le tournage se déroulait dans mon propre appartement à Antibes ! C'est le cas tout à fait unique d'un film tourné sans que rien n'ait été explicitement formulé avec son personnage principal. Ni volonté personnelle, ni accord, ni droit à l'image. J'irai même plus loin : toute velléité de formulation aurait risqué de faire capoter le projet. Avec Richter, tout devait flotter dans un halo de non-dit. En outre, il me fallait tous les quinze jours tenir la BBC informée par écrit de l'évolution du projet, qu'elle avait accepté de financer sans que rien ne soit défini.

Quant au camouflage que tu évoques, c'est encore une autre affaire. La caméra ne devait jamais entrer dans son champ de vision, ni aucun autre signe extérieur, lumières et micro compris. Ce ne fut pas facile de recruter un opérateur qui réponde à cette indispensable discrétion aux antipodes d'un tournage classique et s'intègre à notre petit groupe, composé de Richter, Nina Dorliac, sa compagne, Milena Borromeo, une étonnante personne qui remplissait la fonction d'agent, d'assistante, presque de nounou, et moi. Il fallait quelqu'un d'autonome et archi-compétent côté caméra, mais capable de travailler au compte-gouttes, en fonction des humeurs d'un personnage extrêmement fragile. Nous avons fini par engager Raphaël O'Byrne, qui a même dû abandonner son identité de cadreur, puisque je le présentais comme mon assistant. En apparence, son rôle était inexistant ; en réalité, il avait une part décisive dans le contrôle et la préparation du son et de l'image : établir la lumière idéale, installer les câbles, etc.

*Une sorte de tournage clandestin ?*

En tout cas infra-visible, capable de rester sous le seuil d'acceptation de Richter. Lors de nos premières séances, un an et demi auparavant, j'étais seul à entretenir la conversation, tout en manipulant un enregistreur. Richter en avait une telle horreur que j'avais disposé un bouquet de roses pour dissimuler le micro. Il lui suffisait de ne pas le voir pour être satisfait.

Quand j'ai pu enfin installer une petite caméra dans la pièce où nous filmions en l'absence d'opérateur, le cadre ne pouvait pas être contrôlé en direct. On avait tiré des câbles qui passaient par les balcons pour parvenir jusqu'à la cuisine, où Raphaël avait son écran de contrôle. De temps à autre, il pénétrait subrepticement dans la pièce afin de remettre la caméra dans le bon axe sans que Richter s'en rende compte.

*Richter a-t-il fini par accepter cette mise en scène ?*

Au bout de deux ans de tournage, sa participation était acquise. Il avait fini par se réconcilier avec l'idée d'être filmé. Sa manière de me le faire savoir fut typique. Un beau matin, Milena était entrée dans sa chambre ; elle voulait prendre son gilet qui avait besoin d'un bon nettoyage. Richter objecte : « Comment ? Si je porte autre chose, cela ne va pas du tout convenir à Bruno. » Le soir même, alors que nous montions dans la voiture, il m'a demandé, le sourire en coin : « La journée s'est bien passée ? Ce que je vous ai raconté n'était pas trop ennuyeux ? » Puis, le doigt pointé sur son gilet tout propre : « Et ça, c'était joli ? »

Tout tenait par l'attention et le regard. Nous tournions en lumière naturelle, dans un espace très restreint et des horaires contraints par les mouvements du soleil. Je plaçais Richter pour qu'il parle ou qu'il lise, puisque j'avais trouvé ce biais de la lecture pour compenser son extrême lassitude. Lorsque la fatigue se manifestait, Richter s'effondrait peu à peu, risquant par là même de sortir du cadre. Il n'était pas question d'interrompre le processus, aucun élément extérieur ne devait troubler l'intensité de son silence parlé. Si je me levais pour essayer de le redresser, je risquais de tout briser, et en outre de boucher la perspective de la caméra. Alors je me contentais de plonger mon regard sur lui, de m'affaisser comme lui, puis de me relever peu à peu pour le redresser comme par mimétisme. C'était l'intensité de mon attente et du dialogue visuel qui le faisait revenir dans le champ, dans une sorte de mise en scène muette. Le cas extrême d'une participation inédite à l'aventure.

*Comment éviter le télescopage des tournages et favoriser leur enchaînement au-delà des hasards et des contingences des programmateurs ?*

2008 fut à cet égard l'une des années les plus lourdes. J'avais sur les bras trois tournages simultanés : Piotr Anderszewski, Julia Varady et David Fray... Un de ces mauvais moments où tout coagule sur une période trop intense. Pour autant, je ne crois pas avoir jamais ressenti qu'un *opus* produise des ricochets qui déclencheraient le suivant. Le modèle qui domine en moi, c'est plutôt le souci d'aller jusqu'au bout d'un film sans en laisser une miette.

Il est vrai que j'ai toujours plusieurs lignes à l'eau. Mais, lorsqu'il y a une touche, on me presse pour en obtenir une réalisation immédiate. Comme si la prise de décision des programmateurs était plus lourde à porter que la conception ou la réalisation d'un film. C'est d'une perversion inouïe.

Après les eaux profondes dans lesquelles on s'est entièrement absorbé, il faut ménager des étapes de décompression pour revenir à la surface. C'est le moment de dévorer les livres en retard, de renouer avec les amis négligés pendant les périodes de tournage et de montage. Hélas, s'il y a une activité que je pratique fort mal, c'est bien la flânerie. Ma suractivité est liée au fait que je travaille à partir d'initiatives personnelles, pas de commandes. Le jour où le travail devient alimentaire, alors on ne s'investit plus de la même façon et on peut se permettre d'organiser son temps de manière beaucoup plus libérale. Imagine un chirurgien en pleine opération : il ne peut pas s'interrompre pour répondre au téléphone ; de l'instant qu'il ouvre le corps au moment où il le referme, il est entièrement dédié à la cause.

## CONTRE-POUVOIR : LE MONTAGE

*Quelle conception du montage as-tu dégagée de tes collaborations au fil des ans ?*

Le montage est une expérience obsessionnelle. Lorsque je rentre à la maison après une longue journée, je reste obsédé par les questions en suspens. Qu'il dure cinq semaines ou six mois, le montage envahit l'existence au point de rendre difficiles les relations normales avec le monde extérieur. Pendant des années, j'ai développé avec les monteurs des relations plutôt distantes. J'admirais leur capacité à s'enrôler dans un film avec ardeur sans participer à sa conception mais, au fond, je les réduisais à de simples caisses enregistreuses de mes décisions. Pour *La Jeune Fille et la mort* [*op.* 57, 1996] par exemple, j'avais tout prévu très exactement, bien avant le tournage. Il fallait se contenter d'exécuter les décisions prises très en amont.

Les monteurs sont d'abord des personnes extrêmement structurées. On travaille sur tellement de matériaux d'origines différentes que le moindre problème d'organisation retentit sur l'ensemble de la production. Au début de ma carrière, j'étais très heureux de susciter chez eux une réaction d'enthousiasme, mais ils restaient à mes yeux d'excellents techniciens. Le regard critique, je l'attendais plutôt de mes producteurs.

*Ne considères-tu pas le monteur comme une forme de contre-pouvoir qui s'opposerait à toi ?*

Je me suis parfois dit que je devrais quitter la salle pour lui laisser plus d'autonomie, mais pendant longtemps, je n'y suis pas parvenu. Peut-être parce qu'il faut une compétence musicale, ou que le film se déroule dans des langues inconnues du monteur, je ressens le besoin d'être là pratiquement tout le temps. De moi-même, je n'ai jamais laissé un monteur développer une vision indépendante de la mienne.

Jusqu'au jour où, pour *Julia Varady, le chant possédé* [*op.* 59, 1999], on m'a proposé de travailler avec une monteuse que je ne connaissais pas, Charlotte Tourrès. Le premier jour, je suis arrivé avec mes gros sabots. J'ai apporté une feuille qu'on a affichée au mur, où j'avais exposé dans le plus grand détail l'architecture du film : tous les épisodes s'articulaient, ne laissant aucune place pour des questions sur la structure. Charlotte s'est contentée de faire ce que je lui demandais. Chaque séquence était joliment travaillée, cela avait l'air de bien fonctionner. Un mois plus tard, je n'avais toujours pas entendu le son de sa voix.

Le bout à bout une fois effectué, nous l'avons attentivement regardé ensemble. Pour la première fois, je lui ai demandé ce qu'elle pensait du résultat. Elle m'a répondu de façon laconique : « Si tu veux vraiment mon avis, c'est nul. C'est de la m... » C'était dur à entendre, mais tellement drôle ! À partir de ce moment, une sorte de révolution s'est accomplie en moi : par son regard de monteuse, elle m'a fait accoucher de ce que je n'osais pas moi-même m'avouer. C'était un film sur Julia Varady, et j'en avais réalisé un autre trois ans plus tôt sur son époux, Dietrich Fischer-Dieskau, avec le même principe de construction : un flashback. Le début correspondait à la fin de sa carrière et le spectateur remontait progressivement le temps. Charlotte n'avait pas monté ni même vu ce film. Il lui était égal de savoir comment je l'avais construit. Son raisonnement partait à l'opposé de ce que j'avais prévu sur la feuille prétentieuse que je lui avais soumise, mais elle avait pressenti ce que je souhaitais faire au fond. Cette psychologie du silence, cette obéissance tranquille pendant un mois ! J'étais sidéré par Charlotte : tout était justifié dans ce qu'elle faisait. Ce film porte la marque de ma monteuse comme aucun autre.

*Travailles-tu toujours avec les mêmes monteurs ?*

Leur choix ne dépend guère de moi, plutôt de la production qui souhaite en général avoir le contrôle de ce genre de choses. Cela explique que, malgré mes envies et nos excellents souvenirs de travail, je n'ai pas retravaillé avec certains.

*D'autres monteurs ont-ils bousculé ton expérience et tes attentes ?*

Henry-Pierre Rosamond, rencontré alors qu'il était encore étudiant en « techniques audiovisuelles ». À la Fémis, on lui avait demandé à titre d'exercice d'effectuer son propre montage d'une séquence du *Voyageur intranquille* à partir des rushes. Le devoir qu'il avait remis, et qu'on m'a montré, était si brillant et si pénétrant que j'étais presque tenté de l'insérer dans mon film, terminé depuis longtemps. J'ai immédiatement décidé que nous travaillerions ensemble à la première occasion. Ce fut le cas, et même à plusieurs reprises. Tout dernièrement, nous avons monté ensemble *Le Clavier bien tempéré* de Bach filmé à la Elbphilharmonie de Hambourg, avec Piotr Anderszewski [*op.* 94, 2021].

Il y a aussi Nicolas Guérin, avec lequel j'ai collaboré sur les récitals de Grigori Sokolov [*op.* 67, 2002] et de Francesco Libetta [*op.* 68, 2002]. Là encore, la partition constituait le scénario : de la musique pure. Puis, allant au-delà, nous avons travaillé sur mon premier film avec Valeriy Sokolov [*op.* 72, 2004], construit avec un joli petit chapeau au début : le montage avait donc une autonomie, il ne dépendait plus de la captation et de la partition, et Nicolas s'est montré formidable. Comme Charlotte, je l'avais pris pour un simple technicien alors qu'il a un vrai sens du montage. Nous sommes ensuite passés aux masterclasses de Julia Varady [*op.* 75, 2008], *Le Passage du flambeau* [*op.* 74, 2008], puis au film avec David Fray [*op.* 76, 2008].

*N'avez-vous pas rencontré des difficultés particulières sur ce film ?*

Oui, nous étions confrontés sur ce dernier à une situation épineuse déjà évoquée[9], qui se traduisait par des difficultés de montage. Les

9. Sur le tournage de ce film, voir le chapitre 1, « Mettre en images », p. 39-40.

trois concertos de Bach enregistrés par David Fray avec la Deutsche Kammerphilharmonie de Brême devaient être joués dans l'ordre chronologique et nous passions sans cesse d'une répétition à un entretien, dans une continuité sonore[10]. En l'occurrence, cette circulation habituellement fluide venait se heurter au fait que chef et orchestre ne se situaient pas sur la même planète. Fray, tout jeune pianiste musicalement et intellectuellement brillant, dirigeait des musiciens un rien rassis, englués dans leur dogme : « Bach se joue sans vibrato »... Les uns gommaient le lyrisme de Bach, l'autre frémissait de la passion qu'il entretenait avec ces œuvres : le conflit était latent. Instituer ce conflit en fil conducteur aurait produit une force dramatique certaine, mais au prix d'un malaise. J'ai donc opté pour un montage conduisant au contraire à la réconciliation, qui déboucherait sur la déclaration finale de David : « Je n'ai plus qu'une chose à vous dire : merci. »

Pour le troisième concerto au programme, nous nous sommes retrouvés une fois de plus avec l'alternance répétition-concert, qui revenait dans chaque mouvement. À la longue, cela devenait lourdaud : moi qui voulais un film qui pétille ! Malgré deux mois de montage, nous étions insatisfaits et je ne parvenais pas à trouver de solution. Soudain, Nicolas m'a proposé de rompre avec le principe initial d'allers-retours : « Filons à travers l'œuvre dans sa continuité, sans revenir à la répétition au début de chaque mouvement. » L'idée a l'air toute simple, et elle l'est effectivement. Elle produisait pourtant l'allègement voulu. Sa proposition est arrivée comme une illumination.

*Après ces expériences, es-tu devenu demandeur de réactions et de propositions ?*

J'ai en effet testé les capacités de Svetlana Vaynblat, russophone et très mélomane, en montant avec elle *Conversations avec Guennadi Rojdestvenski* [*op.* 91, 2015] comme s'il s'était agi d'une période de rodage : un film de près de quatre heures, monté en un temps record de trois semaines. Le film de conversations est un genre à part entière, bien plus complexe qu'il n'y paraît. Les remarques et la sensibilité de Svetlana étaient évidentes, et nous avons poursuivi notre travail commun dans des projets qui allaient solliciter encore bien davantage son talent : *Mstislav Rostropovitch, l'archet indomptable* [*op.* 93, 2017], puis *Le Quatuor Arod – ménage à quatre* [*op.* 98, 2022].

10. Sur cette circulation, voir le chapitre 9, « Réponses filmiques », p. 274-278.

C'est sans nul doute la monteuse avec laquelle j'ai eu la relation de travail la plus approfondie. Sans l'invraisemblable ténacité de Svetlana et son formidable sens de l'architecture, je ne vois pas comment j'aurais pu me sortir de ces montages harassants. Ce furent des nuits d'argumentation permanente, d'essais sans cesse remis en question avant d'aboutir à des solutions qui nous satisfassent. Elle m'a maintenu à flot, et ce dans la plus parfaite harmonie.

*Reste le cas très particulier d'un interprète principal qui s'impliquerait comme monteur.*

Tu fais allusion aux *Variations Diabelli* de Beethoven tournées avec Piotr Anderszewski [*op.* 63, 2000]. Cet enregistrement était appelé, dans mon esprit, à devenir une référence au même titre que celui de Gould pour les *Goldberg*. Piotr portait cette partition depuis des années, il s'y était identifié de manière très forte. Le film démarre, comme pour les *Variations Goldberg* [*op.* 22, 1981], par le thème écouté depuis une régie son[11]. La caméra s'approche ensuite du studio et l'on découvre le pianiste en train d'enregistrer les *Diabelli*. Mais le parallèle s'arrête là, car Piotr était effectivement en plein enregistrement. Pour accumuler un matériau initial susceptible d'alléger les inévitables problèmes de synchronisme image-son au moment du montage, j'avais préparé deux premiers découpages mobilisant à chaque fois quatre caméras. Ils permettaient de couvrir l'œuvre complète, de la première à la dernière note, sous huit angles différents.

Puis j'ai laissé Piotr et son directeur artistique effectuer toutes les prises son nécessaires au disque pendant deux jours. Pour filmer cette étape, je me suis contenté d'une caméra fixe sans opérateur. Ma seule présence, ou l'intervention du moindre élément extérieur, aurait altéré sa relation à l'œuvre.

Enfin, nous avons tourné selon un troisième découpage, dans lequel j'avais toute liberté de placer la caméra comme je le souhaitais, dans des positions impossibles lors d'une véritable exécution, et de filmer plan par plan, voire mesure par mesure, avec cette unique caméra. Piotr jouait effectivement, le son pouvait donc être éventuellement utilisé, mais sans obligation. Je me souviens très précisément du nombre de prises : 747, comme le Boeing. Si j'avais demandé à Piotr de tourner deux années de plus, il en aurait été

11. Sur cette scène, voir le chapitre 5, « Rencontres : Gould », p. 171.

ravi : plus on y passait de temps, plus il s'approchait de ce qu'il voulait. Il est animé d'une insatiable quête de perfection.

*Comment vous y êtes-vous pris, face à cette montagne de rushes ?*

Nous avons commencé par monter l'image sans trop nous préoccuper de savoir quelles étaient les meilleures prises sonores. De son côté, Piotr procédait au montage du disque quasiment note par note. Pour couronner le tout, nous faisions face à des problèmes de raccord concernant les coupes de cheveux du pianiste, qui avaient varié d'un jour à l'autre. Il a donc fallu se caler sur le montage sonore de Piotr et le faire coïncider avec le montage d'images que j'avais souhaité. Nous y avons passé des heures, trouvant des solutions l'une après l'autre, dans un travail à deux voix.

*Es-tu satisfait de cette collaboration ?*

Je crois que son interprétation prodigieuse et cette appropriation complète de l'œuvre sortent renforcées de ces images qui suivent pas à pas la musique, proposant des ponts assez originaux, des aperçus inédits qui ont une grande force émotionnelle. Il s'agit d'une œuvre gigantesque : plus d'une heure, trente-trois variations. Comment parvenir à une variété aussi exigeante que celle d'un Beethoven ? Il part d'un thème inexistant et explore un vaste spectre d'ambiances psychologiques. Toutes les formes musicales sont convoquées : plusieurs fugues, des marches, des menuets, des mouvements de sonate, des parodies comme celle de *Don Giovanni*... C'est le recueil de variations le plus incroyable et inventif de toute l'histoire de la musique. Face à ce monument, on ne saurait rivaliser. Mais il fallait essayer d'en rendre compte, de restituer visuellement un peu de cette extase et de ce génie créatif. Si nous y sommes parvenus, c'est grâce à Piotr, du fait aussi d'une collaboration intime et sans accrocs. Ces frottements entre la production du son et de l'image, cette propension de chacun à influer sur le travail de l'autre, c'est l'un des plus grands frissons que j'aie jamais ressentis.

Pour autant, c'est une situation miraculeuse, rarissime : le temps n'était pas compté, nous nous sommes mis dans des situations qui auraient pu nous porter au conflit. Avec Piotr, rien n'est jamais simple. Peut-être faudra-t-il à l'avenir travailler à partir d'une bande-son déjà prête ? D'un autre côté, si je ne participe plus à l'élaboration de la bande sonore, j'ai l'impression de perdre une partie de la joie de travailler avec quelqu'un comme lui... Quoi qu'il en soit, nous avons vécu là une expérience assez unique de montage, élaboré en commun par l'interprète et le réalisateur.

*Qu'as-tu appris des monteurs au fil du temps ?*

Le fait qu'une scène réussie puisse en gâcher une autre tout aussi bonne. La juxtaposition de deux scènes dont chacune fonctionne à merveille s'avère parfois catastrophique. Un film n'est pas un simple parcours de moments forts, pas plus qu'un musée ne se réduit à une collection de chefs-d'œuvre ou un roman à une succession de belles pages.

Il n'existe ni décalogue ni traité qui énoncerait les principes à respecter à tout prix. L'exercice est et reste heureusement assez peu normé : tout se joue devant la table de montage, qui possède un aspect « épreuve du feu ». Il arrive qu'en regardant ce que l'on vient de monter, on doive se rendre à l'évidence : cela ne marche pas. Il s'agit alors de diagnostiquer clairement la source du dysfonctionnement.

*Pour autant, s'il n'y a pas de contre-pouvoir, tu gardes le pouvoir...*

Je revendique encore d'avoir le dernier mot, une sorte de « pouvoir artistique », si l'on veut. Mais désormais, j'attends des réactions fortes, et même une opposition de la part des monteurs : cela me permet d'affûter mes arguments. Si je reconsidère ma démarche assez directive, telle que je l'avais imposée par exemple à Charlotte, avec ma grande feuille affichée au mur, c'étaient en réalité toutes mes certitudes que j'affichais, ma difficulté à envisager qu'une structure puisse naître chemin faisant. En général, j'essaie de ne pas proposer des solutions dépourvues de sens, et la contre-proposition doit être très convaincante pour justifier de reprendre un montage. Mais je la sollicite et je l'espère !

Les monteurs ont une perspicacité qui les rapproche des archivistes : ils sont parfois confrontés à une masse de documents qui leur impose d'innover. Pour monter le film sur David Fray, Nicolas a dû inventer une méthode de classement. Nous avions des dizaines et des dizaines de prises pour une même mesure donnée, dans chacun des trois concertos de Bach. Pour éviter de perdre notre temps à la recherche de toutes les prises, il avait indexé dans l'ordinateur toutes les partitions et les éléments filmés : je pouvais lui dire « Je voudrais la mesure 53 du *Concerto en fa mineur* », et on obtenait aussitôt l'arborescence complète de tout le matériau disponible concernant cette mesure-là. Nicolas ne lisait pas la musique, mais il était capable de la suivre et d'inventer une forme de méthodologie.

*N'attends-tu pas d'eux qu'ils sachent lire une partition ?*

C'est très variable. Julie Pelat, avec laquelle j'ai monté *Glenn Gould, au-delà du temps*, a une vraie compétence musicale. Je ne suis pas sûr qu'elle sache vraiment lire la musique, mais elle la connaît de l'intérieur. Les autres de mes collaborateurs n'ont pas de savoir musical particulier, en tout cas ce n'est pas une exigence. Nicolas l'a acquis très vite : j'ai rarement rencontré quelqu'un qui ait une oreille aussi précise. Avant même que je prononce le mot « *si* bémol », il avait déjà retrouvé la note, parce qu'il avait remarqué un petit défaut...

*Né dans la souffrance, un bon montage se fait-il oublier ?*

Un montage réussi devient pour ainsi dire invisible et laisse place à l'évidence. Le plus dur, c'est d'éliminer. L'ellipse est un art délicat. Devant une table de montage, on est débordé par une surabondance de matériau et par des opérations qui sont éminemment matérielles, comme un écrivain face à ses brouillons. La dynamique de production rend le recul difficile.

Un monteur parvient à créer cette distance, parce qu'il ne travaille ni avec ses images ni avec son propre projet. Il n'a pas de souvenirs du scénario ni du tournage ; il n'est pas encombré par l'histoire d'une œuvre, l'originalité d'une interprétation... Tandis que, sur le moment, le réalisateur doit se faire violence pour éliminer une scène ou un fragment qui a une part d'intérêt. Quelques années plus tard, il ne se rappelle même plus ce qu'il a élagué. Le montage implique de résister à la tyrannie du présent, au charme de telle scène ou de tel regard pour se projeter dans une autre échelle temporelle.

## SOUS-TITRER, DOUBLER, MIXER

*Le sous-titrage est un art assez mésestimé, auquel tu consacres beaucoup de temps et d'attention.*

Je traduis toujours moi-même de la langue source vers le français et l'anglais, et supervise généralement les traductions allemandes

— malheureusement il n'existe pas de version italienne, faute de diffusion en Italie. Je souhaite d'abord m'assurer que le sens soit transmis de manière fidèle, par respect du spectateur autant que de mon film. Combien de fois ai-je lu « *la* finale d'un concerto de Mozart », comme dans un match de football...

Il m'est aussi arrivé de découvrir une version française de mon film sur Fischer-Dieskau [*op.* 55, 1995] mutilée par l'ajout d'une voix off sur la version originale allemande. À ma grande surprise, on entend Fischer-Dieskau parler d'« extraits de clavier ». Si le traducteur s'était un peu décarcassé, il aurait compris qu'au-delà du sens littéral « extrait » + « clavier », *Klavierauszug* se dit en français « réduction pour piano ». Et il n'est pas non plus interdit d'espérer un brin de jouissance, la transmission d'une saveur en partie musicale dans une langue rythmée, mesurée et expressive.

*Qu'y a-t-il de si excitant dans le sous-titrage ?*

Il s'agit d'abord de traduction, activité pleine de plaisirs cachés, qui consiste avant tout à interpréter. On reste parfois des semaines entières sur un même paragraphe, et la situation se débloque sans crier gare. Je me rappelle que le magnifique portrait de Leopold Stokowski dressé par Gould dans *Le Dernier Puritain* m'a longtemps résisté. Comment rendre la saveur de son « *By nature, I am no stage door Johnny* » ? Et puis un beau jour, alors que je roulais dans Paris en scooter, la formule a surgi : « Je ne suis pas une grenouille de coulisses », par référence aux grenouilles de bénitier, bien entendu.

C'est un travail très solitaire, qui implique inspiration et jubilation. Et s'ils n'ont pas toujours une grande portée littéraire, les sous-titres présentent la contrainte supplémentaire du nombre réduit de signes acceptables. Il faut passer le texte d'origine au tamis. Comme j'en suis l'auteur, je suis le mieux à même d'en saisir les nuances pour les interpréter, puisqu'il s'agit bien de cela. Passer de l'oralité à l'écrit, et d'un texte fourni à des phrases brèves, suppose de choisir ce qui est essentiel. C'est une affaire de focale bien plus que d'exactitude. Cela ressemble assez à la construction d'une interprétation musicale : il faut choisir à tout instant.

*Comment procèdes-tu ?*

Je commence par rédiger une traduction rapide qui tienne compte du sens complet de la phrase. Puis je retravaille cette version en plusieurs strates, en fonction de la durée impartie : je sais à chaque fois si j'ai droit à vingt-six, trente-deux ou soixante-quatre caractères… Il faut gratter, couper, lisser, condenser, inventer des ellipses afin de rendre le texte lisible. C'est un travail qui consiste à démembrer la phrase en brefs fragments et à les réagencer.

Certains de mes films comportent plus de mille sous-titres, ce qui représente une tâche considérable, et les techniciens chargés de les positionner manquent souvent de temps. Le découpage initialement prévu est donc fréquemment bousculé. Il m'arrive d'en sauter un sur deux pour respecter le rythme utilisé, et il faut alors réintégrer une part des éléments retranchés. Ce processus de simulation est essentiel : il faut que je voie les sous-titres se dérouler devant moi afin de tester chaque traduction de façon dynamique. Les corrections sont toujours nombreuses, et je suis particulièrement attentif à la ponctuation.

*Cela n'a donc rien d'une simple opération technique ?*

Pas du tout. Le transfert d'une langue à l'autre pose des problèmes classiques d'ordre de la phrase, en particulier pour l'allemand. Il faut parfois réagencer complètement un passage pour éviter le décalage trop important entre ce que pourrait formuler le sous-titre français à tel moment et le fait que la phrase allemande rejette le verbe à la fin.

Idem pour l'humour : lorsqu'un interprète raconte une anecdote dotée d'une chute, on ne peut donner à lire la plaisanterie avant qu'elle n'arrive dans la langue d'origine. Outre les considérations classiques de traduction, le sous-titrage suppose la prise en compte d'un rapport fort à l'image et à la continuité.

*C'est donc une question du rythme ?*

Chaque intervenant a sa vitesse d'élocution : le phrasé d'un Richter, pour lequel chaque mot est une souffrance, n'a rien à voir avec la séduction d'un David Fray ou la volubilité d'un Gould. Lorsque le dialogue est rapide, je veille si possible à éviter le chevauchement de sous-titres sur deux plans. Il faut respecter la cohérence d'une séquence filmée, donc le rythme du film, comme on tiendrait compte d'une phrase musicale. Je tiens énormément à respecter ces unités : le sous-titrage doit renforcer le rythme du film, pas le contredire ou en gommer les respirations. J'en suis à un point où il m'est arrivé d'anticiper dès le stade du montage et de prolonger légèrement un plan en prévision des sous-titres.

*Cherches-tu à citer systématiquement à l'image le titre des œuvres ?*

Non, mais on me l'impose. Je comprends le souci des diffuseurs, mais je trouve que les textes surajoutés à l'écran cassent le rythme et l'équilibre graphique d'un film. On peut recourir au générique final, où un déroulant précise toutes les œuvres jouées ; mais je reconnais que le lien est parfois difficile à faire lorsque les œuvres ont été entendues une ou deux heures plus tôt.

Dans mes éditions DVD, je refuse que ce genre de données vienne polluer l'image parce qu'à mes yeux, cela relève de l'information, somme toute secondaire, pas de l'esthétique ni de l'émotion. Il me semble de loin préférable que le spectateur se pose la question et aille chercher la réponse dans le livret.

*Mais si le seul master disponible est celui qui a été diffusé à l'antenne, avec tous les titres des œuvres entendues ?*

Arrivé à ce point de la postproduction, tout le monde éprouve un sentiment de lassitude, même moi. On a visionné le film des centaines de fois, il faudrait pouvoir s'arrêter, reporter la fin du mixage de quelques mois. Mais il y a des échéances, des dates de livraison, et puis il faut bien à un moment donné accepter qu'un film soit terminé. On peut à la limite retoucher le générique, mais on ne peut plus gommer quoi que ce soit, parce que le fait de couper ou d'ajouter, ne serait-ce qu'une seule image, décalerait mixage et sous-titrage.

*T'est-il arrivé de recourir au doublage ?*

Avec des conséquences parfois étonnantes ! En janvier 1998, alors que le montage de *Richter, l'insoumis* était presque terminé, les producteurs m'ont réclamé une version doublée pour cause de coproduction allemande. C'était hors de question, je ne pouvais accepter que l'émotion émanant de Richter, libérée et captée avec tant d'attention, soit recouverte par la voix d'un clampin télévisuel. Mais on m'a bien fait comprendre que les Allemands effectueraient le doublage eux-mêmes si je refusais de m'en charger.

J'ai donc demandé à choisir l'acteur et à diriger l'enregistrement de cette *voice over* pour en garantir la modulation et l'ondulation. Et tout à coup, une idée m'a traversé l'esprit : Carlos Kleiber, le grand chef mythique auquel je rêve de consacrer un portrait depuis des années. Je lui ai aussitôt envoyé un courrier. Je n'y croyais pas mais, trois jours plus tard, il m'a répondu que doubler Richter serait criminel : il n'avait « pas vu mon film, mais vivait avec lui », ajoutant en français que « pour le spectateur, un doublage serait cent pour cent casse-pieds ». Là-dessus, il se proposait de m'aider à trouver une solution, me souhaitant « une bonne année, ainsi que toutes les années à venir » : un personnage fascinant, follement drôle, incroyablement imaginatif. Son refus n'a fait que renforcer mon envie de lui consacrer un portrait...

J'ai donc téléphoné à Dietrich Fischer-Dieskau, qui a accepté de relever le défi — et il l'a fait avec un extraordinaire sens du rythme. Il avait préparé notre enregistrement avec le même soin qu'il aurait mis à la préparation d'un récital de Lieder. Au mixage, je me suis débrouillé pour qu'on entende clairement la voix de Richter malgré tout. Je me demande aujourd'hui si, en fin de compte, la version allemande n'est pas ma préférée. Cette expérience m'a conforté dans l'idée de diriger moi-même le doublage et de le confier à des personnages de cet acabit.

*Le mixage est-il une phase importante ?*

Curieusement, la plupart des gens n'ont absolument aucune idée de ces opérations de mixage. Pourtant, en tant que spectateurs, ils sont très sensibles à l'égalisation du niveau et de la couleur des diverses sources sonores, même s'ils n'en sont pas conscients.

*Au-delà du temps* en constitue un exemple assez parlant. Dès la phase du scénario, j'avais indiqué avec quel effet sonore j'utiliserais le texte provocateur de Glenn *J'aurais aimé être prisonnier*, monté sur une photo de lui accoutré d'une toque soviétique et d'une vareuse, suivi d'une grande route enneigée filmée dans le nord du Canada ; un fond sonore et des images de route glacée flottent au son d'une sonatine de Sibelius. Gould dicte ses conditions personnelles d'une incarcération épanouie : ne pas être coupable, choisir la couleur des murs de sa cellule, disposer d'un chauffage approprié, etc. Au mixage, nous avons progressivement laissé s'éteindre la voix du comédien pour produire un effet d'infini ; je souhaitais renforcer l'accumulation de ces conditions qui contredisent notre conception conventionnelle de la liberté, telle qu'elle s'est développée en Occident, pour laisser entendre que la liste aurait pu se poursuivre. Image et mixage relevaient d'une même dramaturgie.

À un autre moment, j'évoque un aspect biographique : son recours fréquent à des questionnaires, infligés à toute personne appelée à collaborer avec lui. Un comédien lit les questions, puis les réponses de Gould :

« Vivez-vous en ville ou à la campagne ? » — En ville.
« Que préférez-vous ? » — La campagne.
« Quels sont vos auteurs de prédilection » — Glenn répond de façon détaillée.
« Quels sports pratiquez-vous ? » — ...

Et là, un grand blanc. Tout le monde rit en « entendant » ce silence, bientôt renforcé par un bruitage : un trait tracé au stylo, qui signifiait « néant ».

Paradoxalement, filmer la musique ne consiste pas seulement à placer des images sur une musique préexistante : cela implique parfois d'y ajouter des sons !

# LE TRAVAIL DES ARCHIVES

## LE TEMPS RETROUVÉ

*Tu recours fréquemment à des images et musiques tirées de films d'archives, et sembles parfois leur porter un attachement affectif — je songe à l'ouverture du* Violon du siècle *[op. 56, 1995] : « Longtemps, j'ai cru être né trop tard. »*

Cette référence proustienne s'accompagne de la reconnaissance d'un changement : « Longtemps, j'ai cru », cela souligne que je ne le crois plus. J'ai en effet longtemps vécu comme un handicap définitif les années qui me séparaient de grands interprètes du passé ou de contemporains dont j'aurais manqué une bonne partie de la carrière. J'avais la sensation d'avoir manqué l'essentiel. Inutile de se démener, de créer ou d'inventer les plus beaux projets : le passé était révolu et perdu à jamais.

J'aurais pu sombrer dans la mélancolie ou déprécier mon époque. C'est pourtant le contraire qui s'est produit. En matière musicale, l'existence d'archives sonores et visuelles a constitué un coup de fouet salvateur. C'est un formidable excitant, une révélation de l'ordre du « temps retrouvé ». L'attachement affectif a cédé la place à une quête d'archives qui a occupé des jours, des nuits, des années entières de ma vie. La recherche, l'identification et la diffusion de ces images représentent une façon de transmuer la nostalgie sentimentale en jouissance raisonnée et objective, que j'espère contagieuse.

L'archive n'est pas seulement une manière de remonter le temps, elle permet de surmonter des regrets et de préparer l'auditeur de demain.

D'ailleurs, j'ai parfois l'impression d'arriver trop tôt : il faut du temps et de la patience pour atteindre une certaine maturation des mentalités. La recherche d'archives suppose la collaboration active de nombreux acteurs, du directeur général au magasinier, en passant par les chefs et les sous-chefs. Sans compter l'éducation du public et la sensibilisation des artistes eux-mêmes. Il y a encore du chemin à parcourir.

*Es-tu animé d'un sentiment d'urgence ?*

Je sens viscéralement que si l'on ne s'occupe pas de ces documents maintenant, nombre d'entre eux disparaîtront, par négligence ou par dégradation des supports. Cette activité renvoie toujours à l'idée d'une permanence. À chaque fois que je trouve un document, je me dis : « Un de plus de sauvé. » Même si je ne l'exploite pas dans l'un de mes films, d'autres pourront le faire vivre après moi.

C'est ce qui s'est passé avec l'enregistrement sonore du *Concerto* de Tchaïkovski par Yehudi Menuhin. Il se rappelait bien ces séances à Londres, en 1958, avec Sir Adrian Boult, mais il n'avait aucun souvenir d'en avoir écouté le montage, encore moins de son éventuel refus de le publier. La question restait donc ouverte concernant cette œuvre avec laquelle il avait fait ses débuts avec orchestre à Paris en 1927 et qu'il avait beaucoup jouée, avant de l'abandonner subitement vers 1960. Lorsque je me suis mis à préparer l'édition Menuhin pour Warner Classics, j'ai demandé communication de ce dossier à leur service d'archives. C'était un projet « maison », mais j'ai fait face à une montagne d'obstacles : rejet supposé par l'artiste de son vivant ; veto d'un pseudo-garant prétendument nommé par la famille ; apparente absence de la cadence... À force d'insistance, j'ai fini par recevoir tous les rushes sonores... dont quarante-deux prises de la seule cadence ! Rien n'était monté, donc Yehudi n'avait jamais entendu cet enregistrement magnifique. Je me suis mis au travail, assurant le montage de ce disque inédit soixante ans plus tard.

On sort d'une telle aventure avec le sentiment d'avoir ramené un fantôme à la vie. Je sais que Yehudi aurait validé avec plaisir ce « nouvel » enregistrement. Depuis, j'ai eu vent d'une version filmée qui aurait été tournée vers 1950 par une télévision américaine. Laquelle ? Où ? Il va falloir se mettre à nouveau en chasse.

*Comment considérer cette autre partie de ton activité qui consiste à fabriquer des archives du futur ?*

Filmer la musique à un instant *t*, c'est toujours témoigner pour le futur et constituer des archives à venir. Certains responsables de chaînes ou coproducteurs étrangers ont parfois considéré que j'exagérais, que je m'enthousiasmais trop vite pour de jeunes talents. Mais ces coups de cœur, cette urgence qui me pousse à filmer des musiciens à peine découverts est le pendant de mon intérêt pour les archives du passé. Nous avons une responsabilité collective de conservation des traces sonores. Et puisqu'on ne peut tout enregistrer, il nous faut bien les choisir pour transmettre des archives fécondes aux générations qui suivent.

Lorsque je conçois un documentaire, je cherche à capter pour l'occasion des œuvres qui apporteront quelque chose, dans une sorte de visée encyclopédique. C'est ce que j'ai tenté avec Menuhin : même si j'arrivais un peu tard dans sa carrière, nous avons beaucoup tourné et j'ai voulu, avec sa complicité, enrichir un répertoire ici ou là sous-dimensionné. La musique et son interprétation sont peut-être encore plus fugaces que le théâtre ou la danse, pour ne pas parler de la littérature ou des arts plastiques. Sans traces sonores et visuelles de telle exécution d'une symphonie ou d'une sonate, il n'en restera que des commentaires d'autant plus frustrants qu'ils seront enthousiastes.

*Quelle distinction fais-tu entre les images d'archives et les images que tu tournes ?*

J'aurais peut-être procédé différemment avec mes images, mais le fait est que ces archives à ma disposition ont été tournées par d'autres, avant moi, parfois avant ma naissance.

L'autre paramètre est lié à l'épaisseur du temps : le premier film qu'on possède de Gould est un *Concerto en ré mineur* de Bach tourné alors qu'il avait vingt-deux ans. On croirait sa bande-son rescapée des chutes du Niagara. Que s'est-il passé entre 1954 et 1986 ? Nul ne le sait. Mauvais contrôle des conditions de stockage ? Comme ce concerto était complet et très bien réalisé, nous avons passé énormément de temps à le restaurer en filtrant les bruits. À l'inverse, il m'est arrivé en 2004 ou 2005 de tourner des images qui auraient d'emblée une apparence d'archives et que j'ai délibérément salies et ternies pour faciliter leur raccord avec celles qui suivaient ou précédaient...

Dans tous les cas, un film d'archives atteste que « cela s'est passé », « ce concert a eu lieu », « voici comment jouait cet interprète ». Si j'intègre ces images à l'un de mes films, c'est d'abord pour leur valeur de témoignage du passé, un passé proche ou lointain, comme l'archéologie peut explorer des millénaires ou des décennies passées. Quant aux images que je tourne moi-même, elles attestent d'un présent, mais témoigneront invariablement du passé.

*Comment sélectionnes-tu les archives que tu souhaites utiliser ?*

Certaines images d'archives ont valeur de météorites, fulgurantes et comme tombées du ciel : leur valeur émotionnelle n'a rien de passé, elles scintillent dans une sorte de présent absolu. Cependant, je recherche des archives qui puissent, au-delà du spectacle, acquérir une valeur dramatique, s'intégrer dans la construction d'un récit. Je ne me sens pas concerné par les exploits, les « concerts du siècle » et autres constructions médiatiques. L'archive ne prend tout son sens que si on l'amène de façon convaincante.

Ce ne sont pas les archives les plus spectaculaires qui sont les plus expressives. Une scène de répétition ou de vacances en famille en dit parfois plus qu'un concerto impeccable. Bien des réalisateurs ou opérateurs de l'époque seraient restés incrédules si on leur avait prédit que tel modeste extrait de leur film attiserait la convoitise d'un collègue réalisateur des décennies plus tard.

Il n'y a bien entendu aucune recette concernant la sélection ou l'utilisation d'archives. Les idées viennent chemin faisant, sur la table de montage, parfois dans la nuit qui suit une journée de montage. Je rentre chez moi, obsédé par la manière dont je vais pouvoir intégrer telle archive. Cela suppose beaucoup de temps consacré à l'étude des rushes. Le recours aux archives implique, comme tout montage, d'encombrer sa mémoire avec toutes sortes d'événements à trier au cas par cas. Il faut leur donner une vie qui leur est propre, tout en les insérant dans une narration sans donner l'impression d'une illustration mot à mot.

*Il t'est arrivé d'emprunter des images à tes propres films. Cela relève-t-il d'un travail d'archives ?*

Pour construire *Glenn Gould, au-delà du temps* [*op.* 73, 2006], je souhaitais éviter avant tout l'utilisation d'une mosaïque de bribes sous prétexte d'inédit. Afin d'établir un fil conducteur solide, j'ai revisionné, des années après, la vingtaine d'heures de rushes de mes propres *Variations Goldberg* [*op.* 22, 1981]. N'apparaissant pas dans la version définitive, les rushes sont par définition des inédits. En ce sens, tout ce qui existe sans avoir été jamais vu par quiconque possède un statut d'archives. J'ai donc retenu des images qui avaient été écartées lors du montage pour des questions de rythme ou de raccord avec les plans voisins. Les exhumer, c'était faire surgir un fantôme du néant, redonner une chance à des images que j'avais moi-même ensevelies. La recherche dans ses propres archives permet d'éviter des obstructions extérieures, mais elle oblige surtout à redécouvrir ces images comme si elles avaient été tournées par autrui.

*Tu avais connu cette expérience lors de tes* Conversations avec Guennadi Rojdestvenski *[*op. *91, 2015].*

Comme pour *Au-delà du temps*, je cherchais à privilégier la continuité. J'ai eu la possibilité de retourner aux rushes des différents films réalisés avec Rojdestvenski et j'en ai recueilli les restes — comme on parle des restes d'un repas — non utilisés. Encore fallait-il leur donner une cohérence thématique et construire, à partir de là, une conversation couvrant une multitude de thèmes et de souvenirs biographiques sur seize années. Le matériau était à la fois disparate et assez cohérent, puisqu'il provenait d'une même source.

*As-tu déjà exploité des archives papier ?*

En dehors de la question embarrassante de mes propres archives et de leur devenir, j'ai connu une brève expérience de plongée dans les archives papier de Menuhin déposées à la Royal Academy of Music de Londres, documents manuscrits et imprimés pour la plupart. Les enfants de Yehudi m'avaient demandé d'en dresser un inventaire. J'y ai découvert des pépites, dont un grand nombre de partitions annotées, comme celle du *Concerto* de Berg, assortie d'un grand trait manuscrit portant la mention : « *Not the Beethoven concerto* » (pas le concerto de Beethoven) !

Ou encore l'intégrale des quatuors de Haydn annotés partie par partie. Doigtés et coups d'archet, y compris pour la partie de violoncelle. Cela remonte sans doute à l'époque de la guerre, quand Yehudi vivait en Californie. Beaucoup de magnifiques musiciens gravitaient autour d'Hollywood, et l'activité ralentie faisait que tout le monde disposait de plus de temps. Menuhin avait fait installer dans sa vaste propriété des maisons d'hôte pour recevoir les amis et tout ce petit monde jouait de la musique de chambre à longueur de journée. Ces archives papier en disent long sur sa conception de la musique.

L'un des enfants de Yehudi contestant mon intervention dans ce domaine, j'ai vite fait machine arrière : une vocation naissante d'archiviste brisée en plein vol ! Mais j'en ai retenu la force visuelle que peut prendre une lettre manuscrite. Dans le portrait de Carlos Kleiber en préparation, je compte bien montrer à l'écran ses incroyables Kleibergrams, comme on les appelle, ces petits papiers qu'il déposait sur les pupitres des musiciens pour leur donner conseils ou indications. C'est beaucoup plus fort que tous les récits d'anciens membres de l'orchestre.

Pour *Artiste du peuple ?* [*op.* 54, 1994], ayant accès à la correspondance d'Oïstrakh, j'avais construit le scénario de telle sorte qu'une lettre montrée à l'écran, même rédigée en russe, prenne une valeur irréfutable, comme si Oïstrakh lui-même racontait sa vie. La force du document écrit permet ainsi d'éviter le témoignage ou le commentaire oral[1].

*Et la radio ?*

Ma première et unique expérience de radio remonte à Nadia Boulanger : son portrait filmé [*op.* 11, 1977] s'accompagnait d'une série radiophonique tirée de nos conversations. Mais il s'agissait là d'une expérience de montage dans un matériau que j'avais moi-même créé plutôt que d'une exploitation d'archives.

Plus récemment, un projet sonore m'a longuement habité avant que j'y renonce (provisoirement ?) : l'adaptation radiophonique des carnets de Richter. C'est un véritable journal d'écoute, dans lequel il rend compte de toutes les activités musicales qui passent à sa portée. Ses jugements sont à l'emporte-pièce, y compris sur lui-même. Un récital d'Arturo Benedetti Michelangeli est expédié en trois paragraphes, alors qu'il revient à quatre reprises sur la *Sonate* de Jean Barraqué, soulignant qu'il ne la comprend pas, mais qu'il sent être en présence de quelque chose d'important. Il a aussi des mots très durs sur les Français : « Soirée de Noël, à Notre-Dame de Paris. Ces bêtas sont là à déambuler, ils discutent dans ce lieu magique au lieu de prêter attention au concert d'orgue. Je suis rentré me coucher, furieux et déprimé. » Ou encore le soir de l'élection présidentielle du

1. Sur ce parti pris, voir le chapitre 9, « Réponses filmiques », p. 287 et 290.

10 mai 1981 : « Concert magique de Nicolai Gedda, public absent. Les Français élisent leur président, ils sont tous devant leur télévision, les imbéciles ! »

Même si le point de départ est écrit et non sonore, la question renvoie à celle de l'exploitation d'un fonds d'archives : découpage chronologique, regroupements thématiques ? L'envie me venait de retrouver la liberté de mes entretiens avec Fischer-Dieskau, *Paroles ultimes* [*op.* 86, 2008-2013] : « et vogue la parole... » Avec un bon découpage et un seul comédien, un mixage texte-musique adéquat, j'ai envisagé une série de cinquante émissions sur Richter, soit une année complète de diffusion. Le rendez-vous hebdomadaire me semblait bien se prêter à la radio, à condition d'effectuer une sélection cohérente et une bonne mise en musique. Cela ne s'est pas fait, c'est la vie des projets.

## LA CHASSE À LA BALEINE

*Comment as-tu commencé la recherche d'archives, dont on ne sait s'il faut la comparer à un sport ou à une chasse pratiquée dans une jungle bureaucratique ?*

Ma première expérience concerne David Oïstrakh, uniquement pour des enregistrements sonores à l'origine, et de manière strictement privée. À Moscou, j'étais en contact avec Melodiya, la firme discographique officielle soviétique. Pendant plusieurs années, j'ai pu explorer dans leurs archives tout ce qui concernait Oïstrakh. Cela m'occupait suffisamment, l'idée ne m'est même pas venue de détourner ma curiosité vers d'autres artistes. J'ai ainsi amassé quelques trésors. J'étais bienheureux de les posséder, de les faire écouter aux amis, rien de plus.

*Tu es donc arrivé relativement tard à la pratique des archives ?*

Le projet d'un portrait posthume de David Oïstrakh s'insérait dans un ensemble plus vaste, conçu dans les années 1990, qui aurait dû s'appeler *Le Crépuscule des dieux*. Outre Oïstrakh, étaient prévus Dietrich Fischer-Dieskau, Yehudi Menuhin, Sviatoslav Richter : autant de films sur des personnages morts ou en fin de carrière, qui ont finalement vu le jour de façon éparpillée. Cela m'a conduit à explorer des fonds très variés en Roumanie, en Tchécoslovaquie, en Hongrie, en Angleterre, en Allemagne, aux États-Unis, en France...

Les recherches sur Dietrich Fischer-Dieskau pour *La Voix de l'âme* [*op.* 55, 1995] ont été relativement aisées, puisque lui-même me transmettait toutes les informations en sa possession : j'ai ainsi retrouvé l'intégralité de ses archives, remontant jusqu'à ses tout débuts. Ce ne fut pas le cas pour les artistes russes. On était en pleine époque soviétique, les bureaux regorgeaient de fonctionnaires dont on ne connaissait ni la responsabilité ni la compétence. J'avais une petite expérience du maquis des archives sonores, mais le passage aux archives audiovisuelles était un grand saut qui supposait d'identifier les responsables et les pratiques de cet organisme encore plus éléphantesque qu'était le Goskino, l'organisme d'État en charge du cinéma.

*En dehors des coups de chance, tu cherches des documents bien précis la plupart du temps. Comment sait-on que tel ou tel film existe ?*

Un archéologue ne part pas fouiller au petit bonheur la chance. Il a constitué des dossiers, des faisceaux d'indices ; il fouille sur la base d'une hypothèse raisonnable. Moi aussi. Il existe parfois des documents écrits qui attestent d'un tournage ou des témoignages des artistes eux-mêmes, mais la plupart du temps, je me suis fié à mon intuition. Je ne parle pas d'un appel mystique, mais d'une intuition de réalisateur, qui me faisait dire que les quelques mesures du *Concerto* de Brahms découvertes au hasard d'un journal télévisé ne pouvaient pas exister toutes seules. On apprend assez vite à distinguer un tournage organisé au pied levé pour telle occasion, d'un document filmé à plusieurs caméras, conçu pour être retransmis dans son intégralité.

À partir de là, une fixation nouvelle rejoint celles qui m'agitaient auparavant. De façon étonnante, elle ne pénalise pas les enquêtes déjà en cours, comme si ces recherches obéissaient à une économie d'un autre ordre. Je sais que je ne lâcherai pas avant d'avoir trouvé. Et je pense être capable d'une dépense d'énergie sans proportion avec l'intérêt du document en question, parfois exceptionnel, parfois modeste, voire franchement mauvais. Peu importe.

*Tu as bien connu des échecs ?*

Je rêve encore du concert de Yehudi avec Leopold Stokowski en 1934, ou de son récital avec Hephzibah à Detroit en 1937, ni l'un ni l'autre localisés à ce jour. J'ai en revanche trouvé au milieu des années 1970 au Paley Center de New York un magnifique *Double*

*Concerto* de Brahms, avec Leslie Parnas et un Yehudi en grande forme. Pablo Casals est amené à bout de bras pour diriger. Il semble mal en point, mais retrouve une énergie incroyable sitôt grimpé au pupitre. Ce fantastique document, je l'ai vu, je ne l'ai pas imaginé, il existe. Hélas, aucune réponse à nos courriers, la personne en charge invente toujours des obstacles sans raison...

Dans un autre genre, j'ai appris durant le montage de *Glenn Gould, au-delà du temps* que la journaliste qui l'avait interrogé pour le livre *Les Grands Pianistes parlent* possédait encore la bande sonore de l'interview donnée par téléphone. Glenn s'était exprimé sans réserve avec cette parfaite inconnue sur l'existence d'un au-delà, plus plausible à ses yeux que son absence. Elle se rappelait très bien l'épisode et se proposait de m'envoyer la bande. Énorme déception : pendant les trois heures d'interview, elle tenait visiblement un nouveau-né dans les bras. On reconnaît la voix de Gould, mais le document est à peine audible, donc inutilisable...

Certains documents me hantent et, tant que je ne les ai pas trouvés, je reste comme le capitaine Achab dans *Moby Dick*, obnubilé par la baleine blanche. J'ai du pain sur la planche pour les cent prochaines années !

## LIRE ENTRE LES LIGNES

*Que se passe-t-il une fois que tu as trouvé ?*

Tout dépend de ce que l'on obtient. L'idéal est de tomber sur le master original en vidéo, ou le négatif pour les films. Se pose alors la question de l'état des copies et son corollaire, l'état des instruments de lecture. Lorsque j'ai récupéré des bandes « 2 pouces » à Moscou, j'ai aussi découvert qu'il n'existait plus d'appareils pour les lire. Et puis il y a le problème de l'étiquetage...

*Tu ne sais plus lire le russe ?*

Quelle que soit la langue, il faut apprendre à lire entre les lignes — ou plutôt à lire les silences et les oublis volontaires. L'Union soviétique a inventé ce phénomène politique qu'est le caviardage du nom et de l'image de personnalités devenues indésirables. Des responsables politiques, cette censure est très vite passée aux artistes. C'est le cas du *Triple Concerto* de Beethoven réunissant Richter, Oïstrakh et Rostropovitch dirigés par Kirill Kondrachine vers 1970. Je savais qu'il existait parce que j'avais vu l'affiche du concert, retransmis à la télévision soviétique. Sauf qu'entre-temps Kondrachine avait émigré aux Pays-Bas et Rostropovitch avait été privé de sa nationalité ; il était à craindre que les bandes aient été détruites.

Mon producteur étant très excité à l'idée d'une éventuelle exploitation, j'ai donc lancé une série de demandes de communication. Après quelques semaines, arrive une pile de bandes à examiner, à l'étiquetage pour le moins incertain. Concertos de Vivaldi, de Telemann... Bref, des œuvres sans grand intérêt à mes yeux. Nous en tentons malgré tout la lecture sur l'une de ces machines antédiluviennes. Le technicien a dû lui donner quelques coups de pied pour qu'elle finisse par démarrer. Pas l'ombre d'une image, mais les haut-parleurs font entendre : *do, si do mi, ré ré*. C'était le *Triple Concerto*, étiqueté « Telemann ». Puis la machine s'est de nouveau arrêtée. Pas moyen de voir qui jouait. Nous avons de nouveau malmené l'engin, qui a fini par restituer une image : c'était lui, ou plutôt c'étaient eux. Manque de chance, c'est affreusement mal filmé.

*As-tu persévéré dans tes recherches ?*

Oui, et j'avais de surcroît réussi à me mettre à dos tout ce petit monde. On me fit comprendre que les années passées à aiguillonner les préposés aux archives étaient terminées. Une documentaliste est arrivée avec un papier manuscrit résumant tout ce qu'ils avaient trouvé sur Oïstrakh : un fragment de « *Danse roumaine* de Bartók » et « la *Mazurka* de Zarzycki ». J'étais sceptique : Bartók a écrit *Six Danses populaires roumaines*, et il me semblait improbable qu'Oïstrakh se soit contenté d'en enregistrer trente secondes.

J'ai essayé une dernière fois de persuader la documentaliste que les archives devaient nécessairement abriter des films des concertos de Brahms, Sibelius et Tchaïkovski, et de réexaminer ma requête en vue de mon prochain séjour à Moscou. De retour sur place, je me suis vu remettre une cassette VHS effectivement étiquetée « *Danse roumaine* de Bartók » et « *Mazurka* de Zarzycki ». Je suis rentré à Paris dépité. Avant d'aller me coucher, j'ai quand même mis la cassette dans mon magnétoscope et là, miracle : le début du *Concerto* de Brahms. J'ai accéléré pour voir combien de temps durerait la surprise : la cassette contenait non seulement l'intégralité des trois concertos tant espérés, mais aussi en prime le *Double Concerto* de Bach avec le fils de David, Igor Oïstrakh, et un *Concerto grosso* d'Arcangelo Corelli dirigés par Oïstrakh père.

*Que t'a apporté cette fréquentation des archives du bloc soviétique ?*

Mon goût pour le dénuement s'est sûrement nourri des heures passées dans ces archives. J'appelle cela les « avantages de la pauvreté », par opposition à la tentation hollywoodienne de profusion de valeurs des images. J'ai découvert le charme des films composés de plans très statiques, comme cette cadence du *Premier Concerto* de Chostakovitch par Oïstrakh, filmée à Berlin-Est en un superbe plan fixe que j'ai repris dans *L'Art du violon* [*op.* 62, 2000]. C'était magnifiquement cadré, inutile d'en rajouter.

La réalité était sans doute moins glorieuse — technologie défaillante, réalisateur timide ou paresseux, focalisation sur l'artiste du peuple, que sais-je ? C'était en tout cas l'opposé de nos paillettes contemporaines, du goût pour les effets et le montage rapide : un film sans vanité, proprement fabriqué, qui rend compte d'une émotion avec un beau cadre. Que demander de plus ?

*Au-delà de ces apports esthétiques, est-ce une manière d'imprimer quelque part « toute la mémoire du monde », en écho à Alain Resnais ?*

Après plusieurs années passées à établir les contacts appropriés, j'ai peu à peu noué des relations amicales, ou tout au moins de convergence objective, avec certains gardiens qui m'ont guidé dans ce labyrinthe des archives : des personnes courageuses, en place depuis des dizaines d'années et souvent reléguées dans une position modeste de documentaliste, tout en bas de la hiérarchie. Ils avaient parfois refusé d'obéir ou effacé de leur propre initiative les noms « maudits » sur les boîtes de films afin de les protéger. Rien n'était écrit mais eux savaient que les images existaient là, tapies dans l'ombre, prêtes à ressortir.

Ces personnes avaient le sens d'une continuité historique, ce qui est révélateur d'un tempérament russe profondément conservateur. J'ai découvert que l'inertie constitue parfois une forme de résistance. En l'absence de volonté politique de création et de protection d'une mémoire collective, faute d'un dépôt légal tel que l'État l'a institué en France il y a cinq siècles, la continuité est en Russie assumée par des vecteurs modestes et ténus, dotés d'un profond sens de l'archive. En dépit de son caractère inhumain, l'U.R.S.S. a sécrété quelque chose de l'ordre du service public, comme on l'appellerait en France : la volonté de préserver un certain nombre de témoignages. Une mémoire peut-être d'autant plus vivante qu'on a essayé de l'effacer.

Lorsqu'Alexandre Soljenitsyne a été chassé de son pays en 1974, il semblerait qu'un fonctionnaire ait placé dans l'avion une malle contenant les archives dont il aurait besoin pour travailler. Il y a donc des citoyens anonymes, sans doute de petites gens, qui replacent spontanément leurs actes dans une mémoire longue.

*Ton usage des archives s'en trouve-t-il affecté ?*

Mon approche s'inscrit dans cette dynamique : les plus grands musiciens russes ont enregistré, avec l'aval du régime, une quantité gigantesque de programmes. Ayant profité de ces images, je considère de mon devoir de participer à leur exhumation, d'une part, et d'en produire à mon tour, d'autre part. C'est ce que j'ai tenté dans le portrait de Mstislav Rostropovitch, *L'Archet indomptable* [*op.* 93, 2017] : côté archives du passé, j'ai donné à voir Daniil Shafran, son grand rival oublié ; côté archives du futur, j'ai demandé au tout jeune violoncelliste Aleksey Shadrine d'apporter un regard neuf et de jouer un extrait du *Pezzo capriccioso* de Tchaïkovski dont je montre également la version Rostropovitch. Les archives musicales dressent à leur façon le portrait d'un pays. Elles instaurent une continuité sur le long terme qui permet d'échapper à la tyrannie de l'actualité.

*Ne constituent-elles pas aussi bien un éloge de l'individualité des grands interprètes ?*

Elles permettent bien entendu de mettre en valeur la notion d'interprétation en confrontant plusieurs artistes face à la même partition. Difficile de demander à des musiciens contemporains d'intervenir de la sorte ; ils auraient l'impression d'être mis en concurrence. Restent les archives, merveilleux discours du répertoire, révélant la complicité qui peut se créer au-delà des années par le « partage » de la même œuvre. Dans *L'Art du violon*, le *Concerto* de Mendelssohn permettait, grâce aux images montrant Nathan Milstein, Christian Ferras, Jascha Heifetz et tant d'autres, de souligner la variété des lectures. Seules les archives permettent de rendre un tel hommage à ces grands artistes et à leur jeu singulier. Moyennant quoi c'est un dispositif qui peut s'avérer à double tranchant : pour *Artiste du peuple ?*, j'avais fait entendre dans une continuité sonore Gidon Kremer puis Oïstrakh jouant le *Concerto* de Sibelius. La comparaison n'était pas forcément à l'avantage du premier.

## SUR LE FRONT OUEST

*Dans cette quête d'archives, les pays occidentaux sont-ils mieux lotis que l'ancien bloc soviétique ?*

La recherche d'archives rencontre des obstacles différents aux États-Unis et en Russie mais, en réalité, ces deux systèmes convergent vers une même situation de blocage par des voies divergentes. Avec les Soviétiques, le juridique se réduisait à des contacts personnels : la complicité des interlocuteurs avec lesquels on avait pu boire une petite vodka permettait de signer des contrats, lesquels n'étaient plus qu'une formalité. C'était vraiment la relation personnelle qui conditionnait le passage à une phase juridique.

Avec les Américains, c'est le contraire : peu de contact humain, seule compte la « défense des droits », dont ils ont une conception rigide et restrictive. En fréquentant certaines institutions américaines, j'ai eu parfois l'impression d'appeler du fin fond d'un village perdu. Les noms Menuhin ou Oïstrakh leur étaient inconnus, et « Paris, France » sonnait à leurs oreilles comme un pays de sauvage. De tels réflexes augurent mal d'une volonté de faire circuler des documents. Si l'on ajoute à cela une forme de « terreur juridique », alors tout se bloque. Il suffit d'un détail, d'une incertitude sur le statut juridique d'un bout de film et c'en est fini. Le droit devient donc une forme de blocage absolu, digne de la bureaucratie soviétique dans ses meilleures années, quel que soit l'intérêt du document et avant même d'envisager la question de leur montant.

*As-tu un exemple ?*

J'avais pisté un document tourné avec Menuhin en 1954, une demi-heure de musique comportant entre autres le merveilleux *Rondo capriccioso* de Saint-Saëns, qu'il a rarement joué, et le *Concerto en mi majeur* de Bach. Le programme relevait de la série télévisée *Omnibus*, dans laquelle Leonard Bernstein apparaissait fréquemment. Mais lui, étant américain, avait créé sa propre société afin d'exploiter les films auxquels il avait participé, indépendamment de la source elle-même. Yehudi n'avait aucune idée de ce genre de démarche.

L'équipe d'Idéale Audience a réussi à trouver le responsable de ces droits et détenteur de la bande matérielle. Son refus a été immédiat : ni communication ni copie de ce programme. J'ai appelé, insisté, fait le siège de son bureau à New York, rien n'y a fait. C'était l'époque où je travaillais sur *Le Violon du siècle*, vers 1993 ou 1994. Un beau jour, croyant qu'il s'était adouci, j'ai pris rendez-vous avec lui, non sans mal, et traversé l'Atlantique à seule fin de visionner ce programme. Arrivé sur place, on a refusé de me recevoir sous le prétexte que le lendemain, c'était Roch Hachana. J'ai expliqué, imploré. Tout ce que j'ai obtenu était : « Allez donc à Wesleyan University dans le Connecticut, vous pourrez visionner leur copie. » Je m'y rends, pour m'entendre dire qu'il me faut une autorisation de ce monsieur.

Furieux, j'ai appelé Menuhin à Londres, en lui demandant d'écrire lui-même pour débloquer la situation, ce qu'il a fait, très gentiment, dans une lettre élégante et courtoise à en-tête de la Chambre des lords. Notre interlocuteur lui a répondu une lettre d'injures : « Vous et ce Bruno Monsaingeon commencez à me casser les pieds. Je suis là pour défendre les droits du vingt-quatrième violon de l'orchestre. » Comme si, à cinquante ans de distance, le vingt-quatrième violon devait encore être défendu au point de bloquer toute diffusion. Nous avons dû abandonner malgré l'intervention de l'avocat new-yorkais de Yehudi.

Je suis revenu à l'attaque en préparant *L'Art du violon*, et entre-temps, je m'étais rendu à la bibliothèque du Congrès, à Washington, dont le président était une connaissance personnelle de Menuhin. Je suis enfin parvenu à visionner ce programme qui s'est révélé plutôt bien filmé, avec des moments musicaux étonnants. Mon appétit s'en trouvait décuplé. Mais échec total, rien n'est parvenu à lever le blocage. L'obstacle occidental du droit était plus fort et plus buté que toute l'inertie soviétique.

*Ta traque du film* Concert Magic[2], *tourné par Menuhin à Hollywood en 1947, est-elle un autre exemple de blocage juridique ?*

Oui et non. Lorsque je me suis mis en chasse des nombreuses archives nécessaires pour réaliser *Le Violon du siècle*, je voulais mettre la main sur l'*Aria* de Bach accompagnée par Antal Doráti, le vingt-quatrième *Caprice* de Paganini et les *Zigeunerweisen* (airs bohémiens) de Pablo de Sarasate. L'enquête sur ce *Concert Magic* réalisé par Paul Gordon m'a d'abord conduit en Alabama, où l'on m'a indiqué les ayants droit en Israël ; Idéale Audience leur a acheté les droits. Tout allait bien, jusqu'au jour où Arte annonce la diffusion

2. Sur ces recherches archivistiques, voir le chapitre 3, « Rencontres : Menuhin », p. 72-73.

du *Violon du siècle*, suivi des *Zigeunerweisen*. Quatre jours avant, arrive de Berlin une lettre d'avocat : « Nous représentons M. Bauer, ayant droit de Paul Gordon. De quel droit prétendez-vous diffuser ce film ? » Panique à bord, nous sautons dans un avion avec Pierre-Olivier Bardet. Ce monsieur avait appris par la presse la diffusion des *Zigeunerweisen* et de fragments du *Concert Magic* qu'il essayait de vendre depuis des années. J'ai passé la soirée à lui expliquer le contenu des archives dont il était ayant droit. Nous avons négocié un contrat et il a retiré sa poursuite.

C'est chez lui que j'ai visionné pour la première fois le *Concert Magic* dans son intégralité. Je n'ai jamais su comment il avait récupéré les négatifs inflammables auparavant conservés dans des archives allemandes, mais j'aurais aimé procéder à un remontage. Paul Gordon ne connaissait rien au cinéma et comme personne n'a fait le travail, ce programme reste truffé de raccords absurdes et de problèmes de synchronisation. Quel gâchis de présenter des archives en cet état.

*Le droit a-t-il aujourd'hui desserré son emprise sur les images d'archives ?*

Pas vraiment, il reste une grille de lecture dont dépend la survie ou la mort d'images filmées. Pire encore : il revient parfois pour bloquer un film une seconde fois, puisque les droits ne sont négociés que pour une période donnée, souvent dix années. Au-delà, si l'on veut continuer à diffuser ces images, il faut en repayer les droits, ce qu'aucune maison de production n'est prête à faire pour un film qu'elles considèrent ancien. Les archives, qui font si souvent le sel d'un portrait, sont donc aussi ce qui le condamne à l'invisibilité. Leur pérennité tant espérée se révèle être un leurre, du moins pour le moment. On se prend à rêver d'archives considérées comme un patrimoine commun de l'humanité.

## LE MONUMENT GOULD

*As-tu rencontré ces difficultés avec les archives canadiennes de Gould ?*

Oui, mais pas dans la phase de localisation ou d'accès proprement dit. Juste après la mort de Glenn, je me suis lancé dans un projet encyclopédique consistant à réunir toutes les traces filmées de son activité musicale, comme pianiste et occasionnellement comme chef d'orchestre, excluant donc les films sur lui, entretiens ou portraits[3]. La collecte elle-même fut relativement facile. À l'exception du *Concerto* de Bach avec Bernstein, tourné par une chaîne américaine, Glenn avait collaboré exclusivement avec la CBC de 1954 à 1980. Tout était donc centralisé et facile à localiser. Même si, en réalité, il m'a fallu faire de multiples voyages au Canada pour convaincre les responsables de la CBC de l'existence de documents dont ils n'avaient pas gardé trace, alors que je les avais vus en compagnie de Gould. Chemin faisant, j'ai glané tous les enregistrements sonores ou visuels disponibles, dont ceux réalisés au domicile de ses parents lorsqu'il avait quatorze ou quinze ans, le montrant dans une étude de Chopin ou le *Rondo capriccioso* de Mendelssohn, loin de son répertoire habituel ; quelques films muets tournés chez lui dans sa vingtaine ; la bande-son d'une séance de travail, ou plutôt de pure jouissance musicale, où il improvise au piano, de nuit, répétant à satiété le même dessin musical, clamant sans limites son plaisir au piano…

Je me suis plutôt heurté à un manque d'intérêt, des deux côtés de l'Atlantique. Heureusement que le directeur des programmes de FR3, Yves Jaigu, a eu l'audace de me soutenir les yeux fermés en acquérant l'ensemble de la série. Cela représentait quand même vingt-trois émissions d'une trentaine de minutes, diffusées en France pendant six mois à raison d'un rendez-vous tous les mercredis soirs [*op.* 29, 1985-1988].

*Gould t'avait-il guidé dans cette exploration de son vivant ?*

J'étais préparé du simple fait d'avoir vu beaucoup de ces films avec Glenn, qui m'avait raconté au fil des années l'essentiel de ce qu'il avait fait. C'était à l'époque où nous tournions à Toronto les trois films de la série *Glenn Gould joue Bach* [*op.* 20-22, 1979-1981]. Il m'arrivait de me rendre au département des archives de la CBC pour visionner ses programmes télévisés et il l'avait appris un jour, mi-curieux, mi-irrité. Je lui ai expliqué que, faute de réponse de sa part à mes demandes répétées, je nourrissais ma curiosité comme je le pouvais. À partir de ce moment, il s'est montré d'autant plus généreux que je lui avais rapporté de Moscou des pépites, comme ce disque pirate d'un concert de 1957 à Leningrad, sans doute enregistré à la faveur de micros cachés dans les imposants bouquets de fleurs

3. Sur la production de ce projet, voir le chapitre 6, « La fabrique du film », p. 179-180.

disposés sur la scène. Il l'a d'ailleurs trouvé à son goût, autorisant Sony à le faire paraître officiellement. À quoi tiennent les archives…

*Qu'est-ce qui t'a poussé à entreprendre une telle enquête ?*

Je voulais bâtir l'Œuvre complet, le « monument musical » de Gould : rassembler des documents permettant au public de se rappeler qui il était et ce qu'il avait fait, pour les années à venir — j'allais presque dire « pour les siècles des siècles »… C'était ma façon de lui rendre hommage et de lutter contre la disparition et l'émiettement de ses archives. Je souhaitais souligner l'extrême cohérence de sa pensée musicale, bien au-delà de la figure atypique sujette à anecdotes ou à polémiques.

J'ai consacré cinq années de ma vie à cette quête, renonçant à tout projet d'ordre littéraire, télévisuel ou cinématographique, et j'ai enquêté seul, de façon presque clandestine, ce qui est absurde. Des documentalistes aguerris m'auraient fait gagner beaucoup de temps, mais je n'ai pas réussi à convaincre suffisamment tôt : il m'a fallu faire seul cette traversée du désert des archives pour emporter le morceau.

Toute la question ensuite était de bâtir une forme prête à la diffusion. Lorsque je me suis présenté chez CBC avec mon projet, leur scepticisme n'a pas tenu devant la force de conviction de celui qui sait ce qui existe. Je leur ai proposé de consacrer chaque émission à une facette du personnage : le musicien de chambre, le refus des concerts, le chef d'orchestre, l'interprète créateur, le désorchestrateur, etc. Ils avaient beau ignorer qu'ils possédaient tel ou tel film, le détail du projet les a quand même ébranlés et, avec mes producteurs, nous avons réussi à arracher une coproduction.

*Tu n'as vraiment écarté aucun film ?*

Très peu, juste quelques apparitions fugitives dont je n'aurais pas pu tirer grand-chose. Glenn avait par exemple enregistré l'*Aubade* de Francis Poulenc pour piano et orchestre, dans laquelle il jouait lui-même un rôle en costume : celui d'un mondain assistant à la première de l'œuvre dans le salon de la comtesse de Noailles. Il n'apparaissait au piano que quelques secondes, avant que le film ne bifurque vers un ballet d'assez mauvais goût.

Et puis, il y a les contingences de la production, des délais. J'ai attrapé au vol une archive de rêve, de celles qui ne s'offrent pas deux fois au cours d'une vie. L'émission *Comment Mozart est devenu un mauvais compositeur* (1968) était réputée perdue à jamais. J'en ai pourtant vu la mention dans le catalogue d'un festival canadien, et j'ai fini par l'obtenir. Programme très drôle, dans lequel Glenn incarne tour à tour deux personnages, dont un musicologue anglais de son invention qui s'oppose à la vision gouldienne. Outre une sonate de Mozart, Gould joue le *Concerto en ut mineur*, dont il interprète à la fois les parties d'orchestre et de piano. C'est très simple, pas tout à fait réussi au point de vue de la mise en scène, mais j'aurais pu l'exploiter au moins en partie. Sauf que je l'ai trouvé trop tard pour l'intégrer à la série en cours. Il existera au moins pour les suivants.

*As-tu remonté certains de ces films trouvés ?*

Certains programmes étaient visuellement trop défaillants pour être conservés tels quels. C'était le cas de la *Cantate* de Bach tournée dans les années 1960 : l'exposition du thème était une catastrophe, il ne se passait rien, le cadrage était absurde, le rapport de Gould avec l'orchestre horriblement mal traité… En revanche, la réexposition finale était nettement meilleure. Une fois de plus, merci le *da capo* : j'ai remis ces images de la fin sur le début en faux synchrone, pour donner enfin à cette cantate l'expression qui lui manquait tant dans la version initiale. Ce type de remontage à partir du matériau original est parfois la condition pour rendre un film intéressant.

Mais l'exemple cardinal est ce programme de 1965 dans lequel Menuhin et Gould jouent la *Sonate en ut mineur* de Bach, la *Fantaisie* de Schoenberg et la *Dixième Sonate* de Beethoven, tout en discutant entre les œuvres. Film fascinant que j'avais regardé plusieurs fois avec Glenn à la fin des années 1970, et montré à Yehudi en 1981. Glenn m'a raconté la façon dont tout cela s'était déroulé. Le décor en était passablement pompeux et notre complicité de spectateurs avait déclenché quelques franches rigolades. Pourtant, dans la *Sonate* de Bach, je l'avais chaque fois senti terriblement irrité par la fin du deuxième mouvement : la caméra zoome sur le piano, s'arrête presque à hauteur de clavier et, sitôt la dernière note posée à la basse, Glenn retire trop vivement la main gauche, qui sort du champ. La caméra ne sait pas ce qu'elle doit faire, elle capte la main gauche qui revient à l'écran. On sent une agitation que Glenn n'aurait jamais laissée passer dans un autre contexte mais, comme c'était plus ou moins enregistré en direct, il n'a pas exigé de recommencer et ce plan absurde est resté pour toujours. Je m'étais promis de revenir un jour sur ce passage et j'ai pu le faire à l'occasion du fameux *Cycle Glenn Gould*. Ce type de retouches est parfaitement légitime, parce qu'elles entendent présenter à l'auditeur la meilleure version possible, celle qui a du sens au sein d'un projet. Voilà le cœur de l'approche gouldienne de l'enregistrement.

Nous avons donc recouru aux grands moyens. J'ai d'abord repéré la hauteur du diapason utilisé, puis calculé la durée précise de cette dernière note à la main gauche, avant d'en enregistrer moi-même plusieurs versions au piano : basse seule, ou avec la main droite. Il m'a fallu vingt-quatre prises pour obtenir exactement la bonne durée. Mais au mixage, on s'est rendu compte qu'il fallait également rejouer la note du violon. Le son de Menuhin est extrêmement reconnaissable ; il se trouve que je le connaissais au point de dater ses enregistrements rien qu'à l'écoute, comme d'autres reconnaissent l'année d'un grand cru. Je me suis donc autorisé à jouer ce *do* final avec l'attaque voulue et le vibrato *ad hoc*. Cela m'a pris beaucoup plus de temps que prévu, parce que je voulais être au plus près de la sonorité de Menuhin.

Après quelques jours de travail, nous sommes arrivés à un mixage satisfaisant de ces différents sons tournés à vingt ans de distance. Sauf qu'il fallait maintenant prendre en compte l'image : ce plan où l'on voyait une main exaspérée n'avait plus lieu d'être. Je me suis aperçu qu'en ralentissant légèrement le plan suivant, tout rentrerait dans l'ordre. Cette fin du deuxième mouvement était redevenue ce que Glenn et Yehudi auraient souhaité. Cela se passait quatre ans après sa mort, mais j'ai entendu le rire gigantesque de Gould : « Bruno, c'est cela notre raison d'être. »

*Aucun producteur ne vient tempérer ce perfectionnisme alors que peu de gens entendront la différence ?*

Tant que je respecte la durée de montage qui m'a été allouée, personne n'a besoin de connaître le détail du temps passé sur chaque note. Ce remontage était prévu dès le départ, il faisait partie intégrante du projet au même titre que, lors d'un tournage, on peut consacrer une journée complète à un plan de quelques secondes.

*As-tu raconté tout cela à Menuhin ?*

Je ne crois pas, mais je lui ai montré le film remonté. Le plus cocasse, c'est qu'un coffret de CD pirates a paru en Italie peu après la diffusion de la série à la télévision française. Je l'ai aussitôt acheté pour écouter ce passage remixé. Le son abominable avait manifestement été enregistré par un simple micro placé devant un téléviseur. Le disque reprenait sans le savoir la version remontée, devenue entretemps un piège à pirates. Le travail mené sur les archives fournissait involontairement la preuve du crime.

*Qu'est devenu tout ce travail ?*

Tu mets le doigt sur un point douloureux. Lorsqu'il s'est agi de rééditer le tout, Sony a décidé de repartir des originaux et de les remasteriser. Au nom d'une amélioration de la qualité technique, visuelle et sonore, tout mon travail éditorial s'est trouvé gommé.

*Au-delà du différend commercial, peut-on considérer cela comme un conflit entre deux conceptions des archives ?*

Sans doute : Sony voulait étoffer son catalogue d'œuvres jouées par un interprète célèbre et mettre en circulation ce qui existait à l'état brut, en se contentant de l'adapter aux nouvelles exigences de confort sonore et visuel ; je visais une cohérence musicale et cinématographique qui passait par des interventions d'ordre esthétique. Ils privilégiaient la technique ; j'étais avant tout attaché aux contenus musicaux. Le mot « archives » prenait selon les acteurs, éditeur et auteur, une signification différente.

*Ces recherches ont-elles nourri après coup ton dernier film sur Gould,* Au-delà du temps *?*

Je n'aurais jamais osé un tel film si je n'avais déjà assimilé tant de documents d'archives qui m'ont fait entrer dans la peau du personnage. J'ai un jour mis la main sur un petit bijou radiophonique dans une station de Terre-Neuve, et je me suis aussitôt dit que je tenais le début du film. Glenn y développe une espèce de délire sur l'idée de temps : il rentre dans sa trente-sixième année et calcule le nombre de secondes qu'il a vécues. Il y a quelque chose de vertigineux à l'entendre compter ainsi le temps qui s'écoule. J'ai monté cette computation sonore sur un plan de pleine lune. Cela plaçait bien le film sous le signe de ce mystère, on était « au-delà du temps », prêts à méditer sur et avec Gould.

Après quoi, quelques images de Glenn jouant Prokofiev permettaient de revenir au pianiste. Par elles, je souhaitais casser l'assimilation Bach-Gould, en privilégiant un répertoire musical élargi : Sibelius, Mozart, Beethoven, Strauss, Schoenberg... Grâce au travail de mineur solitaire entrepris quelques années plus tôt, je circulais avec une grande fluidité à travers archives et enregistrements.

## UNE DÉONTOLOGIE DES ARCHIVES ?

*As-tu déjà renoncé à intervenir sur des archives pour des raisons déontologiques ?*

La question n'est pas fondamentalement différente de celle du mixage et du montage, qu'il s'agisse du son ou du film. Aucun disque n'est publié sans intervention ni retouche, pas même pour les concerts saisis en direct, dont il faut souvent ré-étalonner le niveau sonore entre les morceaux, ou bien réduire les applaudissements et autres bruits parasites. Il reste que la restauration d'archives de musique filmée accentue les difficultés et les questions éthiques.

Nous évoquions tout à l'heure les boîtes de film mal étiquetées. Il arrive aussi que l'étiquette manque tout à fait, et avec elle la bande-son. Pour *Richter, l'insoumis* [*op.* 58, 1995-1998], j'ai récupéré quantité de documents dépourvus de son. L'un d'eux montrait le pianiste assez jeune, aux prises avec une œuvre titanesque mais désespérément muette. Perplexe, j'ai montré le fragment à Richter, qui s'est révélé incapable de l'identifier. Après plusieurs semaines de visionnage incessant, j'ai remarqué un mouvement de main qui m'a fait songer à Rachmaninov. Ce n'est pas que je connaisse à fond cette littérature, mais c'était bien le *Prélude en si bémol majeur*, une œuvre que Richter a souvent enregistrée sur disque. Devais-je me contenter d'une image muette ? Cela revenait à renvoyer le film aux oubliettes. J'ai décidé de synchroniser le son de l'une des versions gravées par Richter sur les images retrouvées, et le tour était joué : un tel remontage permet de réintégrer dans le circuit une œuvre, une interprétation, l'image d'un moment.

*Ce n'était ni la première ni la dernière fois.*

Je me suis servi du même subterfuge, mais dans une tout autre configuration : le seul document vidéo de Fischer-Dieskau chantant un fragment du *Ich habe genug* de Bach. Magnifique visuellement, malheureusement ruiné par des commentaires quasi permanents, comme cela arrive dans les documentaires allemands. J'ai recouru à un disque de Fischer-Dieskau avec le même Karl Richter, rendu synchrone avec les images d'archives au prix d'une très légère adaptation du tempo et du diapason. Cette alliance du son et de l'image permet d'aller au cœur du travail de l'interprète.

*Est-il fréquent de devoir ranimer le son d'une image par ailleurs satisfaisante ?*

Oui, avec des résultats parfois magiques. À l'occasion des recherches menées pour *L'Art du violon*, j'ai découvert en provenance de Prague un document visuel de Ginette Neveu, grande figure du violon, rendue fantomatique par sa mort prématurée. Ses disques sont rares, ses images encore plus, donnant à voir une prise d'archet hors du commun, et le regard intense qu'elle pose sur le chef d'orchestre. Ce fragment ne dure que cinquante secondes, dépourvues de son. D'après ses mouvements d'archet, j'ai pu identifier la fin du *Poème* d'Ernest Chausson. En synchronisant un enregistrement qu'elle en avait fait sur ce très court extrait de film, j'ai eu l'impression d'avoir découvert la bombe atomique.

Même chose avec des images de Menuhin pendant la guerre. J'avais longtemps interrogé l'armée américaine sur des traces éventuelles de son activité dans les camps militaires. Pas de réaction ou des réponses négatives : personne ne semblait savoir où se trouvaient ces documents, ni même s'ils existaient. Et puis un beau jour, alors que je finissais de monter son portrait, je reçois du service des archives de l'armée américaine un document manifestement tourné en 35 mm : image superbe d'un Menuhin pas encore trentenaire, jouant pour des blessés dans une salle d'hôpital, sans doute en 1944. Problème : pas l'ombre d'un son, sinon un vague grattement provenant de la piste optique du film. Impossible de reconnaître la moindre musique.

*J'imagine que tu ne t'es pas avoué vaincu ?*

À l'œil, j'ai fini par reconnaître les *Chansons que ma mère m'a apprises* d'Anton Dvořák, transcrites par Louis Persinger, et j'ai ressorti de ma collection de 78 tours le seul enregistrement existant de cette pièce mineure, par Menuhin en 1932. Le tempo différait tellement de celui de 1944 que la désynchronisation devenait inacceptable au bout de quinze secondes. Nous avons tout essayé : ralentir le son, accélérer l'image, rien ne collait. Pourtant, je ne me résignais pas à abandonner ce document inédit, qui nourrissait à merveille le chapitre du portrait consacré à ses activités durant la guerre [*op.* 56, 1995]. Je voulais en conserver l'expression très particulière de compassion, de vibration humaine autant que musicale.

Il m'a fallu inventer un stratagème : synchroniser l'attaque de la première note et, dès que la coïncidence image-son dérivait, insérer un autre plan tiré du même film, soulignant le regard intense d'un soldat blessé. Je l'ai laissé quelques secondes, le temps de recaler l'image sur la continuité musicale, puis nouvelle image de Menuhin, parfaitement synchrone pendant dix à douze secondes, suivie d'un plan de coupe sur un militaire, et ainsi de suite deux ou trois fois. On obtient un film qui restitue l'activité de Menuhin en temps de guerre, avec une délicieuse petite pièce convenant tout à fait à l'atmosphère de la scène. L'absence de son était devenue la contrainte qui avait stimulé l'invention d'une solution que je n'aurais pas imaginée de moi-même. C'est aussi cela, la fécondité des archives !

*Ces subterfuges ont-ils déjà trompé les spectateurs de tes films ?*

Après *Richter, l'insoumis*, de nombreux spectateurs m'ont écrit en protestant : « Pourquoi avoir si peu montré l'incroyable *Sonate en si bémol* de Schubert ? Où puis-je la voir en entier ? » Mais nulle part, puisqu'elle n'a pas été filmée ! J'avais juste synchronisé sur cette sonate un plan de face non utilisé de Richter jouant le *Carnaval de Vienne* de Schumann. C'était magnifiquement expressif, mais cela ne tenait pas rythmiquement plus d'une dizaine de secondes, après quoi tout devenait asynchrone...

*Réunir son et image distants de dizaines d'années te pose-t-il un problème ?*

Il n'existe pas de décalogue déontologique, mon curseur se déplace selon le contexte. Pour *L'Art du violon*, j'avais découvert un film muet de Ruggiero Ricci à douze ans qui joue au Hollywood Bowl. J'ai fini par l'identifier : c'était un extrait du *Cinquième Concerto* de Vieuxtemps. Manque de chance, malgré sa discographie considérable, Ricci ne l'avait jamais enregistré. Je m'apprêtais à abandonner l'idée d'exploiter cet extrait — à regret puisqu'il illustrait si bien le chapitre sur les enfants prodiges — quand j'ai appris qu'à l'âge de quatre-vingt-deux ans, Ricci venait de l'enregistrer à Hong Kong. J'ai réussi à me procurer la bande pour synchroniser le son d'un monsieur de quatre-vingt-deux ans sur l'image d'un gosse de douze ans. Mais c'est toujours Ruggiero Ricci !

*L'aurais-tu fait sur un mouvement entier du concerto ?*

Non. Ricci jouait probablement mieux à douze ans qu'à quatre-vingt-deux, mais j'avais d'autant moins de scrupules qu'il s'agissait de quelques secondes seulement. En outre, le son restait en arrière-plan, sans être vraiment mis en valeur. Pour conserver une certaine vraisemblance à notre attelage, il a tout de même fallu se libérer de la technologie stéréo, Dolby, réverbération... afin de revenir à un son plausible de 1932 ou 1933, un peu plus sale et entaché de grattements. Je ne l'aurais pas fait pour un concerto ou un mouvement complet.

*L'aurais-tu fait avec le son d'un autre violoniste ?*

Jamais de la vie ! C'est une question d'intégrité eu égard à l'interprète. Pas question de se transformer en faussaire. Il y a des signatures sonores qui restent inimitables : Neveu, Oïstrakh, Menuhin... Même Ricci fait partie de ces violonistes qui ont une identité sonore, quoique son vibrato soit très serré et un peu coincé à mon goût. Il reste reconnaissable, ce qui donne tout son sens à une telle intervention.

En revanche, il y a dans *L'Art du violon* un moment où Menuhin parle d'Enesco avec tendresse. Il évoque son large éventail de vibratos et regrette que la plupart des violonistes contemporains n'en aient qu'un. Je n'avais aucun film d'Enesco. J'ai donc profité d'une respiration de Yehudi pour faire entendre un extrait du deuxième mouvement de la *Troisième Sonate*, jouée par Enesco lui-même avec Dinu Lipatti. On a vraiment l'impression que Yehudi écoute en même temps que nous, et cet ajout restitue la teneur émotionnelle du moment. Si je n'avais pas trouvé ce disque d'Enesco, j'aurais pu insérer l'enregistrement qu'en a donné Menuhin, mais on serait resté au stade de l'auto-description. En tout cas, je n'aurais jamais recouru à une tierce personne. Cet ajout musical n'est pas un faux, il nous rapproche d'une vérité de l'émotion. Et cela ne se fait pas aux dépens de la musique, au contraire.

*Jusqu'où aller dans cet interventionnisme ?*

Durant la préparation de *David Oïstrakh, artiste du peuple ?*, un violoniste autrichien qui avait été son élève à Moscou, Peter Guth, m'a envoyé un film de 3 minutes. Il l'avait tourné lui-même pendant les cours en 1956 ou 1957, avec sa petite caméra. Il m'a également transmis une bande-son, évidemment pas synchrone avec le film. On voyait donc Oïstrakh enseigner, ce qui m'intéressait diablement puisque je n'avais rien qui puisse donner à voir son enseignement. À un moment donné, il saisit son violon et joue un fragment du *Concerto* de Tchaïkovski. Je n'ai pas eu de mal à trouver, parmi ses très nombreux enregistrements de ce concerto, celui qui s'adaptait le mieux à ces quelques secondes. Certes, je faisais entendre une version avec orchestre, alors qu'on le voyait dans une salle de classe sans orchestre. Mais tout allait bien, Oïstrakh jouait Oïstrakh.

Un peu plus loin, c'est au tour d'une élève de jouer un bref extrait du mouvement lent du *Concerto* de Mendelssohn. Que faire ? J'ai pris mon violon et enregistré ces quelques mesures à la place de cette élève. C'était un moment très bref, qui venait sur fond de la voix d'Oïstrakh en train d'enseigner, pas du tout un passage musical exposé que l'on aurait écouté pour lui-même. Bien entendu, je n'aurais jamais procédé ainsi s'il s'était agi d'Oïstrakh, dont le son est inimitable. J'ai procédé exactement comme on peut le faire au cinéma, y compris documentaire. Personne ne se scandalise qu'on fasse entendre des sirènes ou des bruits de ville en sonorisant un film d'amateur en Super 8.

*Tous ces exemples te dépeignent-ils en Viollet-le-Duc de la musique filmée, cherchant à reconstituer la cathédrale parfaite dans l'état idéal où elle n'a jamais existé ?*

Il y a de cela. Si nous en avons les moyens techniques, pourquoi s'en empêcher ? D'autant que mes interventions sont toutes réversibles, comme l'a montré hélas le cas de la série Gould. Au fond, le travail éditorial sur les archives n'est que le prolongement du travail d'interprétation : dans les rares cas où il reste un petit accroc, je me sens autorisé à faire cette retouche que les artistes auraient pu, auraient souhaité ou auraient dû faire.

*Portrait du ciné-interprète en exécuteur testamentaire ?*

Peut-être. Mais le testament de qui ? Le cœur du dispositif, c'est à mes yeux l'interprète. Ni l'œuvre interprétée, ni le compositeur, ni l'archive entendue comme prétendue vérité absolue. Tout mon travail entend restituer l'émotion liée à un interprète. La seule intégrité qui compte est esthétique.

*Y a-t-il des limites juridiques à ces interventions ?*

Bien souvent, les archives récupérées pèchent plus du côté de l'image que du son. Ce sont les réalisateurs qui ne font pas le poids — et dans certains cas, on se demande même si on peut parler de réalisateurs. Et tout à coup, voilà une séquence joliment réalisée : pas la peine de connaître le nom du réalisateur pour comprendre qu'il s'agit d'un travail propre.

Tout le montage de la série Gould s'est déroulé à Toronto. Aurait-il été possible selon le droit français ? Les réalisateurs auraient-ils protesté au nom d'un droit à l'image ? Ce qui est en jeu, c'est d'abord un système de valeurs, la liberté d'une démarche artistique. Encore une fois, nous n'en sommes qu'au début de la prise de conscience collective concernant l'intérêt de ces archives.

# QUESTIONS MUSICALES

## LA VIRTUOSITÉ À L'IMAGE

*Tes films sont travaillés par une fascination autant qu'un rejet de la virtuosité. D'où vient cette tension ?*

Adolescent, la virtuosité me fascinait au plus haut point. Mes « compositions » personnelles étaient un assemblage de formules ou de procédés. J'étais obnubilé par les pizzicati de la main gauche et les doubles harmoniques, convaincu que ces effets, qui avaient quelque chose de magique, constituaient la quintessence même de la musique. J'ai succombé très tôt aux charmes de la virtuosité... mais j'en ai rapidement compris le caractère limité. J'y vois un danger, qui peut conduire à une forme de crétinisme musical.

*Pourquoi des mots aussi forts ?*

Certains interprètes en deviennent franchement idiots : ténors qui se contentent de roucouler, pianistes « briseurs d'ivoire », violonistes concernés uniquement par le tempo de leur nouvel enregistrement... Leur incapacité à dépasser le monde étroit du chant ou de n'importe quel instrument fait qu'ils n'ont même plus idée de ce que peut être la musique. C'est une véritable impasse. Ils ne sont plus capables de se poser les bonnes questions et restent empêtrés dans leurs préoccupations de gymnastes.

*La virtuosité est pourtant une dimension importante de l'histoire de la musique.*

Avec le développement de la virtuosité au XIXe siècle, tout le potentiel de l'instrument semble se réveiller, au point d'en éliminer la dimension musicale, et simultanément les amateurs commencent à rencontrer des difficultés pour lire les partitions. Liszt est apparemment difficile. Apparemment. Sa musique est saturée de formules strictement pianistiques mais, pour peu qu'on veuille bien faire l'effort de décrypter le flot de petites notes cadentielles, elle est assez aisément jouable. À l'inverse, un concerto de Mozart comportant un trait à la main droite et une formule d'accompagnement à la main gauche est apparemment simple à exécuter. Surgissent ensuite des problèmes de phrasé et d'égalité qui constituent de redoutables obstacles.

La tentation de la diablerie instrumentale est apparue assez précocement, comme le montre un Mozart sarcastique, qui s'extasiait au sujet de Clementi : « Il fabrique des doubles tierces en série, il a dû suer sang et eau... » En tout cas, elle fournit au public matière à « *Bewunderung* » : une sidération, une stupéfaction qui entraîne la jouissance devant l'exploit.

*Les musiciens comme Gould, Richter ou Sokolov, qui peuvent tout montrer, tout faire, semblent rehaussés dans ton estime par leur décision de renoncer à la virtuosité.*

Ils ont renoncé non pas à la virtuosité en tant que telle, mais au phénomène de la bravoure. C'est moins la virtuosité qui est en jeu, que son effet sur un public qui érige les cavalcades en critère d'appréciation. Un contre-ut, un prestissimo, des sauts d'octave n'ont en soi rien de condamnable, mais ils faussent radicalement le jugement musical lorsqu'ils s'imposent en mètre étalon.

Pour beaucoup de forçats du piano, si on ne joue pas Liszt et Rachmaninov, c'est forcément qu'on en est incapable. Ce n'est évidemment pas le cas. Ces grands musiciens que tu évoques renoncent à l'exhibitionnisme parce qu'ils ont compris que cette attitude pèche par une absence totale de contenu musical. C'est effectivement cela qui m'a intéressé : une forme de résistance envers une pratique, par ailleurs affectionnée d'un certain public. C'est une grande force de savoir s'opposer à une tentation commune. Possédant une technique phénoménale, ils n'éprouvent pas pour autant le besoin de l'exhiber ou de choisir un répertoire qui la mette en valeur.

*Ce renoncement à la virtuosité devient-il une posture face à l'instrument ?*

Les artistes auxquels je me suis intéressé, pour des raisons à la fois musicales et humaines, ont ce trait commun d'afficher une certaine neutralité par rapport à l'instrument et d'aller au-delà, vers une conception musicale en grande partie détachée de l'instrumentalité. Et c'est précisément parce qu'ils refusent d'être contraints par les limites étroites de leur instrument qu'ils doivent s'en rendre maître aussi complètement qu'on puisse le faire. C'est la démarche d'interprètes qui ont quelque chose à dire.

*Parmi tous tes films, il y en a un exclusivement consacré à la virtuosité :* Vingt-Quatre Caprices de Paganini, par Alexander Markov *[op. 38, 1989].*

C'est en effet un cas à part, né de trois événements déclencheurs. Le premier est un traumatisme originaire, un cauchemar, l'un des plus atroces qu'il m'ait été donné de faire : j'étais contraint sous la menace d'entrer sur scène et de jouer les *Vingt-Quatre Caprices* de Paganini à la file, devant un public assoiffé de sang et de fausses notes.

Le deuxième remonte à un soir d'avril 1986. De passage à New York, je suis tombé par hasard sur l'annonce d'un concert : un jeune violoniste américain d'origine soviétique, Alexander Markov, donnait l'intégrale des *Vingt-Quatre Caprices*. Jouer tous les *Caprices* en un seul concert était très rare à l'époque, je m'y suis précipité.

Le troisième s'est produit pendant le concert de Markov. J'ai eu le sentiment très vif que les *Caprices* étaient le type même d'œuvre qui se prêtait à un traitement visuel, que cette pièce pour violonistes, extraordinairement périlleuse à jouer, ne marchait pas à la seule audition : on avait besoin de la vue et du spectacle. Même les plus grands se trouvent contraints de prendre des précautions en la jouant. Malgré leur fantastique maîtrise de l'instrument, la virtuosité empêche généralement une réelle libération de la musique et les conduit à se comporter en « surveillant général » de leur propre jeu ; le péril est là, à chaque note, à chaque coup d'archet. Mais avec Markov, j'avais sous les yeux un véritable spectacle, un artiste qui déployait sans entraves sa prodigieuse imagination musicale. Pour la première fois, j'entendais dans son intégralité la partition libérée des précautions qu'elle impose normalement, jouée par un violoniste possédé qui s'identifiait totalement au compositeur, réconciliant exploit technique et pure musique. Ces *esercizi per il violino*, écrits pour être diaboliques, devenaient de véritables drames lyriques et expressifs en miniature, dignes de la meilleure musique du Théâtre-Italien. Et j'ai aussitôt songé à une autre forme de spectacle, cinématographique, à une façon d'enrichir la partition par un traitement visuel particulier.

*Comment le projet de film s'est-il élaboré ?*

Dès la dernière note du concert, je me suis précipité dans la loge de Markov. Accepterait-il d'être filmé jouant les *Caprices* ? Alexander a tout de suite saisi l'enjeu et s'est montré très disponible. Puis, en rédigeant le projet, je me suis aperçu que l'excitation du concert était la piste la plus riche, la moins artificielle. Puisqu'elle avait déclenché le désir du film, la présence du public devait se manifester à l'image. Un premier tournage dans le théâtre de Reggio Emilia, hommage à Paganini-le-Génois, donnerait à voir ce rapport aux auditeurs, leurs réactions aux *Caprices* et la fascination qui s'exerce sur eux, alors même qu'ils ne comprennent pas la difficulté propre à ce qu'ils sont en train d'écouter. Le mot d'ordre était : « Toujours le violoniste dans le cadre », ou au moins une amorce de plan avec le violoniste à l'image. Un second tournage mettrait en scène une « descente dans les entrailles des *Caprices* », en l'occurrence les entrailles du violon.

*Par ce découpage des* Caprices, *cherchais-tu à souligner visuellement la virtuosité ?*

Les violonistes qui s'y sont frottés savent que le problème des *Caprices* tient au faible « retour sur investissement » de la virtuosité. Il s'agit d'un exercice de haute voltige, mais le non-violoniste ne peut pas comprendre « de l'intérieur » la redoutable épreuve que traverse le virtuose, sa descente aux enfers, la torture qu'imposent à son organisme certains des *Caprices*. Et ce sont immanquablement les plus accessibles qui déclenchent les ovations du public, ceux que tout violoniste à peu près équipé techniquement est en mesure de jouer, notamment le fameux vingt-quatrième. J'ai donc voulu faire un film pour rétablir une sorte d'équilibre grâce à l'image. Je voulais qu'avec la caméra, le spectateur puisse ressentir les choses de l'intérieur, qu'il accède au monde si mystérieux du violon : sentir la courbure du chevalet, le vaste mouvement enrobant de l'archet dans les bariolages, ou encore les contorsions de la main gauche tout en haut de la touche, dans l'extrême aigu.

J'étais moins guidé par les difficultés techniques elles-mêmes que par la manière de les surmonter. C'était mon idée initiale : même pour un non-violoniste, ces mouvements constituent un spectacle fascinant à condition qu'on guide son regard. Les séries de staccati tirés, les accords en triples ou quadruples cordes, les pizzicati de la main gauche peuvent être valorisés visuellement après coup. Cela suppose de neutraliser à l'image toute une série de contraintes et d'obstacles rencontrés en concert.

*À quel moment ce type de procédé devient-il un trucage ?*

En règle générale, je m'interdis le recours aux trucages. J'ai fait exception à ce vœu de chasteté esthétique pour le dix-huitième *Caprice*, réduit à des exercices de gammes en tierces aussi difficiles à exécuter qu'ils sont dénués d'intérêt musical. Cette indigence m'a contraint aux effets spéciaux plutôt qu'à un trucage à proprement parler. La scène s'entrouvre, la figure du violoniste disparaît au profit du ballet ondulant des mains. Seul le rythme rattache encore à la réalité.

D'autres plans imaginés avaient eux aussi un rapport lointain avec la réalité. Dans le sixième *Caprice*, nous avons recouru à des plans très rapprochés d'un violon posé sur une table. Cela garantissait la stabilité nécessaire pour donner à voir la simple résonance des cordes pincées. Ces macroplans sont impossibles à obtenir lorsqu'un violoniste joue normalement, parce qu'il bouge trop, même si on lui demande de rester immobile. L'enjeu était de donner le sentiment d'être à la place du violoniste qui joue, presque à l'intérieur du violon. J'avais aussi concocté des effets complexes pour le vingt-quatrième *Caprice* : je plaçais Markov sur un plateau tournant pour rendre l'effet d'une caméra qui aurait tournoyé autour de lui. Il aurait été impossible de demander cela même à Heifetz. Heureusement, j'avais affaire à un très jeune violoniste, dont la curiosité était attisée par le tournage en tant que tel, amusé à l'idée de monter sur une grue pour les besoins du film.

*Pourquoi avoir recouru au play-back[1] ?*

Travailler avec une bande-son enregistrée par Alexander, c'était vraiment partir de son interprétation. Cela consistait à la mettre en images, ou même à la peindre, si on veut. Le libérer de l'acte

1. Sur la technique du play-back, voir le chapitre 1, « Mettre en images », p. 31-32.

physique du jeu, le soulager de la production d'énergie donnait des résultats infiniment plus forts que de voir un musicien attentif à chaque note. La virtuosité et l'extrême tension induites par les *Caprices* justifiaient plus que jamais le recours au play-back. En s'appuyant sur sa propre création, Markov pouvait se concentrer exclusivement sur des objectifs nouveaux, nés des besoins du film : exagérer la position du coude gauche, effectuer un mouvement des doigts particulièrement lisible sans se soucier du résultat sonore... Un visiteur débarquant dans le studio nous aurait pris pour des fous.

## JOUER FAUX, SONNER JUSTE

*Faut-il profiter des possibilités du film pour gommer la fausse note ?*

La fausse note n'est pas toujours un problème. Filmée lors d'une séance de travail, elle souligne en creux la difficulté d'une œuvre, l'extrême concentration requise. Tout comme l'incertitude d'un étudiant lors d'une masterclasse témoigne d'une maîtrise encore imparfaite, renforçant en quelque sorte celle du « maître ».

La fausse note peut même avoir une sorte d'énergie positive. J'ai vu Rostropovitch donner des cours : il tapait sur son piano comme un forcené, complètement à côté de la plaque. Mais cela n'avait aucune importance, il rendait le caractère de l'œuvre. De même, lorsque j'ai filmé les masterclasses de Yehudi Menuhin à Leningrad pour *Retour aux sources* [*op.* 35, 1988], il lui est arrivé de prendre son violon pour donner un exemple à la volée, de façon parfois approximative. Là encore, on en comprenait le sens, d'autant plus que j'enchaînais aussitôt sur le même passage parfaitement maîtrisé en concert.

*Dans quels cas faut-il, au contraire, modifier une erreur ?*

Tout le travail mené avec Menuhin peut être considéré à travers ce prisme. Comparé à sa virtuosité d'avant-guerre, à sa perfection technique, j'ai été le témoin d'une détérioration de son jeu[2]. Dans les films tournés en Union soviétique, dans les années 1980, il y a des moments d'instabilité qui comportent des parasites sonores. Nous n'avons pas toujours cherché à les corriger, cela faisait partie de la situation.

2. Voir le chapitre 3, « Rencontres : Menuhin », p. 80.

Je ne suis intervenu que lorsqu'il y avait un risque de rejet de la part de l'auditeur. Dans le « Scherzo » de la *Septième Sonate* de Beethoven [*op.* 35, 1988], j'ai beaucoup travaillé le montage en piochant dans les reprises. Pour le *Liebesleid* de Kreisler, Yehudi avait joué une fausse note, trop fausse pour que je la laisse. J'ai donc décidé de recourir à une autre prise, mais cela entraînait une conséquence visuelle : comme il jouait avec un léger *rubato*, j'ai dû prendre tout le bloc son et image, faute de quoi il y aurait eu désynchronisation. Le refus de la fausse note m'a donc conduit à arbitrer en faveur d'un plan final qui, visuellement, continue à me déranger. Il est de trop, il fait retomber l'attention. J'ai privilégié la perfection musicale aux dépens de la cohérence visuelle. C'était le prix à payer.

*Pourtant, tu dis souvent que la fausse note n'empêche pas l'émotion, au contraire.*

Il arrivait à Jacques Thibaud comme à Pablo Casals de jouer intentionnellement une note un peu basse pour lui donner de la couleur. Quant aux disques d'Alfred Cortot, ils sont pleins de fausses notes involontaires et c'est superbe ! Certains artistes refusent aujourd'hui une injonction de perfection à la Karajan : ils s'auto-enregistrent, et ce plaisir de la spontanéité ou de l'immédiateté se paie d'une chute dans la qualité sonore. Pour ma part, je suis de plus en plus attaché à un son intègre en matière d'enregistrement. Je ne sais pas si je peux dire « pur » mais, en tout cas, d'aussi bonne qualité que possible.

Dans une performance publique, c'est différent. Lors du concert qui m'a fait découvrir Markov, je suis tombé à l'entracte sur le critique du *New York Times* auquel j'ai exprimé tout mon enthousiasme. Visiblement irrité, il m'a répondu d'un air pincé : « Oui, mais l'intonation n'est pas toujours parfaite. » L'imbécile ! J'aurais dû lui demander s'il avait déjà touché un violon. Il y a forcément quelques ratés pendant un concert, surtout lorsque l'interprète prend de tels risques.

*Les notions de justesse et de perfection ne vont-elles donc pas de soi ?*

Jérémy Garbarg, le violoncelliste du Quatuor Arod montre bien, dans *Ménage à quatre* [*op.* 98, 2022], qu'il faut parfois jouer faux pour sonner juste. La perfection sonore implique de savoir adapter la hauteur d'une note à une harmonie mouvante. Loin d'être une approximation, il s'agit d'une exigence hors du commun.

En matière de perfection instrumentale, il faut distinguer la perfection formelle — disons heifetzienne ou du Horowitz grande époque — de la perfection peut-être moins fiable, mais plus intense, d'un Richter. Il pouvait connaître des jours sombres remplis de cascades de fausses notes, mais les jours où il était en forme, sa perfection était absolue, allant bien au-delà des notes.

La plupart des concertistes d'aujourd'hui ne supportent pas la moindre fausse note. On peut se demander si cette recherche de la perfection technique n'éclipse pas l'attention portée à l'interprétation. J'ai vu Rojdestvenski répéter des symphonies de Bruckner. Cela consistait à jouer la partition d'un bout à l'autre. Après quoi, il formulait quelques remarques très précises : « Le cor, mesures 202 à 222 ; les cordes, soutenez le crescendo de 68 à 97… » Et c'en était fini. Les répétitions constituaient un simple canevas. À ses yeux, c'était la condition pour favoriser la fraîcheur des musiciens en concert. Cela impliquait de courir le risque de quelques loupés ; ce n'est plus du tout dans l'air du temps.

*Pourquoi le film ou l'enregistrement devraient-ils davantage viser la perfection que le concert ?*

L'accroc enregistré devient perpétuel, atténuant l'émotion bien plus qu'il ne la renforce. Si on peut le réparer, autant le faire. Je ne vois pas au nom de quoi on s'en empêcherait. Lors du *Récital Schubert* [*op.* 46, 1991], Dietrich Fischer-Dieskau avait très légèrement buté sur un mot. Un mot, dans un seul Lied, sur un programme complet de concert. Par souci de perfection, il a voulu refaire cette séquence pour clarifier sa diction. J'ai accepté de tourner ce raccord dans la foulée, même si cela impliquait une nouvelle valeur de plan, égratignant au passage toute mon idée d'un unique plan-séquence. Effectivement, le film contient désormais trois plans. C'est à peine perceptible, mais j'ai estimé que cela faisait partie des compromis à accepter. Le souci de la perfection de la musique doit primer. La décision esthétique du musicien l'emporte sur celle du réalisateur.

On peut aller très loin, comme Piotr Anderszewski : même après avoir traqué les attaques incertaines, gommé des décalages imperceptibles par le commun des mortels, Piotr reste implacable, je dirais même insatiable. Sa quête de perfection prime sur toute autre considération. Le film est toutefois moins exigeant que l'écoute seule. L'image parvenant à compenser les scories sonores, la chasse aux fausses notes y est moins virulente que dans les sessions d'enregistrement discographique.

## « *FISHING FOR ACCIDENTS* »

*Ta conception du film musical ne laisse pas de place au hasard. Te rattaches-tu à une tradition classique du contrôle artistique, aux dépens de l'improvisation ?*

Peut-être. Néanmoins, un interprète qui resterait figé dans une conception immuable d'un concert à l'autre aurait une vie artistique très pauvre, et son quotidien serait bien fastidieux. Savoir dépasser la routine en recréant un sentiment de découverte est sans doute la marque des plus grands.

*Comment vois-tu cet équilibre délicat entre maîtrise technique et liberté émotionnelle ?*

J'ai été frappé par l'expérience de Michael Tilson Thomas avec la chorégraphe Martha Graham. Alors que certains maîtres de ballet recourent à des métaphores grandiloquentes, elle formulait des indications précises, presque tatillonnes : « Tourne la cheville à 45°, porte tout ton poids sur la jambe droite », et ainsi de suite. Comment garder l'imagination ouverte, tout en restant aussi précis que possible, au risque de devenir technique et refroidissant ?

Michael était fier d'un concert donné au Carnegie Hall où, malade comme un chien, il était monté au pupitre sans presque pouvoir bouger les bras. Les musiciens avaient joué merveilleusement, guidés par ses micro-inflexions à peine perceptibles. Quelques mouvements de doigts avaient suffi, et il en avait conclu : « J'ai perdu trop de temps dans ma vie à expliquer. » Il m'arrive de ressentir cela. J'aimerais que mes films expriment sans expliquer.

*L'inattendu a-t-il sa place dans le film musical ?*

Malgré mon goût pour la préparation, l'improvisation et le hasard s'invitent sans cesse sur le plateau. Le découpage d'une œuvre en plans permet de choisir en amont l'emplacement de la caméra, de telle sorte que, par exemple, deux instrumentistes puissent échanger un regard. Mais on ne sait pas s'ils le feront. En réalité, je ne cherche pas à expulser l'aléatoire ; je veux pouvoir le saisir lorsqu'il paraît. Orson Welles appelait cela « *fishing for accidents* », aller à la pêche aux hasards.

Pour filmer les *Variations Goldberg* avec Gould [*op.* 22, 1981], tout était rigoureusement pré-organisé en fonction des contraintes techniques. J'avais quand même décidé de recourir à une deuxième caméra que je dirigeais en gros et en larges plans. Je ne savais pas ce qu'elle capterait, je le découvrirais après coup. Gestes et expressions de Glenn étaient imprévisibles, mais je m'étais organisé pour les saisir : c'était une sorte d'improvisation a posteriori. La surprise n'est pas reproductible, elle varie à chaque prise, mais tout est prêt pour la cueillir.

*Quelle est la part de l'inattendu et celle du geste préparé ou répété ?*

Dans *Au-delà du temps* [*op.* 73, 2006], j'ai montré que certains gestes étaient à leur façon calculés. Glenn le raconte lui-même d'une manière assez drôle : « J'ai fait exprès de croiser mes genoux, pour essayer de créer une ambiance spontanée », et il éclate de rire. Il m'est également arrivé de lui demander expressément tel ou tel geste. Ce serait une grave erreur d'opposer le *spontané* au *calculé*. Un geste dit « spontané » peut rester très artificiel. À l'opposé, certains gestes s'intègrent de mieux en mieux au jeu d'un interprète à mesure qu'ils sont répétés.

En préparant le portrait de Murray Perahia [*op.* 17, 1981], par exemple, je l'ai entendu chez lui rejouer indéfiniment un passage d'un *Moment musical* de Schubert au piano, pour en tester différents phrasés. Je lui avais demandé de reprendre cette séance de travail calme et méditative devant la caméra, afin de capter le geste qui s'affinait et qui constituait le pendant visuel de son phrasé musical. Ses mains se mouvaient avec harmonie, en correspondance parfaite avec la musique. C'est un très beau moment, qui n'était pas vraiment spontané, mais le resituait bien dans une certaine tradition d'innocence musicale remontant à Clara Haskil ou Edwin Fischer[3].

*T'est-il arrivé, à l'inverse, de provoquer un geste ou un regard ?*

Parfois. Dans la *Sonate* de Beethoven avec Valeriy Sokolov [*op.* 72, 2004], j'avais demandé à sa pianiste, Svetlana Kosenko, d'être attentive au moment où le violon allait faire son entrée dans le deuxième mouvement, ce qu'elle a fait avec grâce. Mais il n'y a plus là la moindre place pour le hasard ni l'improvisation.

Rostropovitch était à cet égard un acteur-né. Dans la dernière des *Variations rococo* de Tchaïkovski [*op.* 30, 1986], à ma demande, il a

3. Sur ce portrait et cette scène en particulier, voir également le chapitre 4, « Le ciné-interprète », p. 130-131.

donné le départ à un hautboïste imaginaire puisque nous tournions en play-back, des semaines après l'enregistrement avec orchestre. Il l'a fait très naturellement, d'un simple signe de tête, au beau milieu d'un passage rapide et virtuose. Ce seul regard, même dépourvu du contrechamp en réponse, attise l'écoute : l'auditeur devient spectateur malgré lui, ce qu'on lui donne à voir renforce directement sa concentration musicale.

## APPARITIONS DE L'AUDITEUR

*Peut-on considérer que le concert et son public constituent un atout pour filmer la musique ?*

De nombreux musiciens ont besoin du concert pour trouver l'énergie nécessaire. On peut le déplorer, mais leur relation avec l'œuvre est moins intime en l'absence d'un public, qui leur apporte leur quota d'excitation et d'adrénaline. Quant au spectateur d'un film, il s'engage parfois plus intensément s'il sent qu'il aurait pu faire partie de ce public, qu'il en constitue en quelque sorte le prolongement. On est alors amené à lui faire partager un événement dont il serait le participant potentiel. Mais c'est aussi jouer avec le feu, car le propos risque de dériver vers l'image-captation, simple validation de ce qui s'est passé. L'événement prendrait alors la place de l'émotion.

Les images de spectateurs renvoient à la part la plus conventionnelle de la musique en concert. Tout mon travail consiste au contraire à ramener l'attention sur la musique elle-même. J'ai essayé d'éliminer tour à tour les tics des applaudissements et les visages lorsqu'ils restent décoratifs. Ces plans de coupe gratuits me rappellent mes premiers films : les mains de Nadia Boulanger sont magnifiques mais, dans son portrait, elles surgissent sans crier gare [*op.* 11, 1977]. À l'inverse, certaines œuvres ont parfois besoin de la présence d'un public, comme dans le cas des *Caprices* de Paganini, on l'a vu, où il apporte un élément d'excitation face à une musique périlleuse. J'ai donc multiplié les subterfuges permettant de revenir au public et de rappeler constamment la présence du théâtre à l'italienne.

Et puis, il y a d'autres cas de figure. Dans *Retour aux sources*, l'un des enjeux du projet était précisément de montrer la curiosité du public soviétique et l'ardeur de sa rencontre avec Menuhin. Je me rappelle un épisode dont je suis assez fier, dans une séquence tournée à Moscou. Menuhin interprète la *Sérénade mélancolique* de Tchaïkovski, œuvre qu'il n'avait plus jouée depuis ses douze ou treize ans. Je lui avais demandé de la réapprendre pour la circonstance. Sur la dernière note, je montre son visage en très gros plan, extraordinairement concentré. Soudain, les applaudissements fusent, mais plutôt que de les montrer, j'ai trouvé dans les rushes une scène touchante : un jeune homme se trouvait là, dans le public, avec sa petite amie et la regardait elle, ébahi, mutique. Sous le coup de l'émotion, il n'était plus en état d'applaudir. L'image de cette sidération m'a semblé bien plus évocatrice que tous les applaudissements du monde...

*As-tu rencontré des usages idéologiques du public dans le film musical ?*

J'ai retrouvé dans les archives soviétiques un fragment du *Concerto* de Mendelssohn joué par David Oïstrakh, filmé en couleurs à Moscou en 1958. Le violoniste est cadré de façon très serrée, son incroyable énergie contrastant avec une caméra souple qui glisse sur un grand-père endimanché et ses petites filles en rubans, sur toute sorte d'auditeurs calmes et bien mis : tête-à-tête entre héros de la révolution et peuple soviétique. Les auditeurs sont filmés à des fins d'édification de *l'homo sovieticus*...

Tandis qu'outre-Atlantique, de nombreux films américains recourent au public du concert à la façon de ces coupures de journaux destinées à rappeler que l'artiste est déjà connu dans le monde entier. Ce n'est plus l'image du peuple, mais l'approbation par l'opinion publique. Cette utilisation du succès consacré est une idéologie particulièrement pernicieuse, qui freine la capacité du spectateur à juger par lui-même : l'image enthousiaste du concert indique que la cause est entendue, et qu'il ne reste plus qu'à y adhérer.

*As-tu décelé des tentations démagogiques chez certains artistes dont tu dressais le portrait ?*

Aucun de ceux avec lesquels j'ai travaillé ne s'est rendu coupable de démagogie — forcer la main, tirer une larme, jouer avec des ficelles... Friedrich Gulda fonctionnait à la provocation, Gilles Apap à la dérision, mais ils restaient d'une grande intégrité musicale. Michael Tilson Thomas, chef extraordinairement joueur, reste très exigeant avec lui-même, avec ses musiciens et avec son public. Certaines des musiques qu'il adore me semblent personnellement douteuses, mais il est capable de se mesurer à l'exigence d'un Monteverdi comme à la facilité d'un Gershwin... David Fray a été accusé de poser, d'être trop photogénique pour rester innocent. Il est vrai que *Swing, Sing and Think* [*op.* 76, 2008] a été pour lui un fulgurant accélérateur de carrière, mais il n'aurait jamais sacrifié la rigueur musicale au profit d'un effet médiatique. Mstislav Rostropovitch, lui, avait acquis le goût du spectacle au contact de l'Occident. Je regrette pour ma part qu'il ait perdu de sa rigueur initiale. *L'Archet indomptable* [*op.* 93, 2017] est entièrement construit sur cette ambivalence.

*Nous n'avons pas abordé un autre type de public : celui de tes propres films. Est-ce pour toi une question importante ?*

Le premier contact avec le public est important après tant de travail solitaire. Les avant-premières jouent surtout ce rôle, elles font sentir le pouls de la salle. On perçoit des vibrations bien plus fortes que les mots un peu convenus échangés après coup. La réponse du public peut aider : y a-t-il des longueurs ou, inversement, des raccourcis qui rendent le propos confus ? On perçoit sans doute mieux ce qui fonctionne que ce qui est raté.

Mais la véritable rencontre avec le public est épistolaire, en particulier pour tout ce qui touche à Gould. *Richter, l'insoumis* [*op.* 58, 1995-1998] a également suscité beaucoup de courrier, ainsi que *Portrait d'un joueur, Andreï Chesnokov* [*op.* 40, 1988-1989], sans doute parce que le sport touche un public plus large que celui de la musique classique. Lorsqu'un spectateur a vu sa vie bouleversée par un film, il lui semble évident d'avoir accès au réalisateur ou à l'interprète, donc à sa vie. J'en avais eu un aperçu avec Glenn, qui craignait parfois pour sa sécurité physique.

J'ose à peine imaginer ce qu'il en est des cinéastes de long métrage, beaucoup plus exposés encore. Pour ma part, j'essaie de freiner, de me protéger derrière le film suivant, sans grand succès. Dans le petit monde du documentaire, je crois que la charge passionnelle de certains spectateurs est un juste retour de la primauté donnée à l'émotion.

*Certaines réactions d'auditeurs t'ont-elles particulièrement marqué ?*

Après la diffusion de la série *Glenn Gould joue Bach* [*op.* 20-22, 1979-1981], j'ai reçu une lettre à l'écriture enfantine, pleine de fautes : « Je n'ai pas pu voir la *Quatrième Partita* de Bach, est-ce que vous pourriez m'en fournir un exemplaire ? » C'était très touchant, du fait de cette graphie naïve, et j'ai répondu que je ne distribuais pas de copies de mes propres films. Nouveau courrier : « Je ne peux pas trouver le sommeil, faites quelque chose. » Ne voulant pas déroger à mon principe, je lui ai proposé de lui montrer cette *Partita* à la maison. C'était un jeune artisan ébéniste, qui avait autant de mal à s'exprimer en parlant qu'en écrivant. Reparti en pleurs, il m'a écrit un mot si bouleversant que j'ai finalement décidé de lui envoyer une copie de la *Partita*. Un peu après, il m'a déposé un bois sculpté représentant Bach. Ce qui peut sembler excessif dans certaines réactions d'auditeurs est aussi la marque d'un enthousiasme très vif, qui s'est parfois dilué chez les nantis de la culture. Ces rencontres provoquent un plaisir extraordinaire. D'une certaine manière, elles justifient le sillon que j'essaie de tracer.

*Qu'est-ce qui t'a conduit à faire entrer le public dans ton dernier film consacré à Glenn Gould,* Au-delà du temps *?*

J'ai voulu faire intervenir cet être si particulier qu'est l'auditeur gouldien. J'ai donc relu les milliers de lettres que j'avais reçues depuis quarante ans, émanant de personnes qui me confiaient leurs expériences singulières avec le personnage Gould, et j'en ai recontacté quelques-unes pour les interroger. J'en ai finalement retenu cinq, auxquelles j'ai demandé de quoi elles auraient souhaité s'entretenir avec Gould s'il revenait. Je voulais dresser le portrait d'une génération posthume, filmer des personnages dont la vie a été chamboulée par une révélation. L'un d'eux m'a répondu : « Si je le croisais, je voudrais rentrer sous terre », les autres ont commencé à tricoter une petite idée de dialogues. Il m'a fallu plusieurs années d'allers-retours pour établir le rôle de chacun et ma façon de les mettre en scène.

*S'agissait-il de leur faire jouer un rôle ?*

Exactement : c'était tout le contraire d'un témoignage. Comédiens ? Auditeurs actifs ? Chacun devenait un personnage à la fois récepteur et créateur, et devait s'y tenir. Nous avons écrit ensemble leurs dialogues. L'Italienne joue la rencontre devant la statue de Gould à Toronto ; l'Allemand recrée le dialogue qu'il avait imaginé entre Gould et lui ; la jeune Anglaise raconte son expérience avec le quatuor ; une dame russe extraordinairement cultivée, qui a survécu à une attaque cérébrale, retrouve le goût de vivre en écoutant Gould... Cette variété d'histoires et de postures en dit long sur la prodigieuse influence qu'un grand artiste peut avoir dans la vie quotidienne de ses auditeurs.

## DES CORPS ET DES GESTES

*Tu as un jour évoqué ta fascination pour la chorégraphie d'un policier en grand uniforme qui réglait la circulation sur la Piazza Venezia de Rome « à la façon d'un chef d'orchestre ».*

Cet acteur-né semblait imposer son propre rythme à la circulation. Tout y était : la scénographie, avec le socle circulaire qui tenait lieu de podium ; le plaisir manifeste de ce policier ; son autorité spontanée ; son uniforme pimpant... Il avait une gestuelle tournoyante, un port et un tonus exceptionnels, un jeu de mains exprimant ordres et interdits avec précision...

Je m'en suis souvenu des années plus tard, pour le portrait de Guennadi Rojdestvenski, *Profession chef d'orchestre* [*op.* 70, 2002]. J'ai filmé un gardien de la paix qui officiait place de l'Opéra, à Paris, afin de souligner la dynamique du *Concerto pour violoncelle* de Haydn, que Rostropovitch jouait avec tant de fougue. Il y avait quelque chose de royal dans cet ensemble musical et scénographique, exprimé par le corps et les mouvements de ce chef-d'orchestre-sans-le-savoir.

*Quelle est l'importance du geste dans le film musical ?*

La question est d'abord matérielle : les musiciens doivent généralement activer un instrument pour produire des sons. Cette action implique des gestes à la fois précis, variés et très coordonnés. Filmer la musique, c'est souvent donner à voir la relation entre des corps et des sons en mouvement. Le spectateur n'a guère idée de cette relation entre la partition et les mains, les bras, la bouche des musiciens. Mon travail consiste à montrer cette corrélation, et le geste en est le pivot.

Me vient à l'esprit une comparaison entre musique et sport. Dans les deux cas, rien qu'à voir la gestuelle, on pressent une forme d'efficacité, de qualité du son ou de précision du mouvement. Au tennis, une raquette bien frappée émet un son harmonieux, évoquant celui d'un archet bien appliqué sur la corde. Cette convergence entre beauté sonore et visuelle est l'une des grandes justifications de la musique filmée.

*La manière de filmer dépend-elle des instruments ?*

Certains instruments correspondent à des gestes discrets, presque impossibles à filmer faute de résultat visible. Ainsi, la multiplication des clés sur les instruments à vent, qui les rend intriguants et attrayants, est aussi ce qui limite leur dimension gestuelle : une légère inflexion du majeur, une levée du pouce et c'est joué. De sorte que les instrumentistes à vent en action sont généralement moins intéressants à filmer que l'instrument au repos : seule la petite clé actionnée dans un coin de l'image évoque la nouvelle note entendue[4]. Et là, il ne nous reste qu'à filmer l'auditeur et son écoute active ; le geste instrumental a disparu en coulisses. Il n'a pas l'importance cruciale qu'il acquiert au piano ou au violoncelle par exemple. À la flûte, encore un peu, mais pas avec la clarinette ni le hautbois. C'est ce qui explique que je m'attache si souvent aux mêmes instruments. Le geste peut revenir en force, comme pour le trombone, mais il s'agit alors d'un instrument qui n'intervient que très ponctuellement.

*D'autres instruments classiques ont une présence visuelle et une évidente dimension gestuelle sans t'intéresser pour autant. Je songe à la harpe.*

J'ai entendu des harpistes extraordinaires, des musiciens vraiment inspirés. Mais le geste est très vite saccadé et produit une sorte d'impressionnisme de l'image du fait de l'extraordinaire rapidité des mouvements de mains, particulièrement dans les glissandos. Demeure l'aspect émotionnel du visage. Les harpistes n'ont pas d'anche dans la bouche, pas de piano qui réduise la visibilité : on peut donc filmer à travers les cordes un interprète pris par la musique qu'il est en train de produire. C'est alors plutôt la concentration, la façon dont les émotions se transmettent sur le visage qui m'intéressent. Malgré cela, je n'ai jamais songé à dresser un portrait du harpiste Nicanor Zabaleta, pas plus que du flûtiste Jean-Pierre Rampal. Il existe sûrement là des interprètes étonnants, mais le répertoire limité de ces instruments m'intéresse moins.

*Comment vois-tu la relation entre la partition, ses exigences techniques et la posture physique de l'interprète ?*

Ce qui m'intéresse, c'est moins le geste en tant que tel que sa relation à la musique. Ce n'est pas seulement une question de technique, de mouvements nécessaires pour obtenir certaines notes. Le beau geste, ce peut être la simple oscillation d'un violoniste ou le port

4. Voir le chapitre 1, « Mettre en images », p. 18-19.

d'une chanteuse ; ou encore celui qui ne « produit » rien au sens étroit, comme lorsque Dietrich Fischer-Dieskau répète *La Belle Meunière* avec Christoph Eschenbach [*op.* 48, 1992] : il « dirige » le piano avec une magnifique liberté gestuelle qui intervient au moment juste et s'insère parfaitement dans l'œuvre.

*Cette osmose complète n'est-elle pas ce qui caractérise la gestuelle d'un Glenn Gould ?*

Sa posture et ses mouvements sont en effet inséparables de ses interprétations et du son gouldien, tellement identifiable. Les exemples abondent : dans *Un art de la fugue* [*op.* 21, 1980], il quitte la dernière note en arrachant ses mains du clavier d'une manière absolument nette, avant de les joindre dans une attitude de prière. La fin d'un geste est, elle aussi, révélatrice ; le moment où la main se dégage du clavier compte autant que celui de son impact. Coupé de son commencement ou de son aboutissement, le geste se vide, sans véritable rapport avec la musique.

C'est ce rapport sensuel avec l'instrument, la manière de caresser les touches, qui est fascinant chez les instrumentistes, bien plus que les questions techniques — même pour quelqu'un comme Gould, chez qui le contact physique semble banni. Dans la quinzième *Variation Goldberg*, on le voit savourer le contact avec l'ivoire, ou plutôt avec le son. C'est comme s'il n'y avait plus d'ivoire, comme s'il entrait en contact direct avec la corde. Là, j'ai utilisé des gros plans extrêmes pour donner presque l'impression d'un tremblement, d'un vibrato. Et Glenn a bel et bien un vibrato du doigt et je ne peux imaginer que cela n'ait pas un effet sur le son. Les vrais pianistes, en tout cas ceux qui me touchent, donnent ce sentiment de fusion entre leur corps et l'instrument : aucune séparation, aucun élément ne vient interrompre le circuit.

*Arrive-t-il que des gestes, au lieu d'exprimer l'harmonie et la cohérence, naissent d'un ratage ou d'une maladresse ?*

C'est le cas dans la fameuse vingt-cinquième *Variation Goldberg* déjà évoquée[5], dont Glenn n'était pas satisfait lorsque nous l'avons filmée. Il avait vivement réagi à un *ré* incongru dans le motif à la basse et, par miracle, la caméra avait capté son geste : sa main droite qui se dirige aussitôt vers la gauche, comme un chef qui aurait intimé à

5. Sur ce tournage, voir le chapitre 5, « Rencontres : Gould », p. 156-157.

des violoncellistes imaginaires de jouer moins fort. Il est rarissime d'enregistrer à ce point la complémentarité et l'indépendance des deux mains, la droite réagissant à la volée au toucher de la main gauche. C'est un mouvement formidablement expressif qui permet de saisir l'extrême concentration du pianiste toujours aux aguets, et l'image est ici inestimable.

Il m'est aussi arrivé de m'interroger sur des gestes, ou plutôt sur une posture contradictoire qui me semblait traduire un état d'âme. Certaines archives de Menuhin en 1947 montrent un homme manifestement peu épanoui, au regard assez froid, doté d'une espèce de raideur qui contraste avec un archet fluide et parfaitement contrôlé, une main gauche tellement vibrante. Cette contradiction de l'image dénote une crise terrible chez un musicien pourtant au sommet de sa maîtrise technique. Il est difficile de se camoufler derrière la musique.

*Peut-on considérer le regard comme une forme de geste ?*

Oui. L'avant-musique est fondamental en la matière, et souvent assez beau à voir. Moment de silence suspendu : un fugitif échange de regards vaut tous les gestes du monde. Dans *La Jeune Fille et la mort* [*op.* 57, 1996], j'ai inséré un gros plan presque abstrait sur une pointe d'archet, immédiatement suivi du visage du violoncelliste absorbé, le regard intense, juste avant son entrée : c'était une façon de tirer le spectateur par la manche, de lui montrer tout ce qui se joue en dehors et en particulier avant les notes. Ces regards ne sont pas gratuits ou simplement techniques : un coup d'œil peut exprimer mieux qu'un signe la complicité humaine, la circulation d'un thème ou la continuité dans la palette sonore.

Combien de fois ai-je reçu des jeunes pianistes qui n'avaient jamais joué avec d'autres instrumentistes ! Ils partaient seuls, sans attendre leur partenaire, le nez sur la partition ou le clavier. *La Truite* (1969) de Schubert filmée par Christopher Nupen est à cet égard un cas d'école. Le réalisateur a su magnifiquement capter ces regards entre musiciens — une réalité très peu visible dans une salle de concert. Je ne sais pas comment il s'y est pris, mais c'est très habile. Pourtant, une différence saute aux yeux : d'un côté, deux musiciens comme Jacqueline du Pré et Daniel Barenboim, d'une énergie fabuleuse, avec des gestes et des regards d'une grande justesse, sans une once de cabotinage. De l'autre, Itzhak Perlman qui, malgré sa merveilleuse fluidité instrumentale, reste en permanence extérieur à la musique, virevoltant, mondain. Cette *Truite* souligne de manière spectaculaire ces différences dans la qualité de l'intention « gestique ». Il appartient au réalisateur de distinguer le bon grain de l'ivraie tape-à-l'œil.

*Qu'en est-il du chef d'orchestre, dont la gestuelle est au contraire très visible ?*

Pas si visible que cela, ou pas toujours. Gestes, regards et attention se renforcent alors plus que jamais. Les grands chefs ne s'expliquent pas avec des mots. Tout est contenu dans les gestes entendus au sens large : bras et mains bien sûr, mais aussi bien un sourcil, un saut ou un simple coup d'œil. La palette des gestes et des expressions est infinie.

De nombreux films d'archives montrent Richard Strauss dirigeant ses propres œuvres. Au plus fort du cataclysme, son visage reste impassible. À peine si un sourcil se lève, quelques rares mouvements des mains. Le tout flottant au beau milieu d'une musique déchaînée et incroyablement expressive... Ce n'était pas dû à un âge avancé ni à un manque de force physique : tous les témoignages soulignent qu'il en avait toujours été de même. Bernstein, en revanche, est un chef de type « Christ en croix » : il souffre l'agonie et la rend visible.

Filmer un chef d'orchestre suppose donc d'abord de bien le connaître. La partition ne suffit pas, il faut trouver autre chose, et c'est cela qui en fait probablement le musicien le plus intéressant à traiter. Il reste dans le geste du chef d'orchestre quelque chose de mystérieux qui est éminemment cinématographique.

*Leur gestuelle n'est-elle pas codifiée ?*

Il n'y a pas de « vocabulaire universel » ni de « grammaire » ou de « syntaxe » fixée une fois pour toutes. Guennadi Rojdestvenski allait jusqu'à prétendre qu'il n'y avait pas de gestes à apprendre. Pour lui, diriger consistait à communiquer des intentions, insuffler une idée musicale. Il affirmait que, pour jouer un simple accord de *do* majeur, il ne donnait pas le départ de la même façon aux cordes et aux vents, aux flûtes et aux trompettes. Par conséquent, ses mimiques étaient d'une force expressive prodigieuse vis-à-vis des musiciens. Son imagination musicale l'amenait à des gestes inédits, à la fois suggestifs et appropriés, comme un mouvement d'épaule ou un simple haussement du menton : il avait une grande invention gestuelle.

*Que dire du geste de Nadia Boulanger attrapant par surprise la main du jeune Émile Naoumoff assis au piano ?*

Son rigorisme s'exprimait bien dans cette réduction au silence. Un peu plus loin dans le film, elle assène même une petite tape sur la main d'un étudiant parce qu'il met trop de pédale. Ce n'est plus tout à fait un geste musical, plutôt un mouvement de « rééducation esthétique ». Par ce geste radical, une enseignante sans pitié cherche à instaurer les conditions pour que la musique puisse naître.

*À choisir, tu sembles t'intéresser à des gestes absents ou paradoxaux plutôt qu'à une gestuelle démonstrative.*

De menus gestes peuvent devenir très importants. Le rôle de la caméra est de donner à voir ce vers quoi l'oreille ne tend pas spontanément. Au début d'*Un art de la fugue*, j'ai choisi de cadrer le piano depuis le côté droit, mais de privilégier la main gauche de Glenn, qui bat la mesure dans les airs à l'arrière-plan. La main droite énonce donc le thème hors-champ. Puis entre la deuxième voix et le cadre ne bouge pas : merveilleuse polyphonie de la main droite invisible. Quand enfin la troisième voix s'élève à la basse, la main gauche entrée en action disparaît à l'écran, cachée par la main droite. Autrement dit, à aucun moment l'image ne montre ce qui est musicalement directeur. Au lieu de choisir la redondance (« regardez ce que vous entendez »), je conduis en douceur le spectateur à une forme de tension.

Renforcer des attitudes et des mouvements déjà perceptibles, c'est parfois céder à la tentation du spectaculaire. Plutôt que de considérer le geste comme un vecteur de dramatisation facile, j'essaie de rester attentif à des micro-gestes souvent très expressifs. C'était souvent le cas avec Richter. J'ai souffert de l'absence d'images pendant les dix-huit mois passés à capter le son sans caméra pour le tournage de *L'Insoumis*[6]. Une fois qu'il m'a autorisé (à sa façon très spéciale) à disposer d'une caméra, nous avons saisi quelques moments de grâce. Lorsque je lui demande quelle fut l'influence d'un professeur comme Neuhaus sur l'élève génial qu'il était, il hésite, s'apprête à parler, puis renonce ; il se contente de placer ses doigts sur la table qui lui fait face et les met en mouvement. Un geste et, une fois encore, un silence ont suffi. On a tout compris sans un mot : l'important est le

6. Voir le chapitre 6, « La fabrique du film », p. 196-197.

travail de l'interprète sur la qualité du son. Voilà ce qu'il nous dit sans le dire, voilà aussi ce que l'image apporte à la musique.

## LA MUSIQUE MÈNE LA DANSE

*L'image doit-elle se soumettre à la durée musicale ?*

C'est une question centrale : la musique étant un art de la durée, jusqu'à quel point est-on ligoté par sa durée, son rythme, son tempo ? Filmer un concert ou une œuvre intégrale ne pose pas beaucoup de problèmes. On peut discuter des reprises, utiliser à l'image des prises d'une autre version, mais la dynamique du film reste globalement dictée par le flux musical.

Le problème surgit avec les films thématiques ou les portraits d'interprètes. J'ai mis des années à en réaliser l'ampleur. Beaucoup de réalisateurs ont peur de la musique. Ils en montrent le moins possible, de crainte de lasser ou de prendre parti, que sais-je. J'ai vu récemment le portrait d'un violoniste dans lequel le spectateur n'a droit qu'à quelques accords de dominante ou de tonique ! On voit l'interprète plaquer l'accord final et c'est tout, on peut aller causer dans la loge, se congratuler. La musique est, au sens propre, sous-entendue.

*Financeurs et producteurs partagent-ils cette crainte ?*

C'est toujours la même chanson : « Le public ne suivra pas, contentez-vous d'un extrait... » J'ai dû me battre pour faire accepter le premier mouvement du *Concerto pour violon* de Mendelssohn joué dans son entier en ouverture de *L'Art du violon* [*op.* 62, 2000]. Il faut toujours plaider la cause de la musique et insister pour qu'on lui fasse confiance. C'est à elle de donner à la fois le tempo et la tonalité du film. Ce qui revient à souligner l'importance du choix des œuvres, donc d'une proximité avec les interprètes.

*Est-il arrivé que des musiciens te reprochent un film trop chargé ?*

Sviatoslav Richter en personne ! Il m'a lu un jour la critique de mon portrait de Fischer-Dieskau [*op.* 55, 1995] qu'il venait d'écrire dans son journal. Le début était élogieux, soulignant l'intérêt d'une vaste rétrospective du « plus grand chanteur du XX$^{e}$ siècle ». Après quoi, il dénonçait un sentiment d'étouffement : « Il y a presque trop de musique, et je crois que la faute en incombe au réalisateur. »

J'ai aussitôt revu *La Voix de l'âme*, avec cette question en tête. S'agissant d'un artiste parvenu au terme d'une si riche carrière, un portrait de référence se doit d'être complet et d'avoir cette envergure. Mais Richter avait raison, j'aurais dû le faire mieux respirer, en ralentir à peine le tempo. J'aurais dû batailler pour prendre mes aises en deux heures. Dix minutes de plus et le film aurait gagné en légèreté comme en ampleur. Richter était un grand cinéphile. Son point de vue était aussi une belle leçon sur la mise en cohérence du film dans son ensemble avec le détail des œuvres interprétées.

*Comment assurer cette correspondance entre le tempo du film et la durée musicale ?*

Ce n'est jamais gagné. Il faut choisir l'œuvre et le passage que l'on entendra, décider si l'on veut montrer une répétition, un concert ou d'autres images encore, puis peaufiner le montage jusqu'à obtenir un équilibre interne de la scène et un équilibre plus large du film.

En ouverture du portrait d'Anderszewski, *Voyageur intranquille* [*op.* 78, 2009], j'ai longtemps penché pour un plan large sur une plaine polonaise enneigée. La caméra posée sur un pont aurait suivi un train sur des kilomètres pendant toute la durée du générique, calé sur le temps que mettait Mozart pour moduler du *ré* mineur initial vers *si* bémol majeur dans son *Requiem*. Sur cette modulation nous menant vers *La Flûte enchantée*, nous serions entrés dans un film amateur qui montrait une jeune mère poussant son landau dans un jardin de Varsovie, toujours sous la neige. Piotr aurait alors dit un texte court, très provocateur : « Ma vie vaut 8 $m^2$. Mes parents avaient décidé d'avorter. Puis ils ont appris que, si je naissais, ils auraient droit à 8 $m^2$ supplémentaires. »

Tout était calculé au millimètre, c'était la musique qui menait la danse. Cela fonctionnait à merveille, mais j'ai réalisé au montage qu'on allait trop vite et trop loin dans le film : cette ouverture aurait produit une intensité dramatique à la fois facile et envahissante. Le cataclysme, je voulais le réserver pour plus tard, alors j'y ai renoncé au profit d'une ouverture au tempo plus calme.

# RÉPONSES FILMIQUES

## OUVRIR ET FERMER UN FILM

*Tes scènes d'exposition montrent souvent de grands espaces ou un événement, comme l'arrivée du piano dans le studio pour ton premier film sur Glenn Gould [*op. 2, 1974*]. On dirait que, dans ces débuts, tu évites la musique ?*

La scène d'ouverture apparaît très tôt dans mon esprit, dès le stade de l'écriture. Elle doit porter le film et son intrigue. Dans celle du *Voyageur intranquille* [*op.* 78, 2009], par exemple, la voix de Piotr Anderszewski surgit sans explication par-dessus l'image d'un homme marchant sur des rails :

> Quand je joue avec un orchestre, je trouve que cela implique trop de compromis et décide de ne plus donner que des récitals. Quand je joue en récital, je trouve cela trop cruel et me dis que je ne ferai plus que des disques. Quand je joue en studio d'enregistrement, je suis confronté à ma propre liberté et me dis que je ne ferai plus rien du tout. Je me coucherai, j'écouterai mon cœur battre et j'attendrai que tout cela cesse.

Cette ouverture était évidente parce qu'intrigante : une silhouette se balade sur une voie ferrée, une déclaration invraisemblable... J'avais envie que le spectateur se demande : « Mais qui est-ce ? » Voilà ce que j'attends d'une scène d'ouverture. Le point d'interrogation est crucial pour ce qui s'ensuit. C'est pour cette raison que l'ouverture est presque toujours soigneusement écrite à l'avance. Dans le cas du portrait de Richter, *L'Insoumis* [*op.* 58, 1995-1998], elle était même la seule chose que j'avais rédigée bien avant le tournage.

De même, pour le portrait en cours de Klaus Mäkelä [*op.* 100, 2023], j'ai l'intention de le montrer dans l'intimité de sa loge avant d'en sortir pour déboucher aussitôt dans l'arène. On le verra descendre quatre à quatre le long escalier du Concertgebouw qui le conduit au milieu des musiciens, rayonnant, applaudi comme un torero en son habit de lumière. Il se pourrait qu'au lieu de faire entendre le concert, je passe *cut* à une archive de Klaus en enfant prodige. Le personnage se trouverait ainsi campé sans un mot par cette confrontation des temps et des espaces.

*Pourquoi ne pas demander aux musiciens de jouer dès la scène d'ouverture ?*

C'est délibéré, même si quelques-uns de mes films commencent par de la musique, comme le portrait de David Oïstrakh, *Artiste du peuple ?* [*op.* 54, 1994]. Il est vrai qu'il s'agissait d'un film d'archives, réalisé après sa mort.

Personnellement, lorsque je vois l'interprète d'un film se mettre à l'instrument dès la première image, j'ai presque l'impression d'avoir fait le tour du film, sinon du personnage. C'est un peu excessif, mais j'éprouve le besoin de poser mon personnage, même de façon allusive. Je m'adresse à des auditeurs qui peuvent très bien ne pas connaître le nom de Richter. Il me faut les accrocher, leur donner une raison de s'intéresser à cet artiste. Je ne vais quand même pas imposer d'emblée qu'« il s'agit du plus grand pianiste du monde » pour tricoter ensuite un film platement hagiographique...

*Qu'en est-il de la fin — comment l'appeler : coda, fermeture ? Conclure un film musical présente-t-il des difficultés particulières ?*

Les applaudissements systématiques en guise de conclusion m'exaspèrent. C'est une facilité qui escamote le problème de la fin. Parfois, la chute d'un film, qui peut sembler logique lorsqu'on la conçoit, provoque un sentiment de malaise au moment du montage. Cette impression d'« un quelque chose » qui ne fonctionne pas, je l'appelle « fin à double échappement » ou « double fin ». C'est un point difficile à résoudre, qui menace tout un équilibre. On approche d'une coda et, au lieu de conclure sur un accord final, le film redémarre.

*Peux-tu donner un exemple ?*

Pas dans mes films, j'espère ! Mais je peux expliquer la nature des problèmes que j'ai été amené à résoudre, souvent dans la douleur. *Artiste du peuple ?* en est un bon exemple. La fin du film coïncide avec la mort d'Oïstrakh. C'est cohérent, puisqu'il s'agissait de donner une conclusion à cette vie placée sous le signe d'un drame, celui du dédoublement d'un personnage à la fois officiel et réel. J'ai imaginé utiliser le texte de *La Pravda*, organe officiel du Parti, avec sa phraséologie habituelle : « C'est un artiste communiste qui a offert son art au peuple et qui a su donner substance à l'art socialiste... » Sur cet éloge funèbre plombé défilent des images d'Oïstrakh, docteur *honoris causa* à Oxford ou célébré à travers le monde, mais aussi simple professeur portant son étui à violon, en contradiction avec les déclarations grandiloquentes de *La Pravda*.

Puis, le film enchaîne directement sur un témoignage de Guennadi Rojdestvenski, auquel devait succéder à l'origine une séquence de Menuhin se recueillant sur sa tombe. Ces hommages de deux grands musiciens à un grand violoniste étaient très émouvants, mais les deux l'un après l'autre, c'était trop. Rojdestvenski était la solution la plus pertinente — le film portait sur les rapports entre artistes en Union soviétique ; repartir sur l'amitié avec Menuhin aurait ouvert une nouvelle voie au moment où il fallait conclure. C'est la première fois que j'ai perçu ce problème de la double fin. Pour éviter cette impression de congestion, j'ai opté pour une autre solution : un superbe document d'archives où Oïstrakh interprète la *Sonate à Kreutzer* de Beethoven. Sur le dernier accord, le film s'arrête.

*À tes yeux, ce problème se pose-t-il d'une manière particulière avec la musique ?*

Il concerne tous les films. Cela dit, la musique et son « mutisme » paradoxal sont porteurs d'une forme d'indicible, et finir sur une partition aussi puissante que la *Sonate à Kreutzer* était aussi une façon d'éviter la parole. L'excès peut devenir faiblesse de construction. Il faut savoir choisir et, comme pour la scène d'introduction, la cohérence d'ensemble du film doit primer sur la force potentielle de la scène finale.

Ce problème s'est aussi posé pour la fin du film sur Richter et, dans ce cas précis, Pierre-Olivier Bardet a bien fait d'insister : l'économie de montage, toujours cruciale, l'est encore plus dans un film comme *L'Insoumis*, qui porte précisément sur l'essentiel, sur le dénuement. Nous avons donc opté pour le dépouillement le plus total : Richter confessant « Je ne m'aime pas », aussitôt suivi de la *Sonate* de Schubert[1]. Sur cette musique d'une lenteur bouleversante, j'ai alterné des images de concert et celles tournées dans la cuisine. Richter-le-jeune joue à Londres dans la force de l'âge, tandis que Richter-le-fantôme s'apprête à quitter ce bas monde. On a l'impression que celui-ci écoute celui-là, l'approuve en quelque sorte. Ils parviennent presque à une réconciliation qui permettrait d'accéder à un ailleurs...

L'Insoumis *s'ouvre et se referme sur la musique de Schubert. Essaies-tu systématiquement d'épouser une structure circulaire ?*

Cette circularité musicale était la seule certitude qui m'habitait dès l'écriture du film. De façon générale, j'aime apporter un sentiment de cohérence, et le retour à la source est très efficace à cet égard. Plutôt que de le faire par un lieu ou une discussion explicite, je préfère recourir au répertoire. L'ellipse par la musique est plus probante.

C'est aussi un élément marquant dans le portrait de Piotr Anderszewski, *Voyageur intranquille*. La première musique à l'image, c'est du Bach. On termine aussi par Bach. J'ai construit le film comme une courbe avec un crescendo émotionnel qui nous conduit de Bach à Bach. D'ailleurs, le film sur Piotr a présenté lui aussi un sérieux danger de double fin... On avait imaginé un temps y faire figurer un concerto de Mozart tourné quelques années plus tôt à Varsovie. C'était enjoué et très brillant, mais on s'est aperçu que cela détruisait tout ce qu'on avait tenté de faire dans le film. Je dis « on » parce que c'était vraiment un travail d'équipe : Piotr, le monteur Jean-Pierre Bloc et moi partagions ce sentiment. Après hésitation, l'idée toute simple d'un Bach cyclique s'est imposée.

## CIRCULER DANS L'INTERPRÉTATION

*Il t'est souvent arrivé de circuler dans la continuité sonore d'une œuvre, grâce à une succession d'images issues de prises différentes : répétitions, concert... C'en est presque devenu ta marque de fabrique.*

1. Sur cette scène finale, voir également dans ce chapitre, p. 294.

C'est un procédé auquel j'ai effectivement souvent recouru, avec des objectifs très variables. En général, je choisis une partition suffisamment riche pour qu'elle occupe une place centrale. L'image paraît la suivre, mais en réalité elle est tout aussi motrice, peut-être plus encore : elle enrichit l'œuvre de situations et de comportements différents.

Le plus souvent, j'ai monté l'alternance répétition-concert, donnant à voir la construction d'une interprétation davantage qu'un simple résultat. C'est une figure filmique qui renvoie au making-of, à la découverte des coulisses, par opposition à la version figée à laquelle disques et concerts nous ont habitués.

*Quelles en sont les vertus ?*

Cette circulation alerte le spectateur sur les différentes manières d'écouter la musique. Une sorte de prothèse, si l'on veut, qui enrichit l'ouïe et le regard, stimule l'imagination. Même si l'on reste dans la continuité de l'œuvre, c'est aussi une façon d'en sortir, de déporter l'attention depuis l'œuvre vers l'interprétation, en dépeignant la version qui se cherche autant que celle aboutie. À la première occurrence, le spectateur ne s'y attend pas. Il doit s'arracher à l'instant présent pour atterrir dans un autre contexte.

*Le procédé ne se limite pourtant pas à la surprise. Dans certains de tes films, il devient un principe de construction.*

C'était le cas pour David Fray et les trois concertos de Bach [*op.* 76, 2008]. Ils devaient être interprétés dans l'ordre chronologique et nous passions sans cesse d'une répétition à un entretien, dans une continuité sonore. Cette fois, j'avais décidé de jouer d'allers-retours permanents : David décortiquait la partition au piano à la maison, attirait l'attention sur un point précis — par exemple, le fait qu'une note de conclusion puisse se lire comme l'ouverture d'une nouvelle phrase —, puis reprenait le thème au piano et on entendait alors l'orchestre entrer en douceur autour de lui. On passait du cadre domestique à la salle de spectacle, le spectateur voyageait avec nous.

C'est un procédé auquel j'ai également recouru au début de *L'Art du violon* [*op.* 62, 2000]. Fort des recherches d'archives effectuées au fil des ans, j'avais prévu d'ouvrir sur le premier mouvement intégral du *Concerto* de Mendelssohn, mais joué par neuf violonistes différents qui s'enchaîneraient au mépris des réalités chronologiques : David Oïstrakh, Christian Ferras, Isaac Stern, Fritz Kreisler, Nathan

Milstein, Yehudi Menuhin, Arthur Grumiaux, Jascha Heifetz et Mischa Elman. Les coproducteurs anglais s'y étaient opposés, arguant du fait que cette entrée en matière serait trop longue et ennuierait le spectateur. À mes yeux, c'était au contraire une démonstration visuelle et sonore parfaite de mon propos : le violon, c'est le son, pas la gymnastique des virtuoses ; le jeu d'Elman illustre le style arbitraire et étroitement « violonistique » du XIX^e siècle de façon presque caricaturale. Pour assurer la cohérence de ce patchwork, j'ai dû ajuster les tempos et les diapasons. L'illusion de continuité ainsi créée représentait une histoire accélérée du jeu du violon au cours du siècle et de son évolution. L'objectif était de rendre perceptible à l'image une vérité qui reste obscure pour beaucoup de néophytes : l'immense variété d'interprétations possibles d'une même œuvre.

*Ce procédé de circulation entre répétitions et concert incarnerait-il une sorte de voix intérieure ?*

Oui, une « voix » silencieuse, qui passerait par l'image plus que par le son... Ce type de montage permet en effet de faire entendre au spectateur ce qui se passe dans la tête de l'interprète. Le pianiste sait parfaitement que, pendant qu'il joue telle figure, l'orchestre en développe une autre ; le spectateur, lui, l'ignore. Au lieu de lui chanter la partie d'orchestre, le film quitte le son du piano solo pour faire entendre la partition complète.

Je ne saurais trop dire comment s'appelle cette figure. Cela me semble étonnant qu'elle n'ait pas encore de nom tant elle est éminemment cinématographique. Enchaînement sonovisuel ? Circulation audiovisuelle ? Métamorphose ? Comme souvent, les mots sont réducteurs. Ils rendent obscur ce qui semble évident lorsque cela fonctionne à l'écran.

*Le procédé suppose-t-il une distinction nette entre des lieux et des situations ?*

Surtout un changement d'instrument ! J'ai pu y recourir avec Murray Perahia qui jouait chez lui [*op.* 17, 1981], puis en concert, mais l'enchaînement piano sur piano n'est guère contrasté. L'effet est plus fort avec des différences instrumentales marquées.

Quoiqu'il existe une exception. Dans ses masterclasses sur le *Dichterliebe* de Schumann [*op.* 49, 1992], Fischer-Dieskau insiste sur la prononciation difficile d'un mot. L'image montre l'étudiant essayer, mais le son fait entendre la version aboutie du maître. C'est une façon de montrer ce que l'on veut atteindre, auquel l'étudiant n'a pas encore accès. Le jeu de l'image et du son donne à voir simultanément la pédagogie à l'œuvre, ainsi que la tension entre le réel et l'idéal. Un peu comme dans la répétition du *Concerto* de Beethoven par Menuhin et Rojdestvenski [*op.* 36, 1988] : Yehudi chante la sonorité qu'il souhaiterait obtenir des cornistes. Ainsi, le spectateur la reconnaît lorsqu'il entend la version de concert.

*L'opposition entre une version piano et une version orchestre est-elle le cas le plus fréquent ?*

Dans le portrait de Fischer-Dieskau, *La Voix de l'âme* [*op.* 55, 1995], j'ai monté un Lied de Mahler, suivi de sa version orchestrale. Le procédé devient assez amusant, parce qu'on entend un grand orchestre mahlérien sur les images d'un pianiste. Cerise sur le gâteau, c'est le même Wolfgang Sawallisch qui accompagne au piano, puis dirige l'orchestre !

J'y ai également recouru dans les masterclasses de Guennadi Rojdestvenski pour *Profession chef d'orchestre* [*op.* 70, 2002]. L'image arrive comme en retard par rapport au son qui l'avait annoncée : on entend déjà l'étudiant diriger l'orchestre, alors qu'on le voit encore dans une salle de classe avec son professeur. C'est le déploiement instrumental qui fait basculer l'image. Mais le mixage doit se faire en douceur, il faut passer du piano à l'orchestre sans que l'on s'en rende compte.

*Est-ce une figure que tu prévois dès l'étape du scénario ?*

La plupart du temps, elle n'intervient qu'au montage, même s'il m'arrive d'en évoquer la possibilité dès la phase d'écriture. La nature des images est décisive pour assurer leur compatibilité. C'est une façon de dire l'authenticité de l'œuvre, sa richesse à travers des orchestrations et des interprétations variées. Nous évoquions au tout début la nécessité d'être musicien pour tourner ce genre de films[2], en voici une nouvelle confirmation. Il faut connaître la partition sur le bout des doigts pour imaginer d'abord, puis ménager délicatement ce glissement d'une version à l'autre.

Il m'est même arrivé, dans le portrait de Dietrich Fischer-Dieskau, de construire un enchaînement sur une simple note pivot. On

2. Voir le chapitre 1, « Mettre en images », p. 33-37.

passait du *Lulu* de Berg au *Il Tabarro* de Puccini sur la même note tenue. C'est un cas un peu particulier, qui ressemble à l'idée que je me fais du sport de haut niveau : beaucoup d'efforts et d'entraînement pour donner une impression de facilité.

## DES EFFETS BIEN TEMPÉRÉS

*Tu recours rarement à des effets visuels. Quand c'est le cas, est-ce par choix esthétique ?*

L'effet répond souvent à une difficulté technique. Dans *L'École soviétique de violon* [*op.* 15, 1979], j'avais demandé à Vladimir Spivakov de visiter la tombe de David Oïstrakh au cimetière de Novodevitchi. On voit une main retirer la neige de la pierre tombale, pour se figer aussitôt. Ce plan fixe renvoyait au programme même du film : mettre la Russie au cœur, dépasser l'individu, souligner une filiation. Malheureusement, le nom découvert était celui de Tamara Oïstrakh, la femme de David, et une fois la neige retirée, on ne pouvait pas refaire le plan. J'ai donc dû geler l'image avant que le prénom n'apparaisse et lancer la *Sérénade mélancolique* de Tchaïkovski.

Un autre cas d'effet contraint concerne le mouvement lent du *Concerto* de Stravinski tourné avec Menuhin [*op.* 24, 1981]. Lorsque l'orchestre entre avec des battues sur une longue phrase du soliste, j'ai dû geler l'image de Yehudi, tout en poursuivant la mélodie. Je ne sais plus quel problème technique m'y a conduit — image détériorée, problème d'éclairage ? —, mais je l'ai fait par obligation. Malgré cela, l'effet produit me semble particulièrement heureux : il donne une dimension onirique qui correspond bien à l'atmosphère de l'œuvre.

Toutes les images gelées ne sont pas pour autant des escamotages. Dans le *Concerto* de Brahms [*op.* 25, 1982], j'ai cadré le visage de Yehudi en très gros plan[3], jusqu'à un effet de quasi-irréalité ; un procédé auquel j'avais déjà recouru sur le visage de Murray Perahia dans son portrait. Cette fois-ci, c'était très volontaire de ma part. Il ne s'agissait pas de montrer le soliste pour sa posture ou sa gestuelle. Figer l'image ici, c'était se laisser porter par la musique, en s'attardant sur la sérénité de l'interprète, qui exprime celle de l'œuvre.

3. Sur ce plan, voir le chapitre 3, « Rencontres : Menuhin », p. 100.

*Il t'est arrivé de mener des expérimentations autrement plus radicales, comme avec le « split screen » ou division de l'écran ?*

J'avais imaginé dès 1974 avec Zoltán Kocsis un projet très visuel autour du *Clavier bien tempéré*, dont nous avions réalisé un prototype avec la *Fugue en ut dièse mineur*. Dans un monde pré-numérique, nous voulions diviser pour donner à voir la complexité d'une fugue. Peu de gens entendent la polyphonie et nous pensions que l'image permettrait de faire percevoir par l'œil ce qui ne l'était pas par l'oreille.

Le split screen est un effet très visible, et même envahissant ; tout l'inverse du fondu au blanc d'une image figée, qui fonctionne par soustraction et vise le dépouillement. On retrouve l'opposition entre le classicisme que je revendique et l'expérimentation comme visée en soi. Je ne souhaite pas que des choix formels viennent polluer la relation du spectateur à l'interprète et à la partition. C'est la raison pour laquelle, après ce prototype, j'y ai personnellement renoncé. J'ai l'impression qu'au lieu de nous rapprocher de l'œuvre et de l'interprète, l'écran partagé vole la vedette. On ne sait plus où donner de la tête, au risque de se perdre et de rater cette relation charnelle à la musique.

*Considères-tu, à l'inverse, que les cadrages obliques ou même verticaux aident le spectateur à entrer dans l'intimité d'une interprétation ?*

J'y recours rarement. Lorsque je construis un cadre oblique de Piotr Anderszewski dans les couloirs de l'Elbphilharmonie [*op.* 94, 2021], par exemple, cette diagonale est liée à l'architecture du lieu d'une part, à la personnalité de l'artiste d'autre part. Je ne l'aurais jamais fait pour Yehudi. Quant à la caméra zénithale, j'y ai également recouru de façon très mesurée : dans ce même *Clavier bien tempéré*, afin d'embrasser pianiste et piano d'un seul coup ; et dans *Profession chef d'orchestre*, le portrait de Rojdestvenski, avec une caméra accrochée au-dessus de l'ensemble à côté des rampes d'éclairage. Il ne s'agissait pas seulement de montrer l'orchestre vu d'en haut, mais d'adapter exactement le tournoiement de l'image au rythme musical par une rotation de la caméra. C'est donc un plan à effet, mais entièrement conditionné par l'œuvre, son rythme et son tempo.

Pour *La Jeune Fille et la mort* [*op.* 57, 1996], j'avais le Quatuor Berg à disposition et un studio bien équipé qui permettait une certaine invention visuelle. J'ai donc souvent recomposé l'image en demandant aux musiciens de se positionner d'une façon tout à fait inhabituelle pour des quartettistes. J'avais prévu de souligner le point culminant d'un crescendo harmonique dans le premier mouvement par une rupture brutale : la caméra horizontale prenait soudain un axe parfaitement vertical. L'image partait des quatre musiciens vus d'en haut, puis zoomait sur la phrase jouée par l'un puis l'autre, toujours en plongée. C'était aussi une façon efficace d'isoler une voix parmi les quatre. Mais il faut que ce type de cadrage soit rare, et évidemment motivé.

Le temps dont nous disposions m'a aussi permis des gros plans habituellement impossibles à réaliser, comme ces pizzicati du violoncelle ne montrant que la vibration de la corde, sans la main qui les pince. La corde ou les cordes oscillent en diagonale sur tout l'écran. C'est assez mystérieux.

*Tu vas loin parfois dans la frugalité, comme lorsque tu recours au plan-séquence.*

C'est le cas du *Récital Schubert* tourné avec Dietrich Fischer-Dieskau [*op.* 46, 1991]. J'ai tenté pour la première fois de filmer un récital de 90 minutes en un seul plan. Ce qui ne veut pas dire absence de mouvement, au contraire : j'ai organisé une sorte de montage à l'intérieur du plan-séquence. Nous étions en situation de concert avec deux « acteurs » : le pianiste et le chanteur. Comment penser un mouvement de caméra qui corresponde à la musique ? Les variables ne sont pas infinies : resserrer légèrement sur le piano, sur le chanteur, isoler l'un ou l'autre, zoomer en très gros plans, les placer tous les deux à égalité dans le cadre — ce que permettait le tournage en haute définition, donc au format 16/9$^{e}$, très allongé…

Je souhaitais résister à la tentation de diriger banalement la caméra vers le pianiste pendant le prélude et le postlude au piano seul ; je voulais filmer parfois Fischer-Dieskau dans ses moments de silence, pour saisir son émotion à l'écoute du piano, de cette musique qu'il avait en quelque sorte suscitée. J'ai décidé de varier les cas de figure et de déplacer la caméra tour à tour sur le chanteur, le pianiste, les deux musiciens, afin de les réunir dans un mouvement fluide, presque circulaire, enlacés par les courbes de la caméra. Cela supposait en amont une préparation des mouvements avec le cadreur, pour qu'il soit imprégné de cette circulation lorsque je lui donnerais mes instructions pendant le concert.

C'était une expérimentation à laquelle je réfléchissais depuis longtemps, comme une façon de filmer à peu de frais sans tomber dans la captation standardisée. Je crois que, même si nous avons fini par intégrer un petit raccord central qui écorne discrètement le principe du plan-séquence[4], le résultat évoque un rythme intérieur souple plutôt qu'un rythme-découpe. Mais si le tournage d'un plan-séquence fonctionne avec les chanteurs et les violonistes, ce n'est pas le cas pour un quatuor ou un quintette.

*Tu as évoqué l'invention de cadrages pour révéler la virtuosité des* Caprices *de Paganini*[5]. *Cherches-tu à varier les effets lorsque tu filmes un pianiste en studio ?*

Le cadre classique du pianiste au clavier, de profil, a un petit air de déjà vu, sans doute à cause de la présence de l'architecture standardisée de l'instrument — toujours noir, toujours la taille d'un piano de concert, même hauteur, mêmes touches alternées... Cela ne veut pas dire qu'il faille l'éviter, au contraire. Mais il est légitime de chercher parfois des variantes, des vues inédites, à condition qu'elles correspondent à la musique jouée et à l'esprit de l'interprétation. Glenn Gould comme Piotr Anderszewski se sont prêtés à de longues séances avec démontage du clavier, placement d'une caméra en contre-plongée ou autre. J'ai développé avec eux tout un vocabulaire visuel de la main, de la pédale, des marteaux sur les cordes : rien de systématique ni de figé.

*Et les effets de montage, comme les fondus enchaînés ou les surimpressions ?*

J'y ai recouru avec Glenn Gould, lorsqu'il s'agissait de souligner le caractère polyphonique d'une œuvre et la complexité de son jeu. J'utilise parfois le zoom, mais avec parcimonie : pour Gilles Apap dans la *Deuxième Sonate* de Bartók [*op.* 53, 1993], ou encore dans le récital de Francesco Libetta [*op.* 68, 2002], comme si la caméra devait aller chercher les mains tant elles couraient sur le clavier. Je crois avoir également zoomé à un moment donné sur la baguette de Michael Tilson Thomas, cette fois pour souligner le caractère improbable de ce minuscule « instrument » aux effets très puissants.

Pour *Ménage à quatre* [*op.* 98, 2022], j'ai inséré des coups de zoom répétés dans le quatuor de Debussy. C'est un effet rythmique assez radical, très délicat à mettre en œuvre. Ces mouvements saccadés sont

---

4. Pour le récit de cet ajustement, voir le chapitre 8, « Questions musicales », p. 252.
5. Voir *ibid.*, p. 248-249.

une façon d'attirer le regard sur une nouvelle formule rythmique. Lorsque je leur ai montré le film vers la fin du montage, les membres du quatuor étaient divisés et ils ont décidé de voter : deux pour, deux contre. Comme mon producteur était également réservé, je ne les ai pas conservés, du moins dans le concert filmé. Ils sont peut-être un peu brusques, il aurait fallu leur consacrer plus de temps. On a parfois besoin d'une journée entière pour obtenir le juste mouvement, le cadre d'arrivée dans la bonne dynamique. Peut-être aurais-je dû me mettre moi-même à la caméra — mais je n'ai jamais franchi le pas. En tout cas, je regrette que la version du concert filmé ait renoncé à ces zooms, remplacés par des plans moins toniques. Mais je les ai laissés dans un moment particulièrement dramatique du *Quatuor* de Beethoven, où ils sont plus à leur place que chez Debussy.

*Utilises-tu parfois des effets de lumière ?*

Au début du mouvement lent de *La Jeune Fille et la mort* avec le Quatuor Alban Berg, j'ai recouru à un effet très graphique : l'écran est noir, les quatre instrumentistes énoncent le même motif rythmique, mais on n'en voit qu'un, le second violon, silhouette sans visage découpée par un projecteur placé très en vue au-dessus de lui. À mesure que le thème est exposé entrent le violoncelle, le premier violon puis l'alto, toujours dans le même clair-obscur très marqué par un, deux, trois, puis quatre traits lumineux verticaux. Le thème musical, lent et très simple, donne son nom à la partition. Cette composition visuelle géométrique permettait de dramatiser le motif thématique qui allait devenir objet de variations.

*J'ai aussi souvenir du motif récurrent de l'ombre.*

Que ce soit sur le toit d'une maison sur l'île de Mykonos avec Yehudi Menuhin dans *Le Violon du siècle* [*op.* 56, 1995] ou en studio avec le Quatuor Alban Berg, l'ombre est une ellipse très évocatrice : elle esquisse le corps de l'interprète en action, et pourtant elle est déjà onirique et graphique — quoique moins pertinente pour le piano, bien sûr, que pour un chanteur, un chef ou d'autres interprètes. Je l'avais déjà utilisée dans le concert pour le pape [*op.* 27, 1983] et dans *Les Quatre Saisons* [*op.* 23, 1979]. Cette sobriété correspond à l'idée que je me fais de l'image filmée en matière de musique : montrer ce que le spectateur ne saurait voir en concert, préparer un effet avec la complicité des musiciens, s'appuyer sur la partition pour mieux s'en libérer, émouvoir avec simplicité. Comme tous les effets visuels, l'ombre est un procédé d'autant plus expressif qu'on l'utilise à dose homéopathique, car ces plans ne fonctionnent que par contraste avec ceux qui précèdent ou succèdent. Je reste convaincu par la formule de Debussy commentant fièrement son *Ibéria* à l'ami André Caplet : « Ça n'a pas l'air d'être écrit ! » Filmer des œuvres ou des interprètes sans qu'ils en aient l'air, c'est mon rêve.

## FILMER L'AUTO-ÉCOUTE

*Tu as souvent recouru à la figure du musicien écoutant ses propres enregistrements. Est-ce une façon de se retrouver ? De se redécouvrir ?*

Il faut d'abord replacer l'auto-écoute dans un contexte plus général. On aurait tort de réduire la musique à la seule production du son. L'écoute constitue une part décisive du jeu musical. C'est une activité pleine et entière, qui n'a rien de passif. Ce décryptage sonore capte l'attention des auditeurs et leur extrême concentration est une forme de participation à la musique elle-même, pas une simple conséquence tardive et accessoire.

De la même façon que la qualité d'un film est en grande partie due à sa bande-son, l'écoute possède une forte dimension visuelle. J'avais organisé à Moscou une séance d'écoute pour de jeunes auditeurs, dans une petite salle de concert de leur école. Je devais leur parler de Glenn Gould. Au lieu d'être face à un interprète de chair et d'os, ils se sont retrouvés devant un piano sans pianiste. Un appareil à cassette était posé sur scène et diffusait le thème des *Variations Goldberg*. C'était une véritable « messe muette ». Aimantés par l'intensité de cette écoute, ils « communiaient » sous l'espèce sonore, pour reprendre le vocabulaire du rituel religieux.

*L'écoute n'est-elle pas d'abord indispensable aux musiciens en train de jouer ?*

Toute pratique musicale collective suppose d'écouter l'autre : dans les formations concertistes, soliste et chef d'une part, musiciens et chef de l'autre, ne cessent de s'observer au moins du coin de l'œil, pour rester ensemble, et surtout assurer une cohérence expressive. Dans le *Concerto* de Brahms tourné avec Menuhin et Kurt Masur [*op.* 25, 1982], pendant le long *tutti* qui précède l'entrée de Yehudi dans le premier mouvement, on le voit se concentrer, comme s'il participait à l'action des pupitres en mouvement. Lorsque les clarinettes interviennent, il se tourne légèrement vers elles comme pour les accueillir. L'image permet de montrer à quel point il est déjà dans l'œuvre avant même d'y être entré officiellement.

*La musique de chambre est-elle la consécration de cette écoute entre partenaires ?*

Oui, et la traduction filmique de cette attention, ce sont les regards qui circulent entre instrumentistes, véritable forme visible de l'écoute, souvent plus intéressante à saisir que l'émission du son elle-même. C'est en tout cas ce que j'ai cherché à restituer en filmant des quatuors à cordes, qu'il s'agisse des Berg, des Artemis ou aujourd'hui des Arod.

*As-tu connu toi aussi une forme de communion dans l'écoute avec un interprète ?*

Je t'ai déjà raconté comment nous pouvions, avec Gould, écouter six fois de suite dans la même nuit la *Symphonie alpestre* de Richard Strauss[6]. En boucle, sans un mot, alors qu'habituellement, Glenn était plutôt disert. Notre silence était à peine compensé par les regards que nous échangions. Le refus de la redite dans ses propres enregistrements avait constitué l'un des motifs les plus importants de son abandon du concert. Pourtant, cela n'affectait pas le plaisir qu'il prenait à l'écoute répétée, au contraire. Il était habité, dirigeant un orchestre invisible...

*Très tôt, tu donnes à voir l'auto-écoute avec ton portrait de Viktoria Postnikova [op. 18, 1982] : dans sa datcha, elle s'écoute jouer les* Scènes d'enfants *de Schumann, alors qu'elle avait sept ans. Le procédé relève-t-il de la nostalgie ?*

Non. Je souhaitais insister, grâce au *Premier Concerto* de Tchaïkovski, sur son tempérament volcanique et son incroyable énergie. Cette séquence d'écoute soulignait sa sensibilité et son caractère chaleureux. Mais il s'agissait surtout de marquer la continuité entre l'enfant et la pianiste confirmée, réceptive à la tendresse d'un Schumann comme à l'ardeur d'un Tchaïkovski. Mieux qu'une continuité, ce contraste révélait une identité aux facettes multiples. En se redécouvrant, elle dépassait le simple témoignage d'un passé

6. Sur cette écoute partagée, voir le chapitre 5, « Rencontres : Gould », p. 164.

d'enfant prodige. Cette scène, qui superpose les deux « moi », est une scène d'identification. J'ai procédé de la même façon avec Murray Perahia et avec Piotr Anderszewski.

*À la différence de Yehudi Menuhin dans* Le Violon du siècle. *S'agissait-il cette fois de remonter le temps ?*

Comme le titre l'indique, nous nous trouvions à l'heure du bilan. La carrière de Yehudi couvre tout le siècle, allant pratiquement des cylindres jusqu'au numérique, en passant par le 78 et le 33 tours, le CD... sans parler de l'image filmée. Dans ce film, je lui montre sur un moniteur des documents qu'il avait probablement oubliés et il réagit en direct, par exemple face au *Concerto en la majeur* de Mozart avec Karajan, filmé par Clouzot.

J'ai aussi mis en scène la rencontre avec son tout premier enregistrement, en 78 tours : une mélodie du XVIe siècle harmonisée, *La Romanesca*. Comme je voulais que l'écoute devienne encore plus active, je lui ai demandé de jouer sur son propre enregistrement. On entend un enfant de douze ans, on voit le « violon du siècle » aux prises avec le vent qui repousse son archet sur le toit de sa maison en Grèce. Peu d'artistes auraient aussi simplement accepté de se prêter au play-back.

*Tu as également filmé des chanteurs écoutant leurs enregistrements, la première fois avec Nicolas Rivenq.*

Les chanteurs se distinguent de tous les instrumentistes : leur voix est simultanément l'instrument qui produit le son et le résultat de leur jeu. Tous les chanteurs ont une histoire forte avec leur voix. Lorsque Julia Varady évoque la sienne, elle en parle comme si elle appartenait à une autre personne. Il est vrai que nous reconnaissons souvent mieux le timbre de nos proches que le nôtre, mais les chanteurs ont tellement travaillé leur voix qu'ils en connaissent la moindre inflexion.

Dans ce cas, l'auto-écoute relève d'une approche très intime. Le portrait de Rivenq s'intitule *Naissance d'un chanteur* [*op.* 43, 1990] ; il était légitime de lui faire écouter ses premiers pas, afin d'évoquer l'évolution de sa voix. Je l'ai filmé assis sur la moquette devant un téléviseur, revoyant l'une de ses toutes premières apparitions publiques. C'était à peine deux ou trois mois après avoir « trouvé la couverture », selon sa propre expression : sa voix de baryton. Cette fois, l'auto-écoute s'apparentait plutôt à un exercice critique.

*Il existe, à l'autre extrémité, une forme d'auto-écoute plus contrôlée : l'enregistrement, dont tu t'es parfois emparé comme d'un décor ou d'un stratagème dramatique.*

Il ne s'agit plus alors d'écouter le passé, mais de montrer l'artiste à pied d'œuvre, aux prises avec le présent et même le futur d'une interprétation en train de se fixer. C'est un exercice très exigeant, une question de regard critique particulièrement complexe et multiple : écouter, peser les différentes prises, préférer, choisir, refuser, sélectionner, façonner... J'y ai recouru pour les deux grandes cathédrales que sont les *Variations Diabelli* et *Goldberg*[7]. Les deux films s'implantent dans le cadre d'un enregistrement discographique, même si j'épargne aux spectateurs les affres de l'écoute comparée des différentes prises, avec évaluation, jugements de valeur...

Avec Gould, comme Anderszewski, nous avons conçu d'autres épisodes qui relèvent complètement de l'auto-écoute d'un enregistrement. Pour Glenn, il s'agissait de l'intermezzo de la *Suite* op. 25 de Schoenberg. Il le joue d'abord intégralement, filmé par une caméra sur rail, puis on enchaîne sur le très gros plan d'un magnétophone qui nous fait réécouter l'intermezzo, à nous auditeurs, dans la foulée. Gould commente en voix off : « Je suis convaincu que ce *pianissimo* est une erreur. »

*L'écoute en studio est rarement solitaire. L'artiste est généralement accompagné d'un ingénieur du son, voire d'un directeur artistique.*

On assiste à ce dialogue dans le *Voyageur intranquille*, lorsque Piotr enregistre le *Concerto en ut majeur* de Beethoven. Il dirige depuis le piano et l'on voit en cabine l'ingénieur du son et le directeur artistique, partition en main. Puis Piotr les rejoint, au lieu de parler directement aux musiciens. Sont-ils conseillers ? contrôleurs ? L'important, c'est de montrer comment cette « auto-écoute collective » vient nourrir une exigence presque irraisonnée.

Dans cet aller-retour de lecture critique, j'ai inséré les réflexions de Piotr. C'est une méditation très personnelle qui le décrit à merveille, mais c'est aussi une conséquence de cette auto-écoute. L'analyse de son propre enregistrement nourrit son exigence infinie. Elle exprime en images sa quête de perfection, ou plutôt son

7. Voir les chapitres 5, « Rencontres : Gould », p. 171, pour le tournage des *Goldberg*, et 6, « La fabrique du film », p. 202 pour celui des *Diabelli*.

impossibilité d'être jamais satisfait. Sans beaucoup de mots, on le voit et on l'entend renier ce qu'il fait.

## EXPULSER LA PAROLE

*Quelle place réserves-tu au commentaire dans ta conception du documentaire ?*

Le commentaire est la maladie infantile d'un certain cinéma documentaire standardisé. Commenter, c'est commettre un triple péché : contre le cinéma, d'abord, parce que c'est une insulte à la force propre des images, qui ont rarement besoin des béquilles de la parole ; contre les œuvres et les personnes filmées, qui se trouvent neutralisées, voire recouvertes d'une couche sonore inutile ; et contre les spectateurs, capables de comprendre beaucoup plus que ce qu'on veut bien leur reconnaître.

Dans cette tradition souvent anglo-saxonne, le commentateur s'impose sur le devant de la scène et l'emporte sur la parole du personnage filmé. Tout mon travail est construit sur une défiance a priori envers la parole.

*... sauf celle de l'interprète ?*

La parole de l'interprète est particulièrement précieuse, et le film permet de l'unir à son image. Le faire parler, c'est donner au spectateur la liberté d'interpréter par lui-même. La parole de l'artiste lui laisse la possibilité de comprendre et d'expliquer à sa façon, tandis que le commentaire en voix off affirme détenir la vérité. En ce sens, une bonne partie de mon évolution a consisté à limiter, voire supprimer mes propres commentaires[8].

À mes débuts, il m'est arrivé hélas d'accepter une présence incongrue, comme celle du physicien et Académicien Louis Leprince-Ringuet à la demande expresse de Nadia Boulanger [*op.* 11, 1977]. Désormais, je veux conduire l'artiste à réfléchir à voix haute. Je ne cherche pas pour autant à lui faire exprimer ses états d'âme. La raréfaction de la parole aide souvent l'interprète à formuler sa pensée. Emmanuel Berl affirmait écrire non pour transmettre sa pensée aux

8. Une source de cet effacement progressif est évoquée au chapitre 2, « Formation et sensibilités », p. 65-66.

autres, mais afin de la préciser pour lui-même. J'aimerais que mes films aident leurs interprètes de cette façon.

*Parlerais-tu d'une dimension socratique du réalisateur ?*

Oui, même si chaque artiste appelle une configuration singulière. Grigori Sokolov résiste et s'oppose au principe même de sa parole, au point que nous ne sommes toujours pas parvenus à tourner un portrait de lui. On le fera lorsque j'aurai réussi à le convaincre de la légitimité de son discours, qu'aucun commentaire au monde ne pourra remplacer.

Avec Piotr Anderszewski, les choses sont différentes. Il a horreur de se livrer, mais il ne refuse pas de parler — il a même beaucoup à dire. L'enjeu est donc de l'aider à construire cette parole dans le film. Pour ce faire, nous discutons inlassablement et je tire ensuite de nos entretiens un premier jet de dialogues. Nous les retravaillons ensemble, et ce sont ces textes amendés qui sont enregistrés puis découpés à la seconde près. Tout est situé, exactement calibré en fonction des lieux et de la gradation du film.

*Peut-on envisager un grand interprète qui n'ait rien à dire sur son art ?*

C'est le cas de la plupart d'entre eux ! Richter n'a jamais dit un mot sur ses positions, ses interprétations. Il ne m'en a parlé qu'une seule fois, parce que je lui ai demandé, et en privé, affirmant qu'il regrettait n'avoir pas joué le premier mouvement de la *Sonate en si bémol* de Schubert encore plus lentement :

— Quelle est l'indication de tempo sur la partition ?
— *Molto moderato.*
— Je ne l'ai pas joué assez *molto* !

Il détestait l'analyse musicale, préférait l'écoute à la lecture de partition et ne cherchait pas à expliquer ses vues.

*Et toi, analyser une interprétation ou amener le musicien à le faire t'intéresse-t-il vraiment ?*

Non. Nous l'avons fait avec Gould parce que ses partis pris étaient si forts qu'il éprouvait le besoin de les commenter. Il le faisait de façon très sophistiquée. C'était un artiste du verbe, qui a également développé sa réflexion par l'écrit. Mais à part Glenn, je n'ai pas poussé les artistes à exprimer ou à verbaliser leurs interprétations.

*As-tu ressenti le danger, pour certains interprètes, de voir leur parole se diluer — je songe à Menuhin, avec lequel tu as tant échangé ?*

Dans *Le Violon du siècle*, j'ai veillé à faire un usage parcimonieux de nos entretiens. Je voulais éviter à tout prix le film bavard qui aurait pioché dans une vieille complicité au lieu de construire une dramaturgie. Avec les chutes, j'ai monté *Conversations avec Menuhin* [*op.* 89, 1994-2014], 3 heures d'entretiens filmés. Un genre difficile, d'ailleurs, que j'ai pratiqué une autre fois avec Fischer-Dieskau dans *Paroles ultimes* [*op.* 86, 2008-2013]. Il faut thématiser le propos, l'organiser en chapitres, donner une structure à des conversations parfois sinueuses.

*Et les masterclasses ?*

Ce « grand cirque » de la parole constitue un genre à part, puisque la règle consiste à recueillir la réaction verbale du « maître » face au jeu des étudiants. Au point d'ailleurs que cette prise de parole devient parfois écrasante, voire humiliante. Fischer-Dieskau m'a confié un jour, en visant les musiciens-enseignants, toute sa défiance envers des « médecins qui font de grands discours avant de poser leur diagnostic »...

*Bien que financés par la télévision, tes films ne s'opposent-ils pas à l'idée même de l'émission par ton usage circonspect de la parole ?*

Mes films ne relèvent jamais du débat. Je suis aux antipodes des entretiens radiophoniques ou télévisuels fonctionnant sur des ressorts censés le relancer. Ce qui m'intéresse, c'est l'expression même du personnage. Comment imaginer recourir à des témoignages dès lors que je bénéficiais de l'extraordinaire présence de Richter, pour prendre un cas extrême ? Je n'ai pas pour autant entrepris de tourner un film tout à sa gloire. Sa participation, tellement singulière et improbable, a pris une forme cinématographique. J'espère lui avoir donné la possibilité de s'exprimer vraiment, comme il le faisait au clavier.

*Dans quels contextes la parole cède-t-elle le pas à l'écrit ?*

J'évite généralement de donner des indications écrites sur les œuvres interprétées au cours des films. Les références sont renvoyées aux génériques de fin, ce qui permet de renforcer l'attention du spectateur. Mais je l'ai fait dans *Scènes de quatuor* [*op.* 64, 2001], qui était entièrement construit autour de la *Grande Fugue* de Beethoven. Comme l'œuvre était devenue elle-même le principe dramatique, j'ai intercalé des cartons indiquant ses différents mouvements.

J'ai également recouru au texte écrit, de façon très différente, dans *Richter, l'insoumis*. Le générique de début de la première partie comporte quelques lignes évoquant un « poisson des grandes profondeurs, lumineux mais aveugle ». Le texte défile sur fond d'images, accompagné de la musique de Schubert. Il m'a semblé que ces mots appelaient ce silence, plus intriguant... La musique, à laquelle je tenais beaucoup, n'aurait pas été aussi présente si le texte avait été déclamé.

*Aspirais-tu à l'ascèse sonore ?*

Plutôt au dépouillement visant à favoriser la concentration du spectateur. Faire un film, c'est d'abord savoir ce qu'on ne veut pas montrer, les habitudes auxquelles on entend résister.

## LE RÉALISATEUR : MOINS VISIBLE, PLUS PRÉSENT

*Tes films les plus anciens étaient souvent lancés par une mise en situation qui était une façon de dire « je ». Pourquoi y avoir progressivement renoncé ?*

C'était une facilité, un manque d'imagination, alors qu'il existe des moyens cinématographiquement plus forts pour poser une question ou un regard. Face à la musique, le langage a quelque chose de trivial. Je n'y recours désormais qu'en cas de nécessité. Même lorsqu'il s'agit d'un texte relativement personnel, on peut toujours éviter la voix off ou, mieux encore, faire en sorte que la substance du commentaire provienne du sujet lui-même.

Dans *Le Violon du siècle*, je ne pouvais manquer d'évoquer la Libération de Paris. Mais j'ai renoncé à intervenir personnellement : c'est une archive radiophonique de 1945 qui annonce la présence de Menuhin à Paris. La radio donne alors un statut historique à une trajectoire personnelle, elle rend inutile tout recours au commentaire.

*Il t'est néanmoins arrivé de recourir à une voix off pour transmettre davantage que des informations.*

Je l'ai utilisée à deux reprises pour Julia Varady, dans son portrait [*op.* 59, 1999] et sa masterclasse [*op.* 75, 2008], précisément parce qu'elle n'était pas connue en dehors du monde de l'opéra. Les cantatrices ont souvent un statut mythique, que ce soit Maria Callas ou Elisabeth Schwarzkopf. Julia représentait la synthèse des deux et il m'a pourtant fallu des années pour faire aboutir son portrait. J'ai dû déployer des trésors de conviction. On me disait : « Julia qui ? » ou alors : « Mais quelle est son actualité ? » C'est de cette résistance qu'est né le texte d'ouverture à la première personne.

Puis, j'ai enfoncé le clou pour sa masterclasse, alors qu'elle avait cessé de chanter en public, en annonçant qu'on allait pénétrer dans un lieu habituellement inaccessible, son laboratoire d'enseignement. Pour une fois, les masterclasses avaient une véritable justification, elles ne se limitaient pas au faire-valoir de la maestra. Je voulais faire prendre conscience de sa stature exceptionnelle et j'ai ressenti le besoin de m'engager personnellement.

Pour Fischer-Dieskau, c'était au contraire sa célébrité qui m'interrogeait. Avant de procéder à un flashback, j'ai donc posé quelques jalons biographiques et rappelé qu'il avait décidé de mettre un point final à sa carrière, ouvrant la voie à un portrait avec son lot de réflexions et de retours sur lui-même. Mon propos n'était donc pas strictement biographique, c'était aussi une façon d'ouvrir une réflexion sur le statut même du film.

*L'équilibre entre données biographiques et jugement personnel est encore différent dans le portrait de Postnikova.*

Viktoria Postnikova était alors peu connue du public français, elle aussi. Ouvrir son portrait en affirmant : « Voici l'une des plus grandes pianistes vivantes, j'en ai la brûlante conviction », c'était mettre mon poids dans la balance. Il ne s'agit plus d'une information biographique mais d'une déclaration : je revendique un jugement de valeur, un regard subjectif qui va conduire tout le film. J'entends rectifier une injustice.

Le parallèle entre Julia Varady et Viktoria Postnikova est particulièrement bienvenu. Dans les deux cas, il s'agit de personnalités largement sous-estimées, et pour des raisons similaires : l'ombre des époux. Dietrich Fischer-Dieskau pour l'une, Guennadi Rojdestvenski pour l'autre. Deux géants, donc deux carrières d'épouses qui ne se sont pas développées comme elles l'auraient dû. Je craignais qu'on ne se rende pas compte du statut de ces musiciennes exceptionnelles et j'ai pris les devants avec mon texte.

Le recours au « je », les textes manifestes en ouverture, comme une certaine proximité à l'image, ne me transforment pas pour autant en militant d'une cause. Ce sont simplement des moyens d'intervenir sur le monde musical, au lieu de se contenter d'en rendre compte.

*Tout cela ne comporte-t-il pas le risque d'un retour envahissant du réalisateur ?*

Je ne crois pas avoir abusé de mon autorité. Mieux vaut affirmer un avis plutôt que se camoufler derrière l'opinion publique ou des coupures de presse. Au début des *Variations Goldberg* [*op.* 22, 1981], je résume rapidement la carrière de Gould. Le caractère personnel de mon point de vue restait limité : j'affirme qu'il a établi sa carrière internationale en un seul soir de concert à Washington, puis on passe à une photo de lui marchant dans une prairie et j'annonce sa sortie du circuit du concert en glissant du noir et blanc à la couleur. C'était une manière d'évoquer un virage heureux, que j'affirmais nourri par l'activité de son intelligence. Or ce mélange d'informations et de déclaration personnelle a été un jour mis en cause par un journaliste américain qui m'a interpellé : « De quel droit énoncez-vous votre point de vue ? »

Sa question avait exaspéré Glenn, mais au fond elle était légitime. Même si en 1982 mon autorité n'était guère établie, c'était le septième film que nous faisions ensemble et je me suis autorisé à adopter un point de vue expressément personnel. Ces mots introductifs étaient l'indice d'une question fondamentale, portant sur le statut même du film : non plus « Gould tel qu'en lui-même », mais « Gould tel que je le vois ». C'était un tout autre projet.

*Pourquoi tiens-tu à lire toi-même tes professions de foi ?*

Cela peut paraître prétentieux, mais ces textes naissent comme l'énoncé d'une vision personnelle. Avec *L'Art du violon*, j'ai vécu douloureusement qu'on m'empêche de dire moi-même mon commentaire. À mes yeux, cela affaiblissait le film, qui n'avait rien d'une synthèse historique tenue à distance. Il n'avait rien non plus d'un petit documentaire objectif façon BBC, qui avait refusé sa première mouture parce qu'elle était trop intime : « Vous entrez dans une maison construite avant votre arrivée, vous n'êtes jamais qu'un élément de cette maison. » La maison, c'était une série consacrée à « L'Art de... ». Mon film était au contraire un projet engagé et subjectif qui proposait une lecture originale. Je trouvais cohérent de la formuler moi-même, mais ils ont tenu bon, histoire d'effacer cette dimension engagée.

*Peut-on en dire autant de ta présence à l'écran ?*

Il m'a fallu du temps pour réaliser à quel point cette question est légitime. Pendant longtemps, je ne me la suis pas posée. Mais le résultat est là : je me suis souvent, trop souvent, retrouvé dans le cadre.

*Pour certains films, comme la série sur Bach avec Glenn Gould [op. 20-22, 1979-1981], il était inévitable que tu apparaisses à l'image.*

Aborder sa conception de Bach par le biais du dialogue impliquait en effet que l'image restitue cet échange assez informel : tantôt dans des fauteuils comme deux amis, tantôt lui au piano et moi accoudé sans *decorum* ni déférence. À un moment, Glenn rappelle : « Nous avons déjà beaucoup parlé du Beethoven deuxième manière, je n'ai pas l'intention de revenir sur la question », et je lui réponds du tac au tac : « Dieu merci ! » Cette complicité et le caractère écrit du dialogue nécessitaient ma présence à l'écran.

Mais je frémis encore aujourd'hui à l'idée d'un plan inséré dans le deuxième épisode, *Un art de la fugue* [*op.* 21, 1980]. Le dialogue, assez ardu, porte sur le statut des œuvres instrumentales : ont-elles, du fait de leur abstraction acoustique, une sorte de supériorité sur les œuvres vocales ? Glenn objecte que de nombreuses œuvres instrumentales ne pourraient pas être chantées et commence à entonner l'*Invention à trois voix en ut majeur*, toute en doubles croches très rapides, puis décroche et me la joue au piano d'un bout à l'autre. À ce moment, le film comporte une incrustation de ma petite personne à la droite de l'écran sur les dernières mesures. C'est une vraie faute esthétique, même si je sais pourquoi je l'ai commise : j'étais censé incarner le spectateur enchanté, mon sourire annonçait celui du spectateur. Si je pouvais arracher cet insert, je le ferais très volontiers.

*Serais-tu prêt à te mettre de nouveau en scène jouant du violon sans violon ?*

Bien sûr ! C'est même Glenn qui me l'avait suggéré. Cette scène répond là encore à une fonction bien réelle : démontrer qu'il s'agit d'une sonate en trio, dont il tenait deux parties et moi la troisième. Il en va de même pour le moment où je chante le thème de la *Fugue en si bémol mineur.*

*Mais alors, pourquoi disparais-tu de l'écran au fil des ans ?*

Il faut des raisons extrêmement puissantes pour justifier la présence visuelle du réalisateur. Pour *Richter, l'insoumis*, par exemple, j'étais omniprésent durant le tournage, qui se déroulait même chez moi[9], mais absent du film, à l'écran comme au son. Il y avait seulement une ou deux exceptions fugitives, des moments où l'on entendait ma voix parce que je n'avais pas pu éliminer complètement la question posée. Arrive la fin du tournage, et la caméra saisit un Richter épuisé qui déclare : « Je ne m'aime pas. » Sous le coup de l'émotion, je me suis levé, entrant dans le champ pour lui tenir la main, le réconforter, et lui dis simplement : « Merci. Ce n'est pas trop dur pour vous ? » Il répond : « C'est terrible », d'un air accablé. J'avais le sentiment d'exprimer ce qu'aurait souhaité lui dire le public, sa gratitude pour tout ce qu'il a fait ; pas seulement sa participation au film mais toute sa carrière, et cet effort de confession.

Nous avons déjà évoqué le dilemme : j'avais réussi à disparaître durant les presque trois heures du film et voilà que se posait la question de mon irruption à l'image, qui plus est à la toute fin ! J'étais à la fois tenté et réticent, parce que cette apparition n'obéissait pas à une logique profonde. Mes producteurs étaient arc-boutés contre cette idée, je les ai suivis. Le mot de la fin est donc cette incroyable confession : « Je ne m'aime pas. » Après cela, il n'y avait plus rien à dire ; la musique funèbre de Schubert nous emporte et c'est tout. Je crois que cette décision collective était la bonne. Ce plan avec ma figure empathique n'aurait pas eu l'absurdité du sourire béat qui entache *Un art de la fugue*. Il n'empêche que ma présence visuelle, même sous forme d'une silhouette fugitive, affaiblissait l'extraordinaire force de Richter et de son visage dépouillé.

---

9. Sur ce tournage, voir le chapitre 6, « La fabrique du film », p. 196-197.

*Quelques années seulement séparent pourtant* Richter, l'insoumis *de* L'Inconnu de Santa Barbara *[op. 52, 1993], dans lequel tu quittes la posture de réalisateur pour passer du bon temps avec Gilles Apap.*

Comme l'indiquait le titre du film, Gilles était un inconnu. Je cherchais à souligner ce statut, comme pour prendre à partie le spectateur potentiel ou futur : « Suivez-le bien, il ne va pas le rester bien longtemps[10]. » J'ai également voulu signaler, assez vite, la tonalité décalée du film, sa charge ironique — ce que j'ai fait d'une manière maladroite, vautré en chemise à fleurs sur la pelouse d'un campus universitaire... La scène fait très années 1970. Ma productrice, Hélène Le Cœur, m'avait pourtant alerté, et même assez vertement.

*L'idée de donner à voir une empathie est-elle si absurde ?*

La situation marquait une proximité générationnelle. Nous avions beaucoup en commun, ce que ma tenue et ma posture avaient au moins le mérite de souligner. Ce plan est un vestige de mon passage par la télévision et de sa culture du moment. Les apparitions à l'écran devraient être envisagées hors de toute relation personnelle, à l'aune des films et de leur permanence dans le temps.

*Dirais-tu que* Retour aux sources *[op. 35, 1988] pose cette question en des termes différents ?*

Menuhin n'était évidemment pas un « copain » : nous étions liés par une profonde amitié et nous avions déjà beaucoup tourné ensemble. Je ne cherchais pas spécialement à me montrer à ses côtés. Les quelques apparitions que je fais dans l'ensemble des épisodes s'expliquent par un plan qui surgit à la toute fin, après qu'un policier nous a arrêtés sur la place Rouge[11]. Avec son incroyable ingénuité enfantine, Yehudi se met soudain à marcher à reculons en s'adressant en français au cadreur : « Vous faites cela depuis des semaines pour nous filmer, à mon tour maintenant. » Son inquiétude se transforme en malice et son mouvement inattendu fait que j'entre dans le champ de la caméra.

C'était une scène à la fois légère et chargée de symboles, dans laquelle rien n'était prévu ni contrôlé : un lieu mythique, la neige

10. Voir *ibid.*, p. 186-188.
11. Sur cette anecdote, voir le chapitre 2, « Formation et sensibilités », p. 60-61.

et toutes les couleurs de la Russie, ce policier inquisiteur, un artiste espiègle, une complicité avec le réalisateur saisie dans le cadre par inadvertance. J'ai donc décidé de la monter en conclusion. De ce fait, je ne pouvais pas m'inviter in extremis, il fallait marquer discrètement ma présence depuis le début. Mais ces apparitions ne trouvaient leur justification que dans la scène finale.

*Ta position a-t-elle évolué avec tes films plus récents ?*

Pour le portrait de Piotr, le *Voyageur intranquille* [*op.* 78, 2009], un tournage difficile car organisé dans un train, l'enjeu était toujours aussi simple : comment éviter ma présence à l'écran ? Rien ne justifiait mon entrée dans le cadre. De la même façon, il n'est pas question que j'apparaisse dans le projet sur Carlos Kleiber : c'est un film qui impliquera des acteurs et une forme de fictionnalisation. La question est donc réglée d'emblée. En revanche, elle se pose pour le portrait de Klaus Mäkelä [*op.* 100, 2023]. Notre relation reposant sur une véritable complicité, il me semble que nous pourrions donner à voir cette proximité.

*Ta disparition à l'image implique-t-elle des choix radicaux ?*

Il faut à la fois supprimer les questions dans la bande-son et se débarrasser du questionneur à l'image. Faute de quoi, on se retrouve avec des plans de coupe inutiles et un réalisateur qui vient capter une partie de l'attention du spectateur. À ce compte, pourquoi ne pas montrer l'équipe de tournage ? Réaliser un film, c'est concentrer l'attention. La seule vraie présence du réalisateur, c'est son point de vue, qui doit se nourrir du réel pour mieux aimanter le regard.

## DU CÔTÉ DE LA FICTION

*Derrière l'étiquette de « documentaire musical », tout ton travail semble traversé par la tentation de la fiction.*

Le recours à la fiction s'est progressivement imposé comme une évidence. Dès l'un de mes premiers films avec Glenn [*op.* 2, 1974], j'avais entièrement mis en scène un épisode, « L'alchimiste ». La séance d'enregistrement et de mixage filmé était intégralement scénarisée, plan par plan. Gould excellait d'ailleurs dans ce rôle d'acteur, qui correspondait parfaitement à sa maîtrise du jeu pianistique.

J'avais compris que la mise en scène est au documentaire ce que l'enregistrement peut être au direct.

*Depuis, beaucoup de tes films comportent, même de manière fugitive, des propositions plus fictionnelles encore. Quelle en est la raison ?*

Les *Caprices de Paganini* [*op.* 38, 1989] présentaient un problème nouveau d'allers-retours contrôlés lié à la virtuosité des pièces. Pour assurer la continuité de l'œuvre, il fallait donner le sentiment que Markov redescendait sur terre à la façon d'un acrobate pour retrouver le spectateur à la fin de chaque *Caprice*. Comment sortir d'un plan onirique, suggéré par une lumière irréelle et bleutée, pour enchaîner sur un cadre plus classique ? Comment revenir à la réalité après ces longues escapades ? Tel était l'enjeu : savoir inventer une forme de fiction, échapper à la réalité prosaïque pour mieux en rendre compte, en envisageant des dispositifs habituellement étrangers au tournage d'un récital de violon.

Par opposition, *Les Variations Diabelli* [*op.* 63, 2000] comportent une unique bouffée de fiction, mais elle me semble assez forte et soudaine. Je savais que Piotr rêvait de diriger la *Missa solemnis* de Beethoven, une œuvre qu'il connaît de fond en comble. Comment donner à voir la puissance d'imagination d'un tel artiste, faire entendre ce qui se passe dans sa tête ? Je l'ai filmé alors qu'il en joue un fragment au piano : il lance soudain de la main un chœur imaginaire et, à cet instant précis, surgit le grand orchestre de la *Missa solemnis* dans la version d'Otto Klemperer. *Deus ex machina*. A-t-on basculé dans la fiction ? Je me suis bien gardé de montrer des images d'orchestre ou du chef : le spectateur devait rester saisi par ce pianiste démiurge, ne pas comprendre tout à fait le grand écart entre ce qu'il voyait et ce qu'il entendait.

L'Insoumis *n'est-il pas également hanté par cette question ?*

La trame reste celle d'une auto-narration, de son existence et de ses pensées, mais je souhaitais faire apparaître les personnages en arrière-fond, à la manière d'un roman russe. Le film est une recréation a posteriori, travaillée à partir du matériau sonore enregistré avec Richter. Les images manquantes dans un premier temps[12] m'ont immanquablement orienté vers une dimension fictionnelle.

12. Sur le tournage difficile de cet *opus*, voir le chapitre 6, « La fabrique du film », p. 196-197.

Lorsqu'au début du film, Richter égrène les prénoms de huit sœurs, ses premières admiratrices, je me suis efforcé de donner un rythme ondulatoire à cette énumération en montant chaque bout de phrase selon le rythme choisi, puis en mettant à l'image un paysage aquatique, juste de l'eau sombre qui coule : l'information s'efface au profit de la poésie. Et quand il se plaint de sa mémoire — il retenait tout, sauf les chiffres et son adresse à Odessa —, j'ai filmé la plaque de ce nom de rue, mais à Moscou. En faisant cela, j'avais déjà pris de la distance avec le documentaire traditionnel, basculant du côté de la fiction. Tous ces éléments se sont retrouvés amplifiés dans *Glenn Gould, au-delà du temps* [*op.* 73, 2006].

*Quel fut le point de départ de ce film ?*

Après la mort de Gould, je me suis immergé plusieurs années dans ses archives. Je m'en suis littéralement imbibé, poursuivant notre travail en songeant toujours à la façon dont il l'aurait mené. Avec *Au-delà du temps*, c'était autre chose. Il fallait d'abord que je trouve une justification au fait de mettre en chantier un nouveau film. Comment éviter la redite de ce que moi-même ou d'autres avions déjà fait ? Je me suis rappelé Céline : « Faire marrer une feuille de papier, c'est dur ! » Mon propos n'était pas de faire rire, mais je ne voulais surtout pas commettre un portrait éparpillé avec des témoins qui auraient bien connu Gould, appelés à souligner combien il était gentil ou génial. Je suis donc parti d'une idée simple : Glenn est pianiste, un grand pianiste, qu'on ne saurait réduire à cela. Outre son activité d'écrivain et de compositeur, il a redéfini le rôle de l'interprète et cristallisé quelque chose d'unique, qui provient de sa position ambiguë, à la fois interprète et créateur. Je me suis donc aventuré sur ces frontières mouvantes entre création et recréation, en posant le principe d'un film qui serait un autoportrait, mais un autoportrait que je réaliserais.

*Quitte-t-on alors tout à fait le documentaire musical ?*

Je dirais plutôt qu'on s'en émancipe. On est en apparence loin de la musique, en tout cas du rôle classique du pianiste assis à son clavier, mais il s'agissait précisément de déborder du cadre. Le film commence de façon gentiment biographique et puis, à partir de l'enregistrement des *Variations Goldberg*, a fortiori avec l'abandon du concert, il n'y a plus d'événement, plus rien : sa vie devient son travail et sa pensée.

*Comment t'y es-tu pris pour le mettre en scène ?*

Si je voulais que Glenn se raconte lui-même, il me fallait d'abord recréer le personnage sonore lorsque les documents manquaient. J'ai choisi un acteur, « *impersonator* », Rory Bremner, qui m'a fait entendre ses imitations. Le résultat avec Gould est plutôt satisfaisant ; on reconnaît à peu près son timbre, son débit, son accent. Fort de cette voix, j'étais à même de construire une narration à la première personne. Dans le film, on ne voit jamais Glenn de face, on reconnaît la silhouette de l'icône grâce à sa casquette, ses lunettes de soleil, ses gants ou son paletot portés par une doublure lumière.

*Et toi ?*

J'ai finalement choisi de me mettre en scène sous la forme d'une interview donnée à la radio. Au gré des détails que j'apportais, je confessais m'identifier à tous ceux qui avaient connu Gould à leur manière : je n'étais pas le réalisateur, simplement une personne parmi d'autres. J'ai tenté d'inventer une forme à la mesure de ce démiurge, d'approcher la complexité d'un artiste de son calibre.

*Regrettes-tu de ne pas avoir recouru plus tôt à la fiction ?*

J'ai mis du temps à comprendre que mes échecs concernent les films dans lesquels je n'ai fait que suivre la réalité. Prenons les exemples de Pollini et de Gulda : j'ai échoué à intégrer ces artistes dans mon système. Faute du moindre zeste de fiction, les lieux, les concerts, tout cela s'est immobilisé sur le palier du film. J'en suis resté avec eux à ce qu'on peut appeler un reportage, la restitution d'une réalité extérieure[13]. Et puis la posture même des interprètes renvoie à une forme de fiction. Marlon Brando disait : « Nous sommes tous acteurs, on ne fait que ça toute la journée. » Dans mes films, je demande à Piotr, à Gould ou à Menuhin d'être d'une certaine manière des acteurs, de se révéler.

*Ne serais-tu pas resté trop « extérieur » à Rostropovitch dans* L'Archet indomptable *[*op. *93, 2017] ?*

Non, j'avais pressenti que la réalisation d'un portrait de son vivant aurait posé un problème. Si j'avais répondu sur-le-champ à son

13. Voir le chapitre 1, « Mettre en images », p. 37-43.

attente, je serais devenu simple *reporter* de sa vie d'artiste. Sans me le dire explicitement, j'ai donc attendu sa mort pour construire un film à ma guise, pour me mesurer à la vraie nature du personnage et lui donner sa dimension dramatique.

*À croire qu'une certaine force de résistance est nécessaire pour faire un film ?*

... ou au contraire une force d'entraînement ! Pour un film aussi atypique que le portrait d'Andreï Chesnokov [*op.* 40, 1988-1989], le sujet se trouvait bien au-delà des scènes d'échanges de balles que nous avons tournées. J'ai eu des difficultés à le lui faire comprendre, à l'entraîner dans notre aventure. Dans mes films, même lorsque je capte un événement, je cherche à en fictionnaliser les éléments, à en construire un récit personnel. Il faut s'approprier la réalité pour mieux la transposer. Je crois me rappeler que, dans l'Antiquité, les philosophes stoïciens entendaient s'approprier l'événement, le faire devenir leur.

*Il t'arrive pourtant de filmer un concert, d'être dépendant d'une réalité événementielle que tu n'as pas entièrement maîtrisée.*

Je ne crois pas à la notion même d'événement musical. Qu'il y ait trois personnes ou trois mille spectateurs, qu'on soit au Carnegie Hall ou à la Grange de Meslay, c'est très important du point de vue commercial et médiatique, mais pas musical. Je préfère la durée à l'instantané. Un concert doit devenir par lui-même autosuffisant, résulter d'une nécessité profonde. C'est tout l'enjeu d'un portrait. Ni Pollini ni Gulda n'ont accepté cette démarche, et leurs portraits filmés s'en ressentent[14].

Le fait d'installer une caméra pour capter l'événement ne lui confère pas plus de consistance. En revanche, organiser le retour de Menuhin en U.R.S.S., c'est à mes yeux créer une émotion authentiquement musicale, au-delà de l'événement politique ou humain.

Lorsqu'un film naît d'un événement extérieur, comme c'est le cas pour un concert, je tente de le débarrasser de son caractère « actuel », du fait que tout cela s'est vraiment déroulé. C'est là une contradiction fondamentale. Face à un projet, les financeurs me demandent : « Y a-t-il une actualité ? », alors que je cherche à la neutraliser. Songe que les images de la Callas à Paris existent seulement parce que le

14. Sur ces *opus*, voir le chapitre 4, « Le ciné-interprète », p. 132-134 et 137-139.

président Coty s'était rendu à l'Opéra ! Mais le miracle, c'est la Callas à l'Opéra, pas la venue de Coty… L'actualité, je veux la créer par l'émotion, et une actualité qui dure, même cinquante ans plus tard.

*À mi-chemin entre réel et imaginaire, épurés mais sophistiqués, à la fois très écrits et prêts à saisir l'instant en allant au cœur de la musique pour mieux toucher des non-mélomanes… dirais-tu que tes films sont porteurs d'une théorie esthétique ?*

Ce n'est pas mon objectif. Je prône d'abord l'émotion contre l'information. L'enregistrement du monde tel qu'il est ne m'intéresse guère ; j'entends créer une sorte de surréalité plutôt que restituer une réalité soi-disant objective. Et ce n'est pas la caméra seule qui le permet, mais le fait de raconter le réel passé au tamis d'un regard personnel — dans mon cas, façonné par la musique.

Curieusement, le monde de la musique classique n'en est pas encore arrivé là. Peut-être est-ce le mythe de l'interprète, son statut de star, qui explique la paresse de tant de documentaires réduits aux stéréotypes de l'information commentée ? Il reste bien des pistes à explorer pour tous ceux qui souhaiteront filmer la musique de l'intérieur.

## *ÉPILOGUE*

*Lorsque nous avons commencé nos entretiens, tu avais soixante-cinq ans, tu en as bientôt quatre fois vingt. Sommes-nous parvenus à l'heure des bilans ou à celle des projets et des rêves non encore réalisés ?*

Mon bilan, ce sont nos entretiens. J'ai réalisé une vingtaine de films dans le temps de nos échanges et je mets la dernière main au portrait de Klaus Mäkelä [*op.* 100, 2023] ; notre amitié donnera lieu, je l'espère, à d'autres films. Mon présent se nourrit d'un projet presque impossible, mais qui me tient à cœur : l'autoportrait du chef d'orchestre Carlos Kleiber, mort en 2004. Nous n'avons échangé qu'une brève correspondance, en 1998. Il avait décliné ma demande de rendez-vous, affirmant : « *Ich bin Kappelmeister im Ruhestand* » (Je suis un chef d'orchestre à la retraite), pour conclure : « Je souhaite mourir sans que mon nom subsiste sur aucun disque, dans aucun livre, aucun film. » Les archives qui le montrent sur le podium sont rares, c'est à peine si l'on connaît le grain de sa voix. Et je ne comprends pas qu'il se soit contenté d'un répertoire d'opéras italiens, alors que ses quelques enregistrements de Beethoven, Mozart, Wagner, Berg sont autant de pépites.

*Dans ce contexte, la question se pose plus que jamais : pourquoi filmer la musique ?*

Parce que Carlos Kleiber ! Son énergie, sa fluidité sur le podium, le bonheur des musiciens qui l'entourent... Parce que c'est un artiste majeur. J'ai rassemblé suffisamment de matériel sonore ; j'ai bon espoir de mettre la main sur quelques captations tournées par les maisons d'opéra ou les orchestres qui l'ont accueilli.

J'ignore si ce sera mon dernier film. J'en ai rédigé le scénario complet et j'entends le tourner sans contrainte de format ni durée, sans qu'on me parle de télévision, en choisissant mes acteurs. Les dialogues sont inspirés des Kleibergrams qu'il déposait sur le pupitre des musiciens, annotant lui-même des coups d'archet sur leur partition. Et surtout, sa sœur Veronica m'a donné accès à leur extraordinaire correspondance, dans laquelle puiser pour dresser ce portrait de l'intérieur. Kleiber pensait que personne ne pouvait définir ni enseigner l'art du chef, et qu'il suffisait de quarante secondes pour en maîtriser l'essentiel. J'ai tiré de ses lettres de quoi formuler une très jolie leçon de direction d'orchestre.

*Un chef méconnu, adepte du* « non agire », *peu d'images : personne ne t'accusera de chercher la facilité. Est-ce un retour à ce manifeste de l'austérité qu'était* Mademoiselle, *portrait de Nadia Boulanger tourné il y a presque cinquante ans [*op. 11, 1977*] ?*

Je partage avec Nadia Boulanger l'idée que la musique est une école exigeante. Diffuseurs et producteurs m'ont souvent poussé à arrondir les angles pour rendre mes films plus accessibles. Je crois à la force de la fascination, au choc émotionnel qui naît de la rigueur. Je ne suis pas partisan d'un compromis pseudo-pédagogique au nom d'une attention prétendument limitée du public. Je filme des musiciens intègres, d'une façon qui me semble exigeante. Ce n'est pas en diluant le propos, mais en augmentant la concentration de la « solution musicale » que l'on crée l'émotion.

Je ne cherche pas non plus à donner une leçon de musique, même si le travail de l'image, le cadrage de la caméra, l'attention portée à tel geste conduisent le regard vers des phénomènes musicaux. Il faut sortir de l'assimilation documenter-expliquer-enseigner. Sans jamais renier la pédagogie, je m'en tiens à distance : elle relève davantage des moyens que de la finalité. Je crois que mon approche du film musical s'est notablement transformée en cinquante ans d'activité, et ce n'est pas un hasard si mon nouveau projet mêle documentaire, archives et fiction. Si je parviens à restituer ne serait-ce qu'une faible partie de l'énergie et du charisme de Carlos Kleiber, chef brillant, à la fois très drôle et très dépressif, nombre de spectateurs devraient s'en trouver bousculés.

*Les films sur la musique peuvent-ils conduire des néophytes vers une forme de plaisir musical ?*

Vers le plaisir de jouer, sans doute pas. Mais participer à un bonheur intense, c'est déjà énorme ! Lorsque je visionne des rushes d'un film en cours de montage, j'éprouve quelques secondes d'émerveillement, juste avant de reprendre le contrôle critique. Durant ces brefs instants, je suis assailli par l'émotion, et c'est cela, au fond, que j'essaie de transmettre avec mes films. Retrouver ce sentiment de joie malgré des centaines d'heures de travail me fait croire que des personnes découvrant ces images, même par hasard, pourront être emportées par cette émotion musicale et visuelle.

Bien sûr, on risque de perdre en route le spectateur néophyte. Ce fut presque le cas avec Gould : ni lui ni moi ne nous posions la question, nous explorions la fugue de Bach sans nous soucier d'être suivis. Mais nous l'avons été ! Glenn était au piano, il parlait tout en jouant, filait la métaphore voyageuse des tonalités, des visas nécessaires pour moduler. On pourrait craindre que rien de tout cela ne soit compris en profondeur. Pourtant, le simple fait de voir jongler Gould avec une telle aisance intrigue. Gamin, j'avais été frappé par un film sur le physicien Robert Oppenheimer. Je n'avais rien compris et je ne comprendrais sans doute pas mieux aujourd'hui, mais le seul spectacle de cet homme jouant avec ces concepts avait quelque chose de fascinant.

*Crois-tu que cette émotion puisse toucher des adolescents ?*

La dernière fois que j'ai rencontré des collégiens, à Bobigny, le seul compositeur qu'ils connaissaient était Debussy — le nom de leur collège. Ils n'avaient jamais entendu sonner le piano qui se trouvait dans leur salle. Je leur ai joué quelques mesures du *Clair de lune* avant de leur montrer le *Rondo capriccioso* de Saint-Saëns interprété par Valeriy Sokolov [*op.* 72, 2004], à peine plus âgé qu'eux. Ils m'ont tout de suite demandé de revenir avec lui et l'un d'eux voulait absolument savoir avec combien de caméras j'avais tourné ce passage. J'étais soufflé. Un gamin de douze ans, curieux de tout, qui découvrait un univers complètement nouveau…

*Le cinéma n'est pas la seule façon de partager l'émotion musicale. Internet n'en est-il pas aussi un vecteur de diffusion à sa manière ?*

On trouve de tout sur YouTube, mais de façon indistincte. Personnellement, je vois surtout en Internet un outil qui risque d'empêcher la réalisation de films comme les miens. La télévision d'hier était certes bavarde et fascinée par l'écume du monde, mais elle laissait une petite place à des projets ambitieux. Internet a dynamité le documentaire musical en captant les concerts à la chaîne : pas de répétition, pas de rencontre préalable avec artistes ni techniciens, pas de reprise après coup, un montage réduit à rien ou presque rien... L'existence de la captation, aujourd'hui comme hier, me réjouit à condition qu'elle reste à sa place : l'archive, le plan fixe, le témoignage. La triste réalité d'Internet aujourd'hui, c'est que la possibilité de filmer du flux musical à faible coût et de le diffuser au kilomètre tue les projets plus ambitieux qui exigent du temps et des financements.

La voie royale reste l'interprétation elle-même : jouer des œuvres, c'est littéralement les rendre accessibles. Mais le film a cet avantage sur la salle de concert qu'il peut toucher ceux qui ne pratiquent pas, jusque chez eux. Au-delà des mélomanes convaincus, je m'adresse à ceux qui n'ont jamais touché un instrument, jamais assisté à un concert.

*La musique est pourtant très « technique ».*

C'est un art complexe dans sa composition et son exécution, mais direct et émotionnellement très contagieux. À la différence de tant de domaines hermétiques, chacun peut s'en approcher. Encore faut-il développer cette passerelle entre professionnels et grand public.

*Te considères-tu comme un militant ?*

Un militant farouche ! Je milite pour la musique. Mon propos n'est pas d'évangéliser les foules, de convertir les masses ni même de les éduquer. Par l'image, j'entends conduire à l'émotion des personnes éloignées du monde de la musique dite « savante », de celles qui ignorent jusqu'à l'existence de ce répertoire ou qui s'en sentent exclues à cause du cérémonial.

C'est une immense satisfaction d'assister à la découverte d'une émotion musicale. J'ai souvenir de scènes frappantes, de personnes au bord des larmes, qui n'auraient jamais cru que cela pût leur arriver. Après tout, ma vie entière s'est trouvée bouleversée par l'« événement Yehudi », lorsqu'enfant j'ai entendu pour la première fois son violon, grâce au disque.

Mon point de départ est toujours une émotion personnelle, que j'essaie de transformer en une réalité plus générale. C'est une forme de prosélytisme esthétique. Le documentariste tel que je le conçois ne saurait se contenter de sa propre émotion : il éprouve le besoin de se projeter, animé d'une énergie centrifuge qui se répand à partir d'une œuvre ou d'un interprète. J'aimerais conduire chacun à l'émotion, avec l'espoir que ce soit contagieux.

# FILMOGRAPHIE

Sans chercher l'exhaustivité d'un catalogue raisonné, j'ai été conduit à mener un travail de clarification lorsque le nombre de mes films s'est mis à augmenter, certains artistes intervenant à plusieurs reprises. Emprunter à la musique le classement par *opus* m'a semblé la meilleure façon d'évoquer le mélange des genres que je pratique, entre cinéma et musique.

Établi selon des critères plus artistiques que strictement juridiques, il m'a permis de dégager des cohérences, en précisant les ensembles qui forment un tout. J'ai ainsi attribué un numéro d'*opus* unique à la première série de films consacrés à Glenn Gould [*op.* 2, 1974], mais un numéro différent à chaque partie de *Glenn Gould joue Bach* [*op.* 20-22, 1979-1981]. Enfin, certains programmes de jeunesse, dans lesquels j'ai joué un rôle sans avoir le titre de réalisateur, n'ont pas été retenus. Il en va ainsi de la série *La Rose des vents*, dont je ne me reconnais pas l'auteur.

La numérotation des *opus* ne suit pas toujours un ordre chronologique, car la date de diffusion a été privilégiée sur celle des tournages. Quelques films non diffusés à ce jour sont donc venus s'intercaler sous forme d'*opus bis*.

Bruno Monsaingeon

Les *opus* 1 à 7 relèvent de la série *Les Chemins de la musique*, pour l'ORTF.

*Opus* 1. *Yehudi Menuhin, l'Europe orientale et le violon*, 1972.
« Le phénomène tsigane » (32'), « Le peuple juif et le violon » (24'), « Deux grandes figures : Enesco et Bartók » (52'), suivis de « Béla Bartók, *Contrastes* pour violon, clarinette et piano » (18') interprétés par Yehudi Menuhin, Jeremy Menuhin et Thea King.

*Opus* 2. *Glenn Gould*, 1974.
« La retraite » (46'), « L'alchimiste » (46'), « Glenn Gould, 1974 » (35'), « *Partita n° 6* de Bach » (27').

*Opus* 3. *Paul Tortelier*, 1972 (3 x 26').
« L'eau », « La terre », « Le feu ».

*Opus* 4. *Renato Capecchi, une vie en musique*, 1973 (2 x 26').

*Opus* 5. *Hommage à Julius Katchen*, 1972 (2 x 26').

*Opus* 6. *Paul Badura-Skoda, l'esprit viennois en musique*, 1975 (3 x 26').

*Opus* 7. *Louis Kentner, l'apport de Franz Liszt*, 1974.
« Le virtuose » (30'), « Le prophète » (26').

*Opus* 7 bis. *Sándor Végh et Alberto Lysy, Quarante-Quatre Duos de Bartók*, 1974 (3 x 26').
Studios Francœur (Paris).

*Opus* 8. *Le Chant grégorien à Solesmes*, 1975 (54').

*Opus* 8 bis. *Récital Viktoria Postnikova*, 1974 (3 x 26').
Studios Francœur (Paris). *Vingt-Quatre Préludes* de Chopin; *Sonate en fa dièse majeur* op. 53 de Scriabine; *Sonate en ut majeur* de Bortnianski; *Sonate* op. 12 de Chostakovitch.
*Opus* 9. *Requiem pour un talent, Friedrich Gulda*, 1976 (38').
*Opus* 10. *L'Archet des rois*, 1976 (49').
Avec Yehudi Menuhin, Nathan Milstein, David Oïstrakh, Mstislav Rostropovitch, Isaac Stern.
*Opus* 11. *Mademoiselle*, 1977 (54').
Portrait de Nadia Boulanger.
*Opus* 12. *Le Temps d'un silence*, 1976 (59').
Portrait de Yehudi Menuhin, réalisé à l'occasion de son soixantième anniversaire.

Les *opus* 13 à 19 relèvent de la série *Premier Mouvement*, pour Télécip.

*Opus* 13. *Double Portrait, Zoltán Kocsis et Dezső Ránki*, 1977 (60').
*Opus* 14. *Michael Tilson Thomas*, 1978 (60').
*Opus* 15. *L'École soviétique de violon, Vladimir Spivakov*, 1979 (60').
*Opus* 16. *Bruno Laplante*, 1980 (26').
*Opus* 17. *Murray Perahia*, 1981 (60').
*Opus* 18. *Viktoria Postnikova, une femme dans son pays*, 1982 (60').
*Opus* 19. *Viktoria et Guennadi*, 1982 (32').
Récital à quatre mains de Viktoria Postnikova et Guennadi Rojdestvenski, avec la participation d'Alfred Schnittke, studios de Melodiya (Moscou): *Partita n° 2 en ut mineur* de Bach; *Barcarolle en sol mineur* et *Valse en la majeur* de Rachmaninov; *Fantaisie en fa mineur* de Schubert; *Valses n° 11, 13, 14, 15* op. 39 de Brahms.

Les *opus* 20 à 22 relèvent d'une série intitulée *Glenn Gould joue Bach*.

*Opus* 20. *La Question de l'instrument*, 1979 (58').
*Opus* 21. *Un art de la fugue*, 1980 (58').
*Opus* 22. *Les Variations Goldberg*, 1981 (58').

*Opus* 23. *Les Quatre Saisons*, 1979 (51').
Interprétées par Yehudi Menuhin, avec l'orchestre des élèves de la Yehudi Menuhin School.
*Opus* 24. *Concerto pour violon de Stravinski*, 1981 (26').
Interprété par Yehudi Menuhin, avec le New York Philharmonic dirigé par Erich Leinsdorf.

*Opus* 25. *Concerto pour violon de Brahms*, 1982 (57').
Interprété par Yehudi Menuhin, avec le Gewandhausorchester de Leipzig dirigé par Kurt Masur.

*Opus* 26. *La Muraille ouverte*, 1982 (56').
Portrait de Yehudi Menuhin en Chine.

*Opus* 27. *Un concert d'été pour Sa Sainteté Jean-Paul II*, 1983 (58').
Interprété par Yehudi Menuhin et l'Orchestre de chambre de Pologne, Castel Gandolfo (Italie) : « Erbarme dich » (*Passion selon saint Matthieu*) de Bach, avec Mira Zakai ; *Adagio en mi majeur* et *Rondo en ut majeur* de Mozart ; *Concerto en si bémol majeur* dit *La Caccia* op. 8 n° 10 et *Concerto en ré majeur* op. 8 n° 11 de Vivaldi.

*Opus* 28. *Bach au Barbican*, 1985 (56').
Dirigé par Yehudi Menuhin, avec Nicolas Rivenq et l'English Chamber Orchestra, Londres : *Concerto pour violon en la mineur* ; *Cantate du café* ; *Cantate des paysans* ; *Partita pour violon seul en mi majeur.*

*Opus* 29. *Le Cycle Glenn Gould*, 1985-1988 (22 x 26' et 1 x 52').

*Opus* 30. *Clip Rostropovitch*, 1986 (6').
Mstislav Rostropovitch interprète deux *Variations sur un thème rococo* de Tchaïkovski.

*Opus* 31. *Menuhin at Hartt*, 1987 (88').
The Hartt School of Music, University of Hartford, États-Unis.

*Opus* 32. *Neuvième Symphonie de Beethoven op. 125*, 1987 (74').
Dirigée par Yehudi Menuhin, avec l'orchestre des étudiants de l'université de Hartford.

*Opus* 33. *Barbara Hendricks à Leningrad*, 1987 (86').
Récital de Barbara Hendricks, accompagnée de Dmitri Alexeev au piano, Philharmonie de Leningrad : Schumann, Brahms, Fauré, Rachmaninov, Gershwin et *spirituals.*

*Opus* 34. *Barbara Hendricks au théâtre des Champs-Élysées*, 1988 (62').
Récital de Barbara Hendricks, accompagnée d'András Schiff au piano : Mendelssohn, Wolf, Mahler, Mozart, Schubert.

*Opus* 35. *Retour aux sources*, 1988 (3 x 52').
Tournée de Yehudi Menuhin en U.R.S.S.

*Opus* 36. *Concerts Menuhin à Moscou et Leningrad*, 1988.
*Sonate pour violon et piano en la majeur* op. 100 de Brahms ; *Sonate pour violon et piano en ut mineur* op. 30 n° 2 et *Concerto pour violon en ré majeur* op. 61 de Beethoven ; *Sonate pour violon et piano n° 1* et *Concerto pour violon n° 2* de Bartók ; *Concerto pour trois violons et orchestre en ré majeur* de Bach ; *Symphonie n° 6* dite *Pathétique* et *Sérénade mélancolique en si bémol majeur* de Tchaïkovski, avec Guennadi Rojdestvenski ; *Liebesleid* de Kreisler, avec Viktoria Postnikova ; *Concerto pour piano en ut majeur*

op. 15 de Beethoven, avec Jeremy Menuhin au piano et l'Orchestre philharmonique de Leningrad.

*Opus* 37. *András Schiff joue Bach*, 1988 (56').
*Suite française en mi majeur*; *Capriccio en si bémol majeur* dit *Sur le départ du frère bien-aimé*; *Concerto italien*; *Fantaisie chromatique et Fugue en ré mineur.*

*Opus* 38. *Vingt-Quatre Caprices de Paganini, par Alexander Markov*, 1989 (86').

*Opus* 39. *Fragments d'un portrait*, 1988 (56').
Portrait de Glenn Gould.

*Opus* 40. *Portrait d'un joueur, Andreï Chesnokov*, 1988-1989 (56').

*Opus* 41. *Trio de Tchaïkovski*, 1989 (48').
Interprété par Yehudi Menuhin, avec Viktoria Postnikova au piano et Marc Coppey au violoncelle, Grande Salle du Conservatoire de Moscou : *Trio en la mineur* de Tchaïkovski ; *Sonate pour violon et piano en sol majeur* op. 78 de Brahms ; *Sonate pour violon et piano en sol majeur* K 379 de Mozart.

*Opus* 42. *Orgues, Toccatas et Fantaisies*, 1990 (1 x 52' et 1 x 60')
Suivi d'un récital de Marie-Claire Alain sur les orgues de Bach : *Toccata en fa majeur* ; *Toccata et fugue en ré mineur* ; *Sonate en trio en mi bémol majeur* ; *Grande Fantaisie et Fugue en sol mineur* ; *Meine Seele erhebt den Herren* ; *Ich ruf zu dir* ; *O Mensch, bewein dein Sünde gross.*

*Opus* 43. *Naissance d'un chanteur, Nicolas Rivenq*, 1990 (54').
Portrait de Nicolas Rivenq.

*Opus* 44. *Roméo et Juliette*, 1991 (18').
Orchestre du ministère de la Culture de l'U.R.S.S., dirigé par Guennadi Rojdestvenski.

*Opus* 45. *La Collection David Oïstrakh*, 1992-1993 (3 x 58').

*Opus* 46. *Récital Schubert*, 1991 (85').
Dietrich Fischer-Dieskau interprète vingt-cinq Lieder de Schubert, accompagné de Hartmut Höll au piano, Staatstheater Nürnberg (Nuremberg).

*Opus* 47. *Récital Schumann*, 1991 (59').
Dietrich Fischer-Dieskau interprète *Liederkreis* op. 24 et *Dichterliebe* op. 48 de Schumann, accompagné de Hartmut Höll au piano, Staatstheater Nürnberg (Nuremberg).

*Opus* 48. *La Belle Meunière*, 1992 (89').
Interprétée par Dietrich Fischer-Dieskau et Christoph Eschenbach, salle Pleyel (Paris).

*Opus* 49. *Le Maître-Chanteur I*, 1992 (52').
Dietrich Fischer-Dieskau enseigne Schumann.

*Opus* 50. *Le Maître-Chanteur II*, 1992 (52').
Dietrich Fischer-Dieskau enseigne Schubert.

*Opus* 51. *Le Maître-Chanteur III*, 1992 (28').
Dietrich Fischer-Dieskau enseigne Mozart.
*Opus* 52. *L'Inconnu de Santa Barbara*, 1993 (54').
Portrait de Gilles Apap.
*Opus* 53. *Gilles Apap and Friends*, 1993 (82').
*Opus* 54. *David Oïstrakh, artiste du peuple ?*, 1994 (74').
Portrait de David Oïstrakh.
*Opus* 55. *La Voix de l'âme*, 1995 (106').
Portrait de Dietrich Fischer-Dieskau.
*Opus* 56. *Le Violon du siècle*, 1995 (120').
Portrait de Yehudi Menuhin.
*Opus* 57. *La Jeune Fille et la mort*, 1996 (58').
Avec le Quatuor Alban Berg, le Quatuor Artemis, Julia Varady et Dietrich Fischer-Dieskau.
*Opus* 58. *Richter, l'insoumis*, 1995-1998 (160')
Portrait de Sviatoslav Richter.
*Opus* 59. *Julia Varady, le chant possédé*, 1999 (56').
Portrait de Julia Varady.
*Opus* 60. *Récital Wagner*, 1999 (32').
Interprété par Julia Varady et Viktoria Postnikova, Orangerie des Pays-Bas (Paris) : *Wesendonck-Lieder* de Wagner ; « Kabi znala ya » de Tchaïkovski.
*Opus* 61. *Concerto n° 3 de Mozart par Gilles Apap et le Sinfonia Varsovia*, 1999 (48').
En hommage à Yehudi Menuhin.
*Opus* 62. *L'Art du violon*, 2000 (2 x 56').
*Opus* 63. *Les Variations Diabelli*, 2000 (86').
Interprétées par Piotr Anderszewski.
*Opus* 64. *Scènes de quatuor*, 2001 (56').
Autour de la *Grande Fugue* de Beethoven, interprétée par le Quatuor Artemis.
*Opus* 65. *Concert du Quatuor Artemis au théâtre des Bouffes-du-Nord à Paris*, 2001 (56').
*Quatuor en sol majeur* op. 18 n° 2 et *Grande Fugue* op. 133 de Beethoven ; *Quatuor en mi mineur* de Verdi ; *Six Bagatelles* de Webern ; *Trois Pièces pour quatuor à cordes* de Stravinski.
*Opus* 66. *Piotr Anderszewski joue deux concertos de Mozart*, 2003 (1 x 66' et 1 x 64').
*Concertos pour piano en ré mineur* K. 466 et *en sol majeur* K. 453, interprétés par Piotr Anderszewski, jouant et dirigeant du piano le Sinfonia Varsovia.
*Opus* 67. *Grigori Sokolov, récital au théâtre des Champs-Élysées*, 2002 (124').
*Sonates* op. 14 n° 1, op. 14 n° 2 et op. 28 dite *Pastorale* de Beethoven ;

*Six Danses pour piano* de Komitas ; *Sonate en si bémol majeur* op. 83 de Prokofiev ; *Mazurkas* op. 63 n° 1 et op. 68 n° 4 de Chopin ; *Le Tic-Toc-Choc ou Les Maillotins* et *Sœur Monique* de Couperin ; *Prélude en si mineur* de Bach / Siloti.

*Opus* 68. *Francesco Libetta au Festival de La Roque d'Anthéron*, 2002 (80').
« Ständchen » de Strauss / Gieseking ; *Till l'Espiègle* de Strauss / Risler ; *Études n° 47* « Badinage », *n° 28* (en octaves) et *n° 22* (pour la main gauche) de Godowsky, d'après Chopin ; *L'Isle joyeuse* de Debussy ; *Rondo en mi bémol majeur* dit *Favori* de Hummel ; *Totentanz* de Liszt ; *Étude n° 13 : l'escalier du diable* de Ligeti ; *Étude en forme de valse* op. 52 n° 6 de Saint-Saëns ; « Pas de deux » (*La Belle au bois dormant*) de Tchaïkovski / Libetta ; « 20 ans » (*Grande Sonate* op. 33) d'Alkan ; « Pizzicato Polka » (*Sylvia*) de Delibes.

*Opus* 69. *Guennadi Rojdestvenski, Les Âmes mortes*, 2002 (42').
*Les Âmes mortes* de Schnittke ; *Zdravitsa* de Prokofiev ; avec un document d'archive tiré de *Viktoria et Guennadi* [*op.* 19, 1982].

*Opus* 70. *Guennadi Rojdestvenski, profession chef d'orchestre*, 2002 (58').
Portrait de Guennadi Rojdestvenski.

*Opus* 71. *Notes interdites, scènes de la vie musicale en Russie soviétique*, 2004 (56').
Avec Guennadi Rojdestvenski, Viktoria Postnikova et Rudolf Barchaï.

*Opus* 72. *Valeriy Sokolov, le violon dans l'âme*, 2004 (93').
Récital de Valeriy Sokolov, accompagné de Svetlana Kosenko au piano, auditorium Saint-Pierre des Cuisines (Toulouse) : *Sonate en ut mineur* op. 30 n° 2 de Beethoven ; *Sonate en ré majeur* op. 94a de Prokofiev ; *Sonate pour violon seul en ré mineur* op. 27 d'Ysaÿe ; *Introduction et Rondo capriccioso* op. 28 de Saint-Saëns ; *Chants populaires hongrois* de Bartók / Szigeti ; *Danse espagnole* de Skoryk ; *Chansons que ma mère m'a apprises* de Dvořák / Persinger.

*Opus* 73. *Glenn Gould, au-delà du temps*, 2006 (106').

*Opus* 74. *Julia Varady, le passage du flambeau*, 2008 (56').

*Opus* 75. *Masterclasses Julia Varady*, 2008 (120').

*Opus* 76. *Swing, Sing and Think, David Fray enregistre J.-S. Bach*, 2008 (92').

*Opus* 77. *Récital Piotr Anderszewski*, 2008 (97').
Philharmonie de Varsovie : *Partitas n° 1 en si bémol majeur* et *n° 2 en ut mineur* de Bach ; *Masques* de Szymanowski ; *Grande Humoresque* de Schumann.

*Opus* 78. *Piotr Anderszewski, voyageur intranquille*, 2009 (86').

*Opus* 79. *Valeriy Sokolov joue le Concerto de Sibelius*, 2008 (91').
*Rakastava*, *Valse triste* et *Concerto pour violon* de Sibelius ; *Symphonie n° 2 en do majeur* de Schumann, avec le Chamber Orchestra of Europe dirigé par Vladimir Ashkenazy.

*Opus* 80. *Récital Valeriy Sokolov / David Fray au Verbier Festival*, 2009 (43').
*Sonates* op. 30 n° 1 et op. 30 n° 2 de Beethoven ; *Sonate en ut mineur* BWV 1017 de Bach.

*Opus* 81. *Piotr Anderszewski joue Schumann*, 2010 (27').
*Six Études en forme de canon* et *Gesänge der Frühe* de Schumann.

*Opus* 82. *David Fray enregistre deux concertos de Mozart*, 2011 (52').
*Concertos pour piano en mi bémol majeur* K. 482 et *en ut majeur* K. 503, avec le Philharmonia Orchestra.

*Opus* 83. *Valeriy Sokolov joue le Concerto de Tchaïkovski*, 2011 (49').

*Opus* 84. *Valeriy Sokolov enregistre le Concerto n° 2 de Bartók*, 2011 (44').
Avec le Tonhalle-Orchester Zürich, dirigé par David Zinman.

*Opus* 85. *Récital Maurizio Pollini*, 2012 (26').
Salle Pleyel (Paris) : *Sonates pour piano* op. 78 dite *Sonate à Thérèse*, op. 79 « Alla tedesca », op. 81a dite *Les Adieux* et op. 90 de Beethoven ; *Klavierstück X* de Stockhausen.

*Opus* 86. *Paroles ultimes, Dietrich Fischer-Dieskau*, 2008-2013 (96').

*Opus* 87. *De main de maître, Maurizio Pollini*, 2013 (56').

*Opus* 88. *Récital Grigori Sokolov à la Philharmonie de Berlin*, 2013 (144').
*Quatre Impromptus* et *Dreï Klavierstücke* de Schubert ; *Sonate* op. 106 dite *Hammerklavier* de Beethoven ; *Les Tendres Plaintes, Les Tourbillons, Les Cyclopes, La Follette*, « Danse des sauvages » (*Les Indes galantes*) de Rameau ; *Intermezzo* op. 117 n° 2 de Brahms.

*Opus* 89. *Conversations avec Menuhin*, 1994-2014 (186').

*Opus* 90. *Do You Realize How Much I Love Music ? Monsaingeon on Menuhin*, 2014 (59').

*Opus* 91. *Conversations avec Guennadi Rojdestvenski*, 2015 (234').

*Opus* 92. *Grigori Sokolov au Festival de la Roque d'Anthéron*, 2015 (141').
*Partita n° 1 en si bémol majeur* de Bach ; *Sonate* op. 10 n° 3 de Beethoven ; *Sonate en la mineur* D 845 et *Six Moments musicaux* de Schubert ; *Mazurkas* op. 68 n° 2, op. 30 n° 4, op. 63 n° 3, et *Prélude en ré bémol majeur* op. 28 n° 15 de Chopin ; *Canope* de Debussy.

*Opus* 93. *Mstislav Rostropovitch, l'archet indomptable*, 2017 (79').

*Opus* 93 bis. *Francesco Piemontesi, Les Années de pèlerinage de Liszt*, 2017 (58').
Première année : *Suisse*.

*Opus* 94. *Piotr Anderszewski, récital Bach à l'Elbphilharmonie de Hambourg*, 2021 (80').
Douze préludes et fugues du Livre II du *Clavier bien tempéré* de Bach.

*Opus* 95. *Récital Aleksey Shadrine*, 2017 (36').
Kronberg Academy (Allemagne) : *Avec un sourire pour Slava* de Kancheli ; *Sonate pour violoncelle et piano en ré mineur* de Chostakovitch ; *Pezzo capriccioso* de Tchaïkovski.

*Opus* 96. *Soljenitsyne et Rostropovitch*, 2018 (40').
Entretiens avec Natalia Dmitrievna, Ignat Soljenitsyne, Olga et Elena Rostropovitch.
*Opus* 97. *Le Quatuor Arod, concert à la Fondation Singer-Polignac*, 2022 (87').
*Quatuor* K. 465 dit *Les Dissonances* de Mozart ; *Quatuor* op. 95 dit *Quartetto serioso* de Beethoven ; *Quatuor en sol mineur* de Debussy ; « Andante » du *Quatuor* op. 76 n° 2 de Haydn.
*Opus* 98. *Le Quatuor Arod – ménage à quatre*, 2022 (66').
*Opus* 99. *Première lecture, le Quatuor Arod et Klaus Mäkelä*, 2023 (26').
« Adagio » du *Quintette à deux violoncelles* de Schubert.
*Opus* 100. *Klaus Mäkelä*, 2023 [en préparation].

*Cette filmographie est consultable sur le site officiel de Bruno Monsaingeon :*
www.brunomonsaingeon.com
*La plupart de ses films sont disponibles sur la plateforme Medici :*
www.medici.tv/fr/artists/bruno-monsaingeon

# BIBLIOGRAPHIE

Écrits et entretiens réunis, traduits et présentés par Bruno Monsaingeon. La plupart de ces textes ont également fait l'objet d'un montage ou remontage.


*Mademoiselle, entretiens avec Nadia Boulanger*, Paris, Van de Velde, 1980.

Yehudi Menuhin, *Variations sans thème*, traduit de l'anglais avec Guillaume Monsaingeon, Paris, Buchet-Chastel, 1980.

*Richter : écrits, conversations*, Paris et Arles, Van de Velde/Actes Sud, 1998.

*Passion Menuhin : l'album d'une vie*, Paris, Textuel/Arte Éditions/France Inter, 2000.

*Les Bémols de Staline : conversations avec Guennadi Rojdestvenski*, Paris, Fayard, 2020.

Série des *Écrits* de Glenn Gould :

Glenn Gould, *Le Dernier Puritain : écrits*, Paris, Fayard, vol. 1, 1983.

—, *Contrepoint à la ligne : écrits*, Paris, Fayard, vol. 2, 1985.

—, *Non, je ne suis pas du tout un excentrique*, Paris, Fayard, 1986.

—, *Journal d'une crise*, suivi de *Correspondance de concert*, Paris, Fayard, 2002.

—, *Chemins de traverse*, Paris, Fayard, 2012.

—, *Contrepoint à la ligne et autres écrits*, Paris, Laffont, 2019, réédition réunissant *Non, je ne suis pas du tout un excentrique*, *Le Dernier Puritain* et *Contrepoint à la ligne*, accompagnés de deux textes signés de B. Monsaingeon : « Dans l'antre de l'alchimiste » et « Glenn Gould, au-delà du temps ».

# INDEX

Guillaume Monsaingeon est normalien, agrégé de philosophie. Après un passage par l'édition et le journalisme musical, il rejoint en 1987 le musée du Louvre. Il y crée l'Auditorium du Louvre, consacré à la musique, à l'histoire de l'art, au cinéma, aux musées et à leur architecture. Après avoir dirigé le Centre culturel français de Rome, il enseigne la philosophie en classes préparatoires et auprès d'étudiants en design.

À la suite de ses travaux sur l'âge classique (Saint-Simon, les plans-reliefs), il étudie la pensée civile de Vauban (Les Voyages de Vauban, Parenthèses, 2007; Vauban, un militaire très civil: Lettres, Scala, 2007) et assure le commissariat de l'exposition de son tricentenaire (Vauban, architecte de la raison, Mont-Dauphin, 2007, avec Nicolas Faucherre). Son intérêt pour la cartographie et l'art contemporain s'est déployé à travers diverses expositions et catalogues: Mappamundi (Lisbonne, 2011; Toulon, 2013); Villissima! (Toulon, 2015); Alpha, beta, carta, des mots dans les cartes (Rentilly, 2014; Marseille, 2015); Atlas des déplacements (Grenoble, 2017); Au milieu de nulle part, Chris Kenny (Grenoble, 2019); Le Temps de l'île (Mucem, Marseille, 2019, avec Jean-Marc Besse); Des marches, démarches (Frac, Marseille, 2020).

Il a traduit de l'anglais (Yehudi Menuhin, Variations sans thème, Buchet-Chastel, 1980, avec Bruno Monsaingeon; Roger Vaughan, Karajan, Belfond, 1988) et de l'italien (Carlo Emilio Gadda, L'Art d'écrire pour la radio, Belles Lettres, 1993). Il est notamment l'auteur d'un livre-disque Ravel raconté aux enfants (Adès, 1980).

Membre du Comité d'acquisition du FRAC Sud - PACA de 2015 à 2020, co-responsable de la rubrique « cinéma » des Carnets du paysage, il a fondé l'Ouvroir de cartographie potentielle (Oucarpo) et appartient au collectif Stevenson qui a publié aux éditions Parenthèses Mappa insulae, 2019; Mappa urbis, 2021; Mappa naturae, 2023; Mappa grafica (à paraître en 2024).

*REMERCIEMENTS*

Bruno et Guillaume Monsaingeon remercient tous ceux qui les ont aidés à mener ces entretiens au fil des ans : Pierre-Olivier Bardet a su encourager le projet dès sa naissance ; Béatrice et Antoine Joly ont transformé leur cocon de musique en lieu d'échanges ; Lily Monsaingeon a patiemment retranscrit des heures et des heures d'entretien ; Pierre-Martin Juban a apporté tout son savoir et sa rigueur à la filmographie ; Denis Dercourt et Antoine Monsaingeon ont révélé leur art de la relecture ; Édith Monsaingeon a accueilli les deux complices tout au long de l'aventure avec sa chaleur coutumière.

La Fondazione Ugo e Olga Levi a offert la sérénité de sa résidence vénitienne à Guillaume durant la phase finale d'écriture.

# TABLE

Première et quatrième de couverture : Bruno Monsaingeon, mai 2023
© Jérôme Bonnet / modds
*Achevé d'imprimer*
*en octobre 2023 par Présence Graphique*
*37260 Monts*
Dépôt légal : *novembre* 2023
*Imprimé en France*